普通高等职业教育“十三五”规划教材
高职高专法律系列教材

宪法实用教程

（第二版）

主　编　谢姝玮
副主编　陈　迪　史亚杰　吴喜梅　艾磊华
参　编　丁　强　傅　昂

中国人民大学出版社
·北京·

图书在版编目（CIP）数据

宪法实用教程/谢姝玮主编. —2版. —北京：中国人民大学出版社，2018.8
高职高专法律系列教材
ISBN 978-7-300-26079-2

Ⅰ. ①宪… Ⅱ. ①谢… Ⅲ. ①宪法-中国-高等职业教育-教材 Ⅳ. ①D921

中国版本图书馆 CIP 数据核字（2018）第 186113 号

普通高等职业教育"十三五"规划教材
高职高专法律系列教材

宪法实用教程（第二版）

主　编　谢姝玮
副主编　陈　迪　史亚杰　吴喜梅　艾磊华
参　编　丁　强　傅　昂

Xianfa Shiyong Jiaocheng

出版发行	中国人民大学出版社		
社　　址	北京中关村大街 31 号	**邮政编码**	100080
电　　话	010－62511242（总编室）		010－62511770（质管部）
	010－82501766（邮购部）		010－62514148（门市部）
	010－62515195（发行公司）		010－62515275（盗版举报）
网　　址	http://www.crup.com.cn		
	http://www.ttrnet.com(人大教研网)		
经　　销	新华书店		
印　　刷	天津中印联印刷有限公司	**版　　次**	2017 年 7 月第 1 版
规　　格	185 mm×260 mm　16 开本		2018 年 8 月第 2 版
印　　张	15	**印　　次**	2018 年 8 月第 1 次印刷
字　　数	357 000	**定　　价**	35.00 元

第二版前言

本书自2017年出版以来，受到读者的厚爱，2018年宪法修正案颁布，大量的内容需要补充完善，本书修改显得十分必要。

由于本次修宪内容较多，几乎涉及本教材各章的内容，我们对教材内容做了较大的修改。同时结合教材使用过程中发现的问题，我们对课后训练部分的选择题进行了较大的调整与修改，更便于学生学习掌握相应的知识。

本次教材修改内容的分工是史亚杰修订第一章，谢姝玮、陈迪共同修订第二、第四章，谢姝玮修订第三章。全书由谢姝玮统稿。

前言

近年来，国内现有宪法教材开始注重理论与实务的结合，但体例上变化不大，而且基本上都是面对法律本科生的。本书面对的是政法类专科学生，针对学生的实际情况和人才培养计划，以通俗易懂、应知应会为基点，以增强教材趣味性、思想性、实用性、普适性为目标。

“宪法”课程的定位是传播宪法理念，培育具有法治社会理念的合格公民；为学习部门法构建桥梁；提高对法律实务的综合分析能力和深层次分析问题的能力。本书从体例上大胆创新，用四章架构了整个教材体系。第一部分将宪法理论与宪法的产生、发展合并为一章，压缩了学理部分的内容；第二部分将国体、政体、国家结构等国家制度归为一章；第三部分为公民的基本权利与义务；第四部分为国家机构，在这部分内容中加大了地方国家机构的比重，将三种地方自治形态植入此部分。每章都以“本章导引”和“实例导引”开篇引发学生的学习兴趣，同时，每章都确立了知识目标和能力目标，教材的编写围绕如何实现这两个目标设计内容。本书还根据教学内容收集了大量的背景材料，这些材料都是较新或最新的社会事件、社会新闻、统计数据等客观资料，对于学生理解所学内容有很好的帮助。同时，在大多背景材料中，都提出了思考问题，使学生在思考中获得收益，有效实现了教与学的互动，引导学生由被动学习宪法走向主动学习宪法。从价值取向上看，本书符合我国宪法、法治社会要求的独立人格意识的传播，在尊重不同观点的同时，还注重传递主流价值取向，使课程既有血肉又有灵魂。从内容上看，侧重通俗性，力求做到概念清楚、要点明确，深层问题通过社会事件或社会现象引出，由学生进行思考、讨论、阐述，教师进行总结归纳。最后，为了加深学生对所学内容的准确掌握和提高学生的应用能力，便于一部分学生未来参加法律职业资格考试或公务员考试，我们在每章后都编写了课后训练题，其中选择题主要是历届司法考试题，还根据课程内容编写了案例、讨论题等。总体而言，本书是一本颇具特色的宪法实用教材，通说、简约、创新、实用、有趣。

本书由多年从事宪法教学并有着丰富实践经验的谢姝玮老师担任主编，负责统稿、定稿。各部分编写分工如下：辽宁公安司法管理干部学院的谢姝玮编写导论、第三章，史亚杰编写第一章，谢姝玮、陈迪和于厚亮共同编写第二章；天津公安警官职业学院的吴喜梅编写第四章。本书的成稿得益于学校领导、教务处的支持。

本书可以作为政法、公安高等学校法学专业的通用教材，也可用作普法教材。

由于水平所限，书中难免存在疏漏和不足之处，在以后的使用过程中，我们会不断收集使用信息和反馈意见，进行修改完善。

编者

目　录

导　论

一、宪法学研究对象与研究范围

宪法学是一门科学，它以宪法现象为研究对象，是法学的分支学科，属社会科学。凡学科都有各自的研究对象，这使得各门学科因具有各自的个性而区别开来，也使各门学科成为独立的学科。所以宪法学和其他学科的区别就是研究对象的不同。宪法学是研究什么的呢？总体来说，宪法学以宪法作为自己的研究对象。

（一）研究宪法的有关理论

宪法作为一种社会现象，以前的和现代的法学家、理论家对这种社会现象的本质、概念、产生、运作及内容和发展都曾作过系统的说明、积累并构成了丰富的宪法理论。宪法本身在制定时需要以一定的理论为指导，使自己建立在特定的理论基础之上。由于对宪法作理论说明的法学家和制宪的统治者的政治立场不同、世界观不同，因此在一系列问题上往往众说纷纭，见解各异。研究宪法首先要对有关的理论作研究，经过整理、分析、比较和批判，择其正确者作为自己研究宪法的理论指导，并在应用中加以丰富和发展。

（二）研究宪法的历史

宪法是历史的范畴，有其发生、发展的过程。宪法这一社会现象在什么样的历史条件下产生？又如何发现起来？未来的发展趋势是什么？在此过程中又表现出什么样的历史发展规律？我们又将怎样去把握它？这些问题都应探索，并加以正确说明。

（三）研究宪法的内容及在实际中的运用

宪法由一定数量的规范组成。宪法规范所调整的是国家的根本的制度和原则，诸如规范国家的本质及它赖以建立的社会经济制度；国家的形式，包括政权组织形式和国家结构形式；国家机构的组织和运行；选举制度、政党制度、军事制度、民族区域自治制度、特别行政区制度、公民的基本权利和义务；等等。宪法的内容及在实际中的运用是宪法学必须着重研究的问题。它在宪法学这门学科中所占的比重也最大。

（四）研究本国宪法的同时研究外国的宪法与行宪制度

现代世界各国都有宪法。由于国情各异，其宪法与行宪制度亦各有特点。他山之石可以攻玉，别国的经验可以参考借鉴。

根据以上分析，可以大体上总括为：宪法学是以宪法理论、宪法历史以及由宪法所规范的国家根本制度和原则、宪法运行为研究对象的一门科学。宪法的地位可以参见图 0-1。

图 0-1　宪法的核心地位

二、学习宪法学的意义

（一）便于掌握法学的基础

宪法学是法学类专业的必修课程。由于宪法是一般法律的立法基础，是“母法”，因此，法学类专业其他学科所研究的有关法律，诸如刑法、民法、商法、诉讼法、经济法、劳动法、婚姻法等，都是依据宪法而制定的。研究宪法，有利于了解其他有关法律的立法精神，从而有助于学好其他法学课程。

（二）便于推动社会主义法治国家的建设

法治国家以民主政治为前提，而宪法就是民主政治的法律化，是国家的根本大法，规定着国家的根本制度和根本任务，是全国各族人民、一切国家机关和武装力量、各政党和各社会团体、各企业事业组织都必须遵守的根本活动准则。所以依法治国首先是依宪法治国。建设法治国家也就是要建设一个尊重宪法、树立宪法权威、实施宪法的民主国家。研究宪法，有利于掌握法治精髓，从而促进法治国家、法治政府、法治社会的形成。

（三）便于增强公民的宪法意识和宪法观念

我国民主政治的实现，不仅取决于是否有一部好的《宪法》，而且更重要的是取决于公民的宪法意识。对于一个缺乏民主与法治传统的国家之公民，对其强化宣传学习宪法无疑是增强宪法意识和宪法观念的必要手段。

（四）便于做合格的中华人民共和国公民

公民的素质决定着国家的面貌和文明程度，所以人人都应该做一个合格的好公民。学习宪法能够使公民懂得什么是国家的根本制度和根本任务，懂得什么是公民的基本权利和必须履行的义务。至于对公民中的国家干部或者将成为国家工作人员的公民来说，学习宪法的意义更加重大，这是毋庸赘言的。

三、宪法学研究的方法

马克思主义的唯物辩证法是指导一切学科研究的普遍方法，当然也是指导宪法学研究的科学方法。由于科技的突飞猛进，现代化的科学研究的手段不断被采用，因而单纯从方法来说，种类亦日趋繁多，致使产生了由于应用的方法不同而得出相反的结论的情况。因此，方法问题不能说不是须加注意的问题。在这里，仅提出几个一般常见的方法供学习本课程时参考。

（一）理论联系实际

运用联系实际的方法研究宪法学，就是将书面的论述同活生生的客观情况结合起来。首先，要求联系客观存在的社会经济制度、国家政治制度，考察它们的结构、状态、运行和变化发展以及取得的实际经验和所存在的各种问题；其次，要求联系社会上存在的思潮，例如民主思潮、改革思潮或者保守思潮以及其他各种政治主张、见解、意见等；最后，要关注在学术领域里存在的各种有待探讨的观点、出于对问题的认识不同而引起的争论等。这些都是很有价值的应该联系的实际。如果只满足于字面上的论述，那么对问题的理解就难免抽象而空泛，不能够深刻领会。

（二）本质分析

人的认识的第一步总是首先接触到事物的表面现象。宪法学研究也是如此。开始遇到的往往都属于大量的表象。比如说如何看待我国的选举制度。假如从形式上、表面现象来看，可能不易把握它同西方资产阶级国家选举制度的区别，甚至可能会得出我国选举制度还比不上西方国家民主的结论。但是如果透过现象去深入本质，那么结论就会截然相反。本质分析法包括阶级分析法、经济分析法等。有的人说马克思主义的阶级分析方法早已过时了，这是错误的。人类社会只要仍处在有阶级区分的发展阶段，那么阶级分析法始终是认识纷繁复杂的社会现象的锐利武器。而作为阶级意志集中表现的宪法、法律，以及其他政治制度等上层建筑，归根结底是由它们赖以建立的经济基础的性质所决定的。当然，重视经济分析方法不等于把它僵化。如果将一切社会现象统统归结为阶级所造成的，那么就会把对客观世界的认识过于简单化了。本质决定并产生现象，现象反映并表现本质。因此，提倡本质分析绝非意味着不重视现象。宪法学本身有大量形式和表象的东西，甚至可以说，宪法学必须着重去研究它们。但是应该指出，不能脱离本质去研究形式和表象。否则，会导致认识和实践上的错误。

（三）历史分析

所谓历史分析方法，就是一种具体事物具体分析的方法。它指的是必须要用历史的观点把宪法和宪法规定的内容置于真实的历史背景中和当时的历史条件下去研究它、认识它、评价它。否则，如果缺乏历史的观点，便不可能真正了解它发生和发展的原因，亦不可能分辨它存在的价值和作用，甚至盲目地对它轻易肯定或者否定。

（四）比较分析

许多宪法现象往往都是相对的，即在宪法学领域里存在着许多形式上相类似或者相同的东西，或者同一个宪法问题，人们对它持有不同观点、不同学说。所以必须通过比较分析，才能判断其短长，找出内在合理的和不适宜的方面。所谓没有比较，就不会有鉴别，就是这个意思。但是运用比较分析方法必须是互相的事物存在着可比性。如果缺乏可比性这个前提而生硬对比，那么必然会失去准确性，从而导致认识上的失误。

（五）系统分析

宪法学是一个具有系统的整体，也可以说，宪法学研究是一个比较复杂的系统工程。在宪法的学科领域里，每个具体的制度、规范、权利、义务等，都不是孤立存在的，而是互相联系、互相作用的。这种联系和互相作用有外部的，更有内在的、交叉的。它们交织成各类分支系统，最终又汇聚成总的大系统，所以在接触到某个具体问题时，不宜就事论事、孤立地去进行研究，而应当找到它在整个系统中的位置，联系全局及其他关系来加以考察。这样便易于在纷繁复杂的事物中理出头绪，需探索的问题也就迎刃而解了。

方法是达到目的的手段，犹如欲登彼岸必须有桥、舟楫一样。因此，为了学好宪法这门学科，有必要掌握和善于运用适当的方法。上面所述只是几种基本的方法，其他方法在此不再赘述。

第一章　宪法的基本理论

【学习目标】

知识目标： 使学生掌握宪法学的基本理论，领会宪法的概念及本质、宪法的特征、宪法的分类、宪法的制定与修改、宪法的基本原则、宪法的解释、宪法的监督以及宪法的发展趋势。

能力目标： 学生通过本章的学习和训练，提高对建设有中国特色社会主义理论的认识，增强执行党的基本路线的自觉性；树立法治思想，增强法制观念，自觉维护宪法的权威；掌握宪法理论和立法原则，为学习法律专业课程打下基础。

【本章导引】

宪法是国家的根本法，它表现统治阶级的意志，巩固统治阶级的政权，规定社会结构和国家机构的基本原则，规定国家机关的组织、活动原则以及公民的基本权利与义务。从本质上看，宪法是各种政治力量对比关系的体现；从法律形式上看，宪法是国家的根本法，具有最高法律效力；从调整方式上看，宪法是调整宪法关系的最高规则。宪法是集中反映各种政治力量实际对比关系、把民主制度法律化的国家根本大法，其内容是规定有关国家制度和社会制度的一般原则以及公民的基本权利和义务。本章内容是宪法学习的基础，是学习其他宪法知识的逻辑起点。通过本章的学习和理解，使学生在掌握宪法基本概念、本质、原则、关系和分类等基本理论知识的同时，树立宪法具有最高法律权威的认识。

【实例导引】

第十二届全国人民代表大会常务委员会第十九次会议于2016年2月26日下午在人民大会堂首次举行宪法宣誓仪式，张德江委员长主持并监誓。本次会议任命了全国人民代表大会有关专门委员会副主任委员、常委会工作委员会副主任等6名国家工作人员，按照2016年1月1日开始施行的《全国人民代表大会常务委员会关于实行宪法宣誓制度的决定》，上述人员依法进行宪法宣誓。下午5时许，全国人民代表大会常务委员会委员长张德江宣布宪法宣誓仪式开始。全体起立，同唱中华人民共和国国歌。国歌唱毕，领誓人、新任命的全国人民代表大会财政经济委员会副主任委员刘源走到宣誓台前，将左手抚按在《宪法》上，右手举拳，宣读誓词。新任命的全国人民代表大会常务委员会法制工作委员会副主任王超英、张勇、许安标，全国人民代表大会常务委员会预算工作委员会副主任刘伟、朱明春等人并排站在领誓人身后，举起右拳，跟诵誓词。

“我宣誓：忠于中华人民共和国宪法，维护宪法权威，履行法定职责，忠于祖国、忠于人民，恪尽职守、廉洁奉公，接受人民监督，为建设富强、民主、文明、和谐的社会主义国家努力奋斗！”

全国人民代表大会常务委员会副委员长兼秘书长王晨和全国人民代表大会机关有关负责同志、全国人民代表大会机关干部等约50人参加。

思考： 1. 什么是宪法？

2. 宪法的特征是什么？

资料来源：全国人大常委会首次举行宪法宣誓仪式　刘源领誓.（2016-02-27）[2017-06-19]. http://news.sohu.com/20160227/n438666686.shtml.

第一节　宪法概述

一、宪法的词源

（一）西方宪法词源

“每个国家都有宪法，因为每个国家都是依据某些原则和规则进行运转的。”①

人们普遍认为“宪法”一词的英文是“constitution”，从辞源上考察，它来自拉丁文“constitutio”，最初的意思是建立、组织和结构。

1. 古希腊

古希腊宪法最初的意思是指有关规定城邦组织与权限方面的法律。古希腊著名政治学家亚里士多德在《各国宪法》中最早使用“宪法”一词，并在汇集158个城邦国家法律的基础之上，根据法律的作用和性质，将其分成两类：一类为普通法律，另一类为宪法，即规定国家机关的组织与权限的法律。

2. 古罗马

古罗马宪法最初的意思是指皇帝的诏书、谕旨，以区别于市民会议制定的普通法规。古罗马时期，被称为“constitutio”的，是指那些由皇帝发布的谕令，包括“告示”“训示”“批复”“裁决”四种形式，以区别于市民会议通过的法律文件。此时，古希腊、古罗马时期的宪法已经有了较为确定的客观内容，即国家的政权结构，包括国家政权构成要素及其相互关系。

3. 英国

英国宪法最初的意思是指有关确认教会、封建主、城市行会势力的特权，以及他们与国王等的相互关系的法律。如1215年英王约翰颁布的规定英王与贵族、诸侯与僧侣关系的《自由大宪章》是第一个宪法性文件，其内容分为两部分：国王不得随意征税，需经大会议（演化为后来的议会、内阁）批准；国王不得随意限制自由民的自由。随着欧洲文艺复兴时期人文主义思潮的出现，宪法的词义逐渐发生了变化。

① 戴维·M. 沃克. 牛津法律大词典. 北京：光明日报出版社，1988：200.

（二）中国宪法词源

在中国古代的典籍中，曾出现过“宪”“宪法”“宪令”“宪章”等词语，如《尚书·说命》中的“监于先王成宪”，《国语·晋语》中的“赏善罚奸，国之宪法”等，但这些词汇与近现代宪法的性质与含义不同，主要是指一般的法律、制度。在中国，将“宪法”一词作为国家根本法意义上使用开始于 19 世纪 80 年代。当时的近代改良主义思想家们基于国内外形势，明确提出了“伸民权”“争民主”“立宪法”“开议院”的政治主张。如郑观应在《盛世危言》中使用“宪法”一词，要求清朝政府制定宪法、开设议院、实行君主立宪制。

二、西方资本主义国家宪法的产生

（一）英国宪法

英国是世界上最早产生宪法的国家，英国宪法是近代宪法的先驱，被称为“宪法之母”。英国资产阶级革命从 1640 年开始，经历了约半个世纪的发展，直到 1688 年的“光荣革命”推翻了斯图亚特王朝的专制统治，资产阶级才取得了比较稳固的统治地位。在议会与国王妥协并分享政权的基础上，议会于 1689 年通过了《权利法案》，该法案的通过，表明限制国王权力、由议会进行国家治理的君主立宪政体在英国最终确立，是近代以来最早确立君主立宪政体的宪法性文件。英国宪法具有以下特点：在长期的革命过程中逐渐形成；由一系列宪法性文件积累而成，在形式上表现为不成文宪法，不具备根本法的形式特征；革命的不彻底性和妥协性致使王权及其代表的制度外壳被保留下来，因此英国宪法是柔性宪法；是近代第一个产生的宪法。

（二）美国宪法

美国宪法是继英国宪法之后，在美洲大陆产生的一部宪法，是世界上产生最早的一部成文宪法。北美原是英国的殖民地，1775 年北美十三个殖民地的资产阶级为了摆脱英国的殖民统治，发动了独立战争，独立战争胜利后的 1776 年，北美殖民地宣布独立并发表了著名的《独立宣言》，被马克思誉为“世界第一个人权宣言”，第一次以政治宣言的形式宣布了建立资产阶级民主共和国的主张，极大地鼓舞了为独立和自由而战的殖民地人民。经过艰苦卓绝的斗争，殖民地人民终于在 1783 年迫使英国统治者承认了美国的独立。为了把独立战争的胜利成果确认下来，并为资本主义的进一步发展开辟道路，1787 年美国十三个州的代表在费城召开制宪会议，制定了《美国联邦宪法》。由于美国的资产阶级革命比较彻底，并且在殖民地时期和独立战争时期就有过如《五月花号公约》《康涅狄格州宪法》《独立宣言》及《邦联条例》等成文的根本法性质的法律文件的先例。因此，美国宪法形成了与英国宪法不同的特点。美国宪法在形式上表现为统一完整的法典，成为世界上第一部成文宪法；在内容上，确立了三权分立的资产阶级民主共和政体。美国宪法由序言、7 条正文和 27 条修正案构成。美国宪法是最早确立权力分立与制衡的总统共和制的宪法。

（三）法国宪法

法国宪法是欧洲大陆第一部成文宪法。美国资产阶级革命的胜利极大地支持和推动了同时期欧洲反封建革命斗争的发展。在美国革命的影响下，1789 年 7 月法国爆发了资产阶级革命，法国人民取得了反对波旁专制王朝统治的重大胜利，召开了法国国民议会，并于同年 8 月通过了对欧洲各国乃至世界各国社会政治制度和法律制度都有深远影响的《人权宣言》，明确宣告了“主权在民”“天赋人权”“权力分立”“法律面前人人平等”等资产阶级民主法治原则，宣告了私有财产神圣不可侵犯。

在英、美、法各国社会革命和立宪运动的影响下，欧美许多国家相继发生了反对王朝统治的市民革命，革命胜利后也都普遍确立了自由、平等、法治或民主的原则，并制定了自己的宪法。

三、中国宪法的历史发展

（一）旧中国宪法的历史发展

在从 1840 年鸦片战争到 1949 年中华人民共和国成立的一百多年里，中国革命同反革命的激烈斗争没有停止过。这种激烈的斗争反映在国家制度上，就表现为三种不同的势力所要求的三种不同的宪法。

1. 晚清皇帝、北洋军阀、国民党制定的伪宪法

属于晚清皇帝制定的伪宪法有：1908 年颁布的《钦定宪法大纲》和 1911 年《宪法重大信条十九条》。属于北洋军阀制定的伪宪法有：1913 年《天坛宪法草章》、1914 年《袁记约法》、1923 年曹锟的《贿选宪法》（又名《中华民国宪法》）。属于国民党制定的伪宪法有：《中华民国训政时期约法》、1936 年《五五宪草》和 1946 年《中华民国宪法》。

2. 中国民族资产阶级制定的宪法

1912 年 1 月 1 日，中华民国南京临时政府正式成立。这标志着中国实行了两千多年的封建制度的结束。1912 年 3 月 1 日，孙中山以中华民国临时大总统的名义颁布了《中华民国临时约法》。该约法体现了“主权在民”的政治原则，规定了人人权利平等，并且罗列了人民享有的宪法权利。在国家制度的设计上，参照西方国家“三权分立”的政治制度，设立了参议院为立法机关、临时大总统与国务院为行政机关、法院为司法机关的权利分立制度和互相制约的关系。这是中国历史上第一个具有现代意义的宪法性文件。

3. 中国共产党领导的人民政权制定的宪法

这个阶段有 1931 年颁布的《中华苏维埃共和国宪法大纲》、1941 年通过的《陕甘宁边区施政纲领》、1946 年通过的《陕甘宁边区宪法原则》。这些宪法性文件虽然是地区性的，但也为中华人民共和国成立后的制宪工作奠定了基础、提供了立法经验。

（二）中华人民共和国宪法的产生与发展

在中国共产党领导下，1949 年中国人民终于推翻了三座大山，建立了自己的国家政权。为了巩固人民革命的胜利成果，确立国家最根本、最重要的问题，1949 年 9 月召开了具有广泛代表性的中国人民政治协商会议，制定了起临时宪法作用的《中国人民政治协商会议共同纲领》（以下简称《共同纲领》）。1954 年 9 月 20 日，第一届全国人民代表大会第一次全体会议在《共同纲领》的基础上制定了我国第一部社会主义类型的宪法——1954 年宪法。1975 年颁布的第二部宪法是一部内容很不完善并有许多错误的宪法。1978 年颁布的第三部宪法，虽后来经 1979 年和 1980 年两次局部修改，但从总体上说仍然不能适应新时期社会发展的需要。因此，1982 年 12 月 4 日，第五届全国人民代表大会第五次会议通过了中华人民共和国的第四部宪法，即现行的 1982 年宪法。

1982 年 12 月 4 日第五届全国人民代表大会第五次会议审议并通过了中华人民共和国

成立以来的第四部宪法。该宪法自 1982 年 2 月颁布实施以来，又经过 1988 年、1993 年、1999 年、2004 年和 2018 年五次修正。这就是目前我国正在实施中的宪法。

1982 年宪法继承和发展了 1954 年宪法，全面总结了我国社会主义革命和建设的经验，反映了改革开放以来各方面取得的成果，规定了国家的根本制度和根本任务。1982 年宪法除序言外，分为总纲，公民的基本权利和义务，国家机构，国旗、国徽、国歌、首都，共 4 章 138 条。1982 年 12 月 4 日第五届全国人民代表大会第五次会议审议并通过了中华人民共和国成立以来的第四部宪法。该宪法从 1982 年 12 月颁布实施以来，又经过 1988 年、1993 年、1999 年、2004 年和 2018 年五次修订。这就是目前我国正在实施的宪法。党的十九大召开以后，2018 年胜利召开的第十三届全国人民代表大会第一次会议顺利通过的《中华人民共和国宪法修正案》，进一步突出了新时代中国特色社会主义民主政治的特点，续写了中国智慧、中国方案、中国故事和中国奇迹的新篇章。这次宪法修改的特点是：

（1）贯彻了坚持党对一切工作领导的原则。在宪法第一条第二款后增写了一句，内容为："中国共产党领导是中国特色社会主义最本质的特征。"与此同时，将宪法第七十九条第三款修改为："中华人民共和国主席、副主席每届任期同全国人民代表大会每届任期相同。"很好地体现了党的十九大报告中"党政军民学，东西南北中，党是领导一切"的精神，是形式与内容的具体统一。

（2）充分肯定了习近平新时代中国特色社会主义思想的指导作用。宪法序言的修改充分体现了习近平新时代中国特色社会主义思想，是马克思主义中国化的最新成果，是党和人民实践经验和集体智慧的结晶。

（3）突出了坚持社会主义核心价值体系。新的宪法强调："国家倡导社会主义核心价值观，提倡爱祖国、爱人民、爱劳动、爱科学、爱社会主义的公德，在人民中进行爱国主义、集体主义和国际主义、共产主义的教育，进行辩证唯物主义和历史唯物主义的教育，反对资本主义的、封建主义的和其他的腐朽思想。"这是坚持走中国特色社会主义道路的根本保证。

（4）进一步强调了民族和谐的重要性。"国家保障各少数民族的合法的权利和利益，维护和发展各民族的平等团结互助和谐关系。"其中和谐二字是新加的，和谐是指在事态发展中的一种相对均衡、统一、协调的状态，进一步明确了民族关系的最高目的，平等团结互助就是为了实现更好的和谐。

（5）体现了国家监察委的独特地位和独特作用。宪法第三章"国家机构"中增加了一节，作为第七节"监察委员会"；增加了五条，分别作为第一百二十三条至第一百二十七条，彻底将以前各级行政部门管辖的监察工作分离出来。国家监察委员会领导地方各级监察委员会的工作，上级监察委员会领导下级监察委员会的工作。国家监察委员会对全国人民代表大会和全国人民代表大会常务委员会负责。地方各级监察委员会对产生它的国家权力机关和上一级监察委员会负责。监察委员会依照法律规定独立行使监察权，不受行政机关、社会团体和个人的干涉。监察机关办理职务违法和职务犯罪案件，应当与审判机关、检察机关、执法部门互相配合，互相制约。

（6）进一步强调改革过程的独立性和不可替代性。宪法序言第十自然段中"在长期的革命和建设过程中"修改为"在长期的革命、建设、改革过程中"；宪法序言第十二自然段中"中国革命和建设的成就是同世界人民的支持分不开的"修改为"中国革命、建设、改革的成就是同世界人民的支持分不开的”。这是中国共产党人带领中国各族人民艰苦奋斗的历史就是一部革命、建设和改革的三部曲的充分体现。

（7）进一步凸显坚持全面依法治国。将全国人民代表大会设立的法律委员会更名为宪法和法律委员会，突出宪法的重要性和可操作性。本次宪法修订赋予了较大市有限立法权。实践证明，全面依法治国是国家治理的一场深刻革命，必须坚持厉行法治，推进科学立法、严格执法、公正司法、全民守法。

四、宪法的概念

宪法是资产阶级民主革命的产物，是人类政治文明发展的标志，但是人们对宪法的概念却有着不同的看法。毛泽东认为，一个团体要有一个总章程，一个国家也要有一个总章程，宪法就是一个总章程，是根本大法。用宪法这样一个根本大法的形式，把人民民主和社会主义原则固定下来，使全国人民有一条清楚的轨道，使全国人民感到有一条清楚的明确的正确的道路可走，就可以提高全国人民的积极性。吴家麟认为，宪法是国家的根本法，它表现统治阶级的意志，巩固统治阶级的专政，规定社会结构和国家机构的基本原则，规定国家机关的组织活动原则以及公民的基本权利与义务。

我国宪法序言规定，本宪法以法律的形式确认了中国人民奋斗的成果，规定了国家的根本制度和根本任务，是国家根本法，具有最高的法律效力。

我们学术界对宪法概念的基本认识为：从本质上看，宪法是各种政治力量对比关系的体现；从法律形式上看，宪法是国家根本法，具有最高法律效力；从调整方式上看，宪法是调整宪法关系的最高规则。

宪法是集中反映各种政治力量实际对比关系、把民主制度法律化的国家根本大法，其内容是规定有关国家制度和社会制度的一般原则以及公民的基本权利和义务。

五、宪法的基本特征

（一）宪法是国家根本大法

实例链接

2003 年 1 月 25 日，河南省洛阳市中级人民法院开庭审理了伊川县种子公司委托汝阳县种子公司代为繁殖“农大 108”玉米杂交种子的纠纷，此案的审判长为 30 岁的女法官李慧娟。在案件事实认定上双方没有分歧。在赔偿问题上，根据《河南省农作物种子管理条例》第 36 条的规定，种子的收购和销售必须严格执行省内统一价格，不得随意提价。但根据《中华人民共和国种子法》（以下简称《种子法》）的立法精神，种子价格应由市场决定。法规之间的冲突使两者的赔偿相差几十万元人民币。法院根据上位法作出了判决。然而，判决书中的一段话却引出了大问题：“《种子法》实施后，玉米种子的价格已由市场调节，《河南省农作物种子管理条例》作为法律位阶较低的地方性法规，其与《种子法》相冲突的条文自然无效。”河南省人民代表大会认为，李慧娟无权以法官身份宣布地方性法规无效，洛阳市中院的判决违反了《宪法》。“人民代表大会是立法机关，法院是执法机关，主要任务是适用法律，法律的修改和废止是人民代表大会职权范围内的事情，所以不管是否冲突，法院都无权宣布法规有效还是无效。”

思考：在我国，由法院直接宣告地方性法规某些条款无效并不多见。但近年来，由于下位法（即地方条例、规定）与上位法（即国家法律）发生抵触较多，法官该如何选择适用法律的问题逐渐增加。法院有权拒绝适用地方性法规吗？法官有权宣布地方性法规条款无效吗？当地方性法规与国家法律有抵触的时候，法官该怎么办？“河南种子案”，一桩普通的合同纠纷演变为一场法律“地震”就缘于此。

资料来源：宪法学案例分析：河南种子条例案.（2014-12-13）[2017-04-28]. http://www.360doc.com/content/14/1223/17/7544182_435210592.shtml.

宪法是国家的根本法，其他普通法律居于宪法之下。宪法的这种根本法地位，是由宪法与普通法律相比较而在法律范畴中所具有的特征所决定的。

1. 宪法的内容不同于普通法律

宪法的内容涉及一个国家的政治、经济、文化、社会、对外交往等各方面的重大原则性问题，涉及国家的根本制度和基本制度问题，调整社会生活的各个方面的社会关系。而普通法律所规定的内容，只涉及国家生活或者社会生活中某一方面的问题，调整某一方面的社会关系。

2. 宪法的效力不同于普通法律

统治阶级赋予宪法最高的法律效力，主要表现在以下两个方面：宪法是普通法律制定的基础和依据；普通法律的规定与宪法的规定、原则及精神相抵触，或者相抵触的部分无效，或者全部无效。此外，一切组织和个人都必须以宪法为根本的、最高的活动准则。

3. 宪法的制定和修改程序不同于普通法律

（1）宪法的制定与普通法律相比较，主要有两点不同：宪法的制定一般要求成立一个专门机构，而普通法律的制定由常设立法机关进行，无须成立专门的机构；宪法草案的通过程序比普通法律严格，一般要求最高立法机关的议员或者代表的特定多数通过，而普通法律的通过只要求立法机关或者代表过半数同意即可。

（2）宪法的修改与普通法律的修改相比较，主要有三点严格要求：只有宪法规定的有限的特定主体才可提出修改宪法的有效议案；修改宪法的程序比普通法律严格；有些国家明确规定宪法的某些内容不得修改或者在宪法通过以后的一定时间内不得修改。

4. 宪法在解释和监督实施方面与普通法律有所不同

宪法解释和监督实施一般由最高国家权力机关、普通法院或者宪法法院进行，而普通法律的解释一般由最高国家权力机关或者普通法院进行，其实施由行政机关及司法机关进行。

（二）宪法是公民权利的保障书

尽管宪法是治国安邦的总章程，人们都较为熟悉，但这一结论主要是就国家管理的角度而言的，与宪法的核心价值取向并不完全统一。事实上，宪法最主要、最核心的价值在于保护人权。从这种意义上讲，宪法是公民权利的保障书。1789 年的法国《人权宣言》就明确宣布，凡权利无保障和分权未确立的社会就没有宪法。列宁也曾指出：宪法就是一张写着人民权利的纸。由此可见，宪法与公民权利之间存在着极为密切的联系。而且，这也可以从宪法的发展历史和宪法的基本内容中得到证明。

实例链接

贾桂花肖像权案

《秋菊打官司》摄制组在陕西宝鸡进行纪实性摄影时，拍摄下了一位在市场卖棉花糖的公民贾桂花的形象。贾桂花本人自称因“生理缺陷”（脸上有麻子）从来“连照相都不愿”。影片公映后，贾桂花形象公之于众大约四秒钟（但并不能明显看出患天花的痕迹）。有熟人嘲弄贾桂花“长得那样还上电影”，这使贾桂花极为痛苦。为此，贾桂花在北京市海淀区人民法院向《秋菊打官司》剧组所属的北京电影学院青年电影制片厂提出诉讼，认为《秋菊打官司》剧组以营利为目的（因电影是商业发行的）侵犯了她的肖像权，要求影片摄制者向其公开赔礼道歉，剪去影片上贾桂花的镜头，同时赔偿贾桂花精神损失费人民币 8 000 元。

思考：宪法能够对贾桂花的权利给予保障吗？

资料来源：薛爱娟.《秋菊打官司》案引发的思考 [J]. 河北法学 2000（2）：124.

从历史上看，宪法或者宪法性文件最早是资产阶级在反对封建专制制度的斗争中，为了确认取得的权利以巩固胜利成果而制定出来的，英国在 17 世纪资产阶级革命时期，曾于 1679 年通过了《人身保护法》，1689 年通过了《权利法案》，以确认和保障公民的权利和自由；1791 年的法国第一部宪法则把《人权宣言》作为宪法的序言。世界上第一部社会主义宪法是 1918 年的《苏俄宪法》，也将《被剥削劳动人民权利宣言》列为第一篇，可见社会主义宪法也同样具有权利保障书的意义。从宪法的基本内容来看，尽管作为国家根本法的宪法涉及国家生活的各个方面，但其基本内容仍然可以分为两大块，即国家权力的正确行使和公民权利的有效保障。然而，这两大块并非是平行的两部分，就它们之间的相互关系来说，公民权利的有效保障居于支配地位，规范国家权力的有效行使也是为了保障公民的基本权利和自由不受侵犯。因此，在国家法律体系中，宪法系统全面规定了公民的基本权利，其基本出发点在于保障公民的权利和自由。

宪法最主要、最核心的价值在于，它是公民权利的保障书。首先，从历史上看，是先有人的权利，而后才有宪法。宪法是人权运动的产物。其次，从价值上看，宪法最主要、最核心的价值就在于对人权的保障。最后，从内容上看，宪法涉及国家权力的正确行使和人权的有效保障，而人权的有效保障居于支配地位。

（三）宪法是民主事实法律化的基本形式

毛泽东同志指出：世界上历来的宪政，不论是英国、法国、美国，或者是苏联，都是在革命成功有了民主事实以后，颁布一个根本大法，去承认它，这就是宪法。

“民主”一词起源于希腊文 demokratia，是指“人民的权利”或“人民当家做主”，更确切地说，是指“大多数人的统治”。如果说宪法的基本出发点在于保障公民的权利和自由，那么这种对公民权利和自由的保障，则是民主最直接的表现，或者说是民主事实的必然结果。众所周知，古希腊、古罗马曾经有过奴隶制民主，欧洲城市共和国有过封建制民主，尽管民主主体的有限性以及法律形式的诸法合体性特征决定了奴隶社会和封建社会不可能产生宪法，但曾经出现过宪法的萌芽形态。近代意义的宪法是资产阶级革命取得胜

利，有了民主事实之后的产物，是资产阶级民主事实的法律化。伴随着资本主义生产关系的形成和资产阶级革命的胜利，资产阶级不仅夺得了国家政权、争得了民主，而且也面临反对封建势力复辟、防止工农革命、培养本阶级管理国家的人才三大任务。为了反对封建势力复辟，资产阶级必须显示并用事实证明自己确立的制度确实比封建制度优越；为了防止工农革命，资产阶级必须把本阶级的民主装扮成全体国民的民主，必须把革命过程中提出的人民主权和天赋人权理论，以及自由、平等、法治等学说至少在形式上予以实现，以便欺骗和麻痹工农群众；为了培养本阶级管理国家的人才，发挥本阶级成员在国家管理中的作用，也必须确认本阶级成员的民主权利，并通过各种形式来保障他们确能享有和行使这些民主权利。而要达到这些目的，最好的办法便是把自己争得的民主事实法律化、制度化，并且把这种规定、确认民主事实的法律提高到根本法的地位。由此可见，宪法与民主事实密不可分，是伴随着资产阶级民主事实的出现而产生的，是民主事实法律化的基本形式。

社会主义宪法也是如此。虽然无产阶级民主与资产阶级民主、社会主义宪法与资本主义宪法存在本质区别，但在宪法是民主事实法律化的基本形式上则是一致的。马克思和恩格斯在《共产党宣言》中明确指出：工人革命的第一步就是使无产阶级上升为统治阶级，争得民主。毫无疑问，如果无产阶级不能推翻旧的剥削阶级政权，不能使社会成员中的绝大多数人成为国家的主人，也就是说没有无产阶级民主的事实，社会主义宪法就根本无从产生。从 1918 年《苏俄宪法》的制定到第二次世界大战胜利后东欧和亚洲等一系列国家的社会主义立宪运动都可以看出，无产阶级民主事实是社会主义宪法的前提条件，而社会主义宪法则是无产阶级民主事实的法律化。

由此可见，宪法与民主紧密相连，民主主体的普遍化或者说民主事实的普遍化，是宪法得以产生的前提。而且，基于宪法在整个国家法律体系中的根本法地位以及宪法确认的基本内容主要是国家权力的正确行使和公民权利的有效保障，可以说，宪法是民主事实法律化的基本形式。

六、宪法渊源

宪法渊源是指宪法的各种表现形式，宪法渊源一般包括以下几方面：

（一）宪法典

在成文宪法国家，宪法典是宪法的主要渊源。在我国，1949 年的《中国人民政治协商会议共同纲领》（以下简称《共同纲领》）在中华人民共和国成立初期起到了临时宪法的作用。1954 年第一届全国人民代表大会第一次会议通过了中华人民共和国第一部宪法，后经过了 1975 年、1978 年和 1982 年三次全面修改，现行宪法分别于 1988 年、1993 年、1999 年、2004 年和 2018 年以修正案的形式进行了五次修改，形成了 52 条宪法修正案。

（二）宪法性法律

宪法性法律是与宪法有着密切关系的、效力仅次于宪法的规范性文件。在我国，宪法性法律主要有：民族区域自治法、特别行政区基本法、地方各级人民代表大会和地方各级人民政府组织法、国旗法、国歌法、国徽法、全国人民代表大会和地方各级人民代表大会选举法、全国人民代表大会和地方各级人民代表大会代表法、全国人民代表大会组织法、立法法、集会游行示威法等。

（三）宪法惯例

宪法惯例是在长期的政治实践中形成的规则与习惯，在一个国家政治生活中有重要作用。我国在长期的政治生活中形成了一些宪法惯例。例如，依据宪法的规定，宪法的修改由全国人民代表大会常务委员会或者1/5以上的全国人民代表大会代表提议，并由全国人民代表大会以全体代表的2/3以上的多数通过。在实践中，每次修改宪法，都是由中国共产党中央委员会向全国人民代表大会常务委员会提出建议，由全国政协委员集体列席全国人民代表大会讨论通过。

（四）宪法解释

全国人大常委会有权解释宪法。

（五）国际条约

在我国与其他国家所签署的或者参加的国际公约中，涉及调整宪法关系的内容是我国宪法的渊源之一。到2003年年底，我国已先后签署或加入了21个国际人权公约，特别是我国政府已于1997年10月和1998年10月相继签署了《经济、社会及文化权利国际公约》和《公民权利和政治权利国际公约》，2001年2月28日，第九届全国人民代表大会常务委员会正式批准了《经济、社会及文化权利国际公约》。

七、宪法的本质

宪法和其他法律一样，都是被上升为国家意志的统治阶级意志。但宪法在表现统治阶级意志过程方面存在自身的特点，宪法比其他法律更集中、更全面地体现了统治阶级的意志。在制定或修改宪法的时候，统治阶级必须全面综合地考察当时各种政治力量的对比关系，并以这种对比关系为依据规定宪法的基本内容。因此，如果说宪法是国家的根本法、宪法是公民权利的保障书、宪法是民主事实法律化的基本形式等是宪法的外部属性，这些属性到底如何表现，其表现的程度如何等，则取决于各种政治力量的对比关系。因此，宪法的本质是各种政治力量对比关系的集中表现。

在政治力量对比中，阶级力量的对比居于首要地位。它既表现为统治阶级的力量比被统治阶级的力量强大，宪法只能由掌握国家权力的统治阶级制定；也表现为宪法随着阶级力量对比关系的变化而变化。在政治力量对比中，还存在同一阶级内部不同阶层、派别和集团之间的力量对比。同时，与其他法律相比，宪法所表现的各种政治力量对比关系还具有全面性的特点。尽管其他法律也表现政治力量对比关系，但它们只着重于一个或者几个方面，而宪法则集中地表现各种政治力量的对比关系。

总之，宪法是规定国家的根本制度和根本任务、集中体现各种政治力量对比关系、保障公民基本权利的国家根本法。

第二节　宪法规范、宪法关系与宪法结构

实例链接

适用宪法规范　调解家庭纠纷

2006年4月21日，旺苍县嘉川镇法律服务所大胆运用宪法规范，调解了一起家庭纠

纷案件，使一对即将走向离婚之路的夫妻重归于好。

家住旺苍县嘉川镇庙二村的杨某，于 1988 年 10 月与苟某结婚。婚后夫妻恩爱无比，于 1990 年 10 月生育一子，一家人小日子过得红红火火。杨某的母亲因信仰佛教于 1993 年 5 月离开家，并入住嘉川兴隆寺。不久，杨某也开始信仰佛教，并常到寺庙去。苟某只好一人在家料理家务和养育孩子，一个好端端的家庭便开始过上了不平静的日子。2002 年 3 月，杨某从嘉川兴隆寺庙回来，硬要苟某到寺庙去信仰佛教，遭到了苟某的拒绝。为此，杨某经常殴打苟某。无奈苟某来到旺苍县嘉川镇法律服务所寻求法律帮助。该所法律工作者听了她的讲述后，通知双方并主持了调解。调解本案的法律工作者梁泽福在调解中指出：我国现行《宪法》第 36 条第 1 款规定："中华人民共和国公民有宗教信仰自由。"其含义包括：公民有信教或者不信教的自由，有信仰这种宗教或者那种宗教的自由，有信仰同宗教中的这个教派或那个教派的自由，有过去信教现在不信教或者过去不信教而现在信教的自由。同时，《宪法》第 36 条第 2 款还规定："任何国家机关、社会团体和个人不得强制公民信仰宗教或者不信仰宗教，不得歧视信仰宗教的公民和不信仰宗教的公民。"杨某强迫苟某信仰佛教，实质上是对宪法赋予苟某的基本权利的侵犯，依法应停止侵害。经调解，杨某认识到强迫妻子信仰佛教是违法的，当场表态愿意改正错误，并希望妻子回家。苟某见杨某有如此的诚意，便同意了他的要求。这样，一对因宗教信仰而导致夫妻感情裂痕长达四年之久的夫妻，终于在旺苍县嘉川镇法律服务所和好如初。

据悉，在全国法律实务中适用宪法规范调解民事案件中，旺苍县嘉川镇法律服务所还属首例。

思考：什么是宪法规范？它与一般的法律规范有什么不同？

一、宪法规范的概念与特征

宪法规范是指调整宪法关系并具有最高法律效力的各种规范的总和。宪法规范又称宪法规则，它既是社会规范的一种，又与刑法规范、民法规范、诉讼法规范等并列，被合称为法律规范。作为一种特殊的法律规范，宪法是国家的根本性法律规范。宪法同其他法律规范同属法律规范，因此有一些相同的特征，都是由国家按照一定程序制定或认可的，都表现统治阶级的意志和利益，都是靠国家强制力保障实施的，都取决于社会物质生活条件等。然而，宪法是民主制国家的根本大法，受宪法规范的地位及内容影响，宪法规范具有一般法律规范不具备的特点，主要表现在以下几方面：

（一）根本性

宪法规范的根本性是指宪法只规定国家生活中的根本性问题。也就是说，尽管宪法的内容涉及面很广，包括国家和社会生活的各个方面，但宪法在具体规范这些方面的内容时，主要涉及的是最根本性的问题，而不是事无巨细，都加以规定。

（二）最高权威性

宪法规范的最高权威性是指宪法规范的地位和效力高于其他法律规范。在整个国家的法律体系中，宪法是母法、基础法，其他法律都必须以宪法为制定的依据，因而宪法规范在国家法律体系中处于最高的地位。同时，虽然所有的法律都有法律效力，但宪法规范的法律效力最高，其他法律规范不能与宪法规范相抵触，否则无效。而且在一切国家机关、各政党、社会团体、企事业组织和全体公民必须遵循的所有行为规范中，宪法规范是最高行为规范。

（三）原则性

宪法规范的原则性是指宪法规范只规定有关问题的基本原则。如前所述，宪法是根本法，是统治阶级管理国家和社会生活各方面意志和利益的集中表现，其内容涉及政治、经济、教育、科学、文化等各个方面。对如此广泛而复杂的问题，宪法规范当然不能规定得非常具体，而只能作为原则性的规定，将统治阶级在政治、经济、教育、科学、文化等各方面的意志和利益，以最基本的原则的形式确认下来。而且在文字表述方面，宪法规范也非常简明概括、简洁明了。

（四）纲领性

宪法规范的纲领性是指宪法规范明确表达对未来目标的追求。虽然宪法规范主要针对宪法主体的现实社会生活，是现实社会中人们的根本活动准则，但宪法本身的地位和作用，决定了宪法不仅应该确认统治阶级的治国思想和建国方案，而且应该确认国家的发展目标和宏观发展思路。因此，宪法规范既要规范现实，也要规划未来，必然带有纲领性的特点。

（五）相对稳定性

由于宪法是国家的根本大法，它的变化不仅直接关系到整个国家和社会的稳定，而且直接关系到统治阶级的根本利益，关系到宪法能否保持应有的权威和尊严。因此，宪法规范必须具有稳定性。但这种稳定性只是相对稳定性，也就是说，这种稳定性只是相对于一定的历史时期和一定的历史条件。随着社会历史时期的不断向前推进，社会历史条件的不断变化发展，宪法规范也要相应地变化发展。

二、宪法关系

（一）宪法关系的概念及特征

宪法关系是指根据一定的宪法规范，在宪法主体之间产生的、以宪法中的权利和义务为基本内容的社会政治关系，是立宪社会最为基本的政治秩序在宪法上的表现。它的特征表现为以下几个方面：

一是宪法关系是特定的社会民主政治关系的法律模式，并对政治关系进行调整。立宪社会的政治关系通过宪法形式转化为各宪法主体之间依据宪法规范而确定的政治权利与政治义务关系，并不断调整宪法主体之间的权利与义务关系，促进民主政治的完善和发展，向高级、理想状态推进。

二是宪法关系是社会法制体系中最基本的法律体系。它确立了国家法治生活的根本范式，是组织国家立法、司法、行政机关的基本依据，可为其他法律关系提供基本法律依据。

三是宪法关系以宪法规范为调整依据。宪法关系是宪法规范的具体化与现实化，宪法规范是宪法关系产生的前提。没有相应的宪法规范，不可能产生宪法关系。同时，宪法规范是相对静止的，而宪法关系却是不断发生、变更、消灭，处于动态发展的状态，而正是这一动态过程，使宪法规范反复适用于宪法关系，使宪法之原则与精神于国家政治生活中得以实现。

四是宪法关系既是宪法主体之间的静态宪法关系，也是宪法主体之间的动态宪法关

系。静态宪法关系即宪法主体之间的权利义务关系，是立法对各主体的权利义务分配形式。动态宪法关系即主体之间权利和义务的互动方式，表现为权利与权力的不断抗争、冲突与磨合，正是这种冲突，推动宪法关系的产生、变更、消灭。

五是宪法关系既是宪法主体之间的事实关系，也是宪法主体之间的价值关系。宪法把社会民主政治关系用设定权利、义务的方式予以定位并用法律联系起来。但立宪者同时在宪法中注入社会的价值标准，用以调整政治关系，使宪法关系向高级发展。

（二）宪法关系的主体

宪法关系的主体是依据宪法规范直接参与政治活动的政治实践主体，是宪法权利和宪法义务的直接承担者和直接行使者。纵观世界各国的宪法规范，权利义务承担者的范围十分广泛，公民、外国人、法人、国家、民族、国家机关、社会团体等都在某个或某几个领域享受权利、承担义务。宪法关系的主体主要有以下几种：

1. 自然人

人在身份上的变革使公民成为宪法关系中最为活跃的主体因素。现代国家宪法之中普遍承认人权原则，我国也在宪法中明确规定，“国家尊重和保护人权”。人权概念明确确定了作为自然人面对国家权力时所享有的权利，作为自然人，无论是否具有本国公民身份，其最为基本的权利如生命权、财产权、宗教信仰自由等不能被剥夺。因此，在宪法关系中自然人可以成为宪法关系的主体，并不局限于公民。

2. 国家

国家是一切政治关系的主体，但并非一切国家都是宪法关系的主体。作为宪法关系主体的国家主要有以下特征：一是法定性。国家在宪法关系中的地位由宪法和法律确定，宪法和法律规定了国家在社会政治生活中的权利能力和行为能力，以及国家、国家机关及其工作人员作出权力行为的严格程序。二是宪法赋予国家对社会及其成员以政治强制力。三是由于国家机关既是国家的代表，又是国家权力的载体和体现，因此国家机关是国家在宪法关系中的主要存在形式。

3. 其他主体

由于宪法规范所涉及的内容相当广泛，因而通过宪法规范承担宪法权利和宪法义务的主体众多。

（1）国家机关：国家机关能够以国家代表的身份参与宪法关系；同时国家机关也独立地以自己的名义行使和承担宪法上的权利和义务。

（2）民族：多民族国家的宪法一般都规定了民族的地位和权利。在这种情况下，民族也成为宪法关系的主体。

（3）政党：政党的存在及合法活动是现代国家立宪政体得以有效运行的必要因素。多数国家的宪法对政党承担的宪法权利义务未作明确规定。

（4）利益集团：从利益集团对宪法关系和政治社会中公民与国家重要的联系和缓冲作用来看，利益集团也是宪法关系的一种主体。

（三）宪法关系的内容

宪法关系的内容主要是指宪法关系各主体之间针对某一特定客体，依宪法规范而确立的宪法上的权利和义务，其核心是依据宪法而形成的公民与国家之间的权利和义务。由于宪法关系在主体地位、运作规律上的特殊性，公民与国家之间的权利义务又以公民权利与国家权力的形式表现出来。因此，公民权利与国家权力是宪法关系的实质内容。

宪法上的权利和义务主要是针对公民基本的权利和义务而言的，与其他法律关系中的权利和义务相比，它具有根本性，是实现其他权利和义务的前提。公民在宪法上的权利突出地表现为所有公民都有相同的法律地位，都有相对于其他一切主体的权利能力。这同时也意味着所有其他主体，包括国家机关都有义务尊重并不得妨碍权利人行使权利。

宪法上的职权和职责主要是针对国家和国家机关而言的，与其他法律关系中的职权和职责相比，它也具有根本性，体现了整个国家的政治体制结构，不同的政治体制结构在宪法上表现出国家机关之间的不同关系。由于国家机关的权力并不是固有的，从根源上讲都是人民赋予的，权力本身属于人民，国家机关只是在行使人民赋予的权力而已。宪法规定了国家机关的基本的职权和职责，其他法律对国家机关的规定则是根据宪法产生的。

（四）宪法关系的客体

宪法行为是宪法关系的客体，是公民和国家等主体依法行使宪法规范所赋予的权利和权力的行为，包括公民的宪法权利行为和国家的宪法权力行为两种类型。宪法权利行为和权力行为是宪法关系主体相互之间及其与宪法规范产生联系的唯一领域。它包括公民的宪法权利行为、国家的宪法权力行为及违宪行为。

三、宪法结构

宪法结构是指宪法内容的具体组织和排列形式。同样的宪法内容因排列方式不同，有可能形成不同的宪法结构。宪法结构一般分为形式结构和内容结构。形式结构主要是指将宪法规范的内容加以编排的方式。内容结构是指将具有相同性质的宪法规范编排在同一内容之中，使宪法关系中的相同规范具有合理的表现形式。形式结构和内容结构反映了特定国家宪法的基本体系和价值。比如在宪法内容上，各国宪法结构的表现形式是多样化的，有些国家的宪法由篇、章、节、条组成，而有些国家的宪法则由章、条组成。在具体内容的安排实施上，有些国家的宪法有序言，而有些国家的宪法无序言。

现代宪法结构一般由宪法序言、宪法正文和附则三部分构成。

（一）宪法序言

所谓宪法序言，就是写在宪法条文前面的陈述性表述，以表达本国宪法发展的历史、国家的基本政策和发展方向等。我国的宪法序言主要包括以下内容：一是历史发展的陈述。二是规定国家的根本任务是沿着中国特色社会主义道路，集中力量进行社会主义现代化建设。三是国家的基本国策。四是规定了宪法的根本法地位和最高效力。宪法序言的效力具有统一性、整体性和具体性的特点。

（二）宪法正文

宪法正文是宪法典的主要部分，具体规定宪法基本制度和国家权力体系的安排，构成宪法的主体内容。正文中规定的内容一般包括：社会制度和国家制度基本原则；公民与国家的相互关系，即公民的基本权利与义务；国家机构；国家标志等。我国现行宪法正文的排列顺序是：总纲、公民的基本权利与义务、国家机构与国家标志。宪法总纲部分主要规定了国家的基本原则和基本国策。公民的基本权利与义务是宪法的核心内容，实际上体现了宪法的价值和存在目的。国家机构是人民当家做主、掌握国家权力的重要工具，是宪法的重要内容之一。国家标志是指国旗、国歌、国徽和首都的规定。

（三）附则

附则是指宪法对于特定事项而作出的附加性条款，是宪法的一部分，因而具有与宪法一般条文相同的法律效力。但与一般条文不同的是，附则还具有特定性和临时性的特点，即附则只对特定的条文或事项适用，超出特定的范围则无效；同时，附则只对特定的时间或情况适用，有时间限制，一旦时限届满或者情况发生变化，其法律效力便应终止。

第三节 宪法的基本原则

宪法的基本原则是指人们在制定和实施宪法过程中必须遵循的最基本准则，是贯穿立宪和行宪过程的基本精神。任何一部宪法都不可能凭空产生，都必须反映一国当时的国家生活的指导思想、社会经济条件和历史文化传统。对世界各国宪法理论与实践的考察表明，宪法的基本原则主要有人民主权原则、基本人权原则、法治原则和权力制约原则。

一、人民主权原则

实例链接

宝马车撞人案

2003 年 10 月 16 日上午 10 时 26 分许，代某驾驶农用四轮车在哈尔滨抚顺街，与被告人苏某停靠在路边的宝马吉普车相刮。苏某下车辱骂并殴打代某，后被围观群众劝开。苏某遂上车，突然宝马车向前冲出，将站在该车前方的被害人刘某（代某之妻）当场撞死，另有 12 名围观群众被撞伤。公安机关于当日在现场将苏某抓捕。2003 年 12 月 20 日，哈尔滨市道里区法院公开审理此案，被告人苏某犯交通肇事罪，被判处有期徒刑 2 年，缓刑 3 年。这一判决结果引起舆论大哗。互联网上开始传说，“苏某是黑龙江省某领导亲属”、苏某的丈夫是大老板、“用钱买通了关系”、证人被“封口”等。综合起来，人们对“宝马肇事案”的种种质疑包括：案件的定性是否准确——苏某究竟是“操作失误”“交通肇事”，还是“过失杀人”甚至“故意杀人”？

“宝马车撞人案”的审判结果在社会上引起了很大的争议，争议的内容除审判程序和审判结果之外，一个再一次被提出来的关键问题是，司法独立与民意、新闻媒体监督之间的冲突。有一些法律界人士，包括一些律师，认为应该捍卫法律的尊严，维护司法独立，并认为司法机关如果过多地迁就民意和媒体，屈服于民意和媒体的压力，将会导致“多数人暴政”。多数人暴政实际上是民主政治的一个漏洞和弊端。在多数决定原则下，与多数人利益不一致，甚至是相对立的少数人利益，由于无法获得多数票，就可能遭到忽视甚至侵害。如纳粹德国的立法机关通过歧视、驱逐、屠杀犹太人的法律，就是一个证明。这样便形成了多数人暴政，或者称之为民主的暴政。

为了避免多数人暴政，弥补民主政治的漏洞，保障少数人的权利不受到侵害，人们确立了保障基本人权的制度，用以保障人们的生命、自由和财产等诸项权利。换句话说，是确立了这些基本人权相对于多数决定原则（或称民主政治）的优先权——在基本人权面前，即便有多数人决定，也是无效的。这可以被称为多数人权利和少数人权利的折中和平衡。

由此可见，多数人暴政跟媒体没有必然的关系。如果媒体和社会舆论对于决策活动的报道和质疑被称为多数人暴政，那么，美国和英国这样的国家时时刻刻都发生着多数人暴政。

从民主政治角度而言，其最基本的原则就是人民主权原则。在人民主权原则和国家权力之间，有一个授权管理的基本过程——国家权力属于人民。由于在一个大的国家人民不可能直接行使国家权力，便授权国家机关加以行使，这个授权往往是通过选举来实现的。按照经济学的语言讲，就是一定程度上的所有权和经营权分离。不过，授权之后，人民不是就此什么都不管了，一旦这些国家机关的“职业经理人”不遵章守纪，肆意妄为，危害公共利益，破坏民主原则，人民作为国家的“股东”是要进行监督和检查的。这里一个需要搞清楚的问题是，如果国家机关没有人民的授权和监督，那么它就没有存在的合法性基础。而在选举期间以外，人民对于国家权力的监督手段之一，就是通过新闻媒体来实行监督。所以，请慎用“多数人暴政”一词，因为媒体监督跟多数人暴政没有必然的联系。

思考：什么是真正意义上的人民主权？

资料来源：刘山鹰．宝马案与“多数人暴政”．南方周末，2004（2）.

（一）人民主权原则的概念与历史发展

主权是指国家的最高权力。人民主权是指国家中绝大多数人拥有国家的最高权力。在法国启蒙思想家卢梭看来，主权是公意的具体表现，人民的公意表现为最高权力；人民是国家最高权力的来源，国家是自由的人民遵守社会契约的产物，而政府的一切权力都是人民授予的。因此，国家的主人不是君主，而是人民，治理者只是受人民委托，因而主权只能属于人民。人民主权学说的出现是国家学说发展史上的一大飞跃，是资产阶级反对封建专制主义的锐利思想武器，是资产阶级民主思想的核心。因此，从1776年美国《独立宣言》宣布政府的正当权力须得到被统治者的同意、1789年法国《人权宣言》宣布整个主权的本原主要是寄托于国民以来，西方国家宪法在形式上一般都承认人民主权，并将其作为资产阶级民主的一项首要原则，而且在宪法中明确规定主权在民。如法兰西第五共和国宪法规定，“国家主权属于人民”；日本1946年宪法规定，“兹宣布主权属于国民”；意大利现行宪法规定，“主权属于人民，由人民在宪法所规定的形式和范围内实现之”；等等。

社会主义国家宪法普遍规定了“一切权力属于人民”的原则。由于“一切权力属于人民”是无产阶级在创建自己的政权过程中，在批判性地继承资产阶级民主思想的基础上对人民主权原则的创造性地运用和发展，因此，“一切权力属于人民”实质上也就是人民主权。

（二）人民主权原则在我国宪法中的主要体现

《中华人民共和国宪法》（以下简称《宪法》）第1条第1款明确规定：“中华人民共和国是工人阶级领导的、以工农联盟为基础的人民民主专政的社会主义国家。”第2条第1款规定：“中华人民共和国的一切权力属于人民。”

《宪法》同时规定了实现人民主权的具体形式与途径，如《宪法》第2条第2款、3款规定：“人民行使国家权力的机关是全国人民代表大会和地方各级人民代表大会。”“人民依照法律规定，通过各种途径和形式，管理国家事务，管理经济和文化事业，管理社会事务。”

《宪法》对公民基本权利和义务的规定也是人民主权原则的具体体现。

为了体现人民主权原则，我国《宪法》规定了选举制度的主要程序，以实现宪法的基本原则。

二、基本人权原则

实例链接

“躲猫猫”事件

2009年1月28日，李某涉嫌盗伐林木被刑事拘留，并羁押于晋宁区看守所，羁押期间，同监室在押人员张某等人以各种借口对李某多次用拳头、拖鞋进行殴打，致使李某头部、胸部多处受伤。同年2月8日下午5时许，张某等人又以玩游戏为名，对李某进行殴打，猛烈拳击后，致使李某撞墙倒地昏迷，经送医院抢救无效死亡。法医鉴定的结论是，李某系多次钝性外力打击致严重颅脑损伤死亡。这是一起在押犯罪嫌疑人以“躲猫猫”为名，殴打、施暴，致人身亡的事件。李某身亡后，张某等人为逃避责任、逃避法律的制裁，编造了李某在游戏中不慎自己撞墙死亡的事实，而且订立了攻守同盟，对抗侦查。晋宁区公安机关在没有深入调查取证的情况下，公布了李某是在游戏中不慎死亡的结论。

思考：1. 犯罪嫌疑人在被限制人身自由、身处不利环境的情况下，其生命权是否值得宪法关怀?

2. 在本案中，看守所是否尽到了保护的职责、履行了宪法规定的“国家尊重和保护人权”的义务?

3. 晋宁区公安机关在此事件发生后，未能及时将事件真相告诉公众，侵犯了公民的什么权利?

资料来源：历年十大宪法案例. http://blog.renren.com/share/397530402/13427757742.

（一）人权概念的产生与发展

人权是指作为一个人所应该享有的权利。人权观念的萌芽古已有之，但人权口号最先由十七八世纪西方资产阶级启蒙思想家提出。在奴隶社会和封建社会，不仅国家政权建立在“君权神授”基础之上，而且还公开推行等级特权和不平等制度。随着封建社会末期资本主义商品经济的产生和发展，资产阶级经济地位的不断提高，新兴的资产阶级强烈要求摧毁君权神授学说，建立以自由、平等为核心的发展资本主义的条件。因此，十七八世纪的西方资产阶级启蒙思想家提出了“天赋人权”学说，强调人人生而享有自由、平等、追求幸福和财产的权利。在天赋人权学说和人权口号的指导下，资产阶级开始进行了争取人权的斗争。在资产阶级革命过程中以及革命胜利后，人权口号逐渐被政治宣言和宪法确认为基本原则。

（二）人权在宪法文本中的体现

人权在各国宪法文本中有不同的含义与表述方式，概括起来有以下几种：一是宪法文本中直接规定人权；二是宪法文本中不直接出现人权，但解释上人权表现为基本权利或基本权；三是严格限制人权在宪法文本中的含义，直接以基本权利规定人权的核心内容；四是文本中同时出现人权、基本权利等表述，在实践中主要通过宪法解释方法确定其具体内涵。

（三）基本人权原则在我国宪法中的体现

从《共同纲领》开始，我国宪法都规定了公民的基本权利与义务，特别是2004年将“国家尊重和保障人权”写入宪法后，基本人权原则成为国家基本价值观。

人权与基本权利也存在一定的差别。我国宪法规定的基本权利主体是公民，而人权的主体是人；宪法列举了公民享有的若干基本权利，而人权的内容是无须宪法列举的。对于这种差别，我们需要保持逻辑上的协调与解释规则上的统一。基本权利与人权之间存在价值上的共同性。当实践中出现侵害人权的事件时，应当积极运用宪法解释规则与技术，在规范内涵所允许的范围内寻求可能的权利救济途径。

除规定尊重和保障基本人权原则外，我国宪法还规定了公民参与国家政治生活的权利和自由、人身自由和宗教信仰自由、社会经济文化方面的权利等基本权利。宪法要求，根据国家社会发展的实际情况，不断为基本权利的实现提供经济、社会与文化保障。

三、法治原则

实例链接

周永康案

2015年6月11日，天津市第一中级人民法院依法对周永康受贿、滥用职权、故意泄露国家秘密案进行了一审宣判，认定周永康犯受贿罪，判处无期徒刑，剥夺政治权利终身，并处没收个人财产；犯滥用职权罪，判处有期徒刑七年；犯故意泄露国家秘密罪，判处有期徒刑四年，三罪并罚，决定执行无期徒刑，剥夺政治权利终身，并处没收个人财产。周永康当庭表示，服从法庭判决，不上诉。进入司法调查以来，办案机关依法办案、文明执法，讲事实、讲道理，充分体现了我国司法的进步，使他认识到自己违法犯罪的事实给党的事业造成的损失，给社会造成了严重影响。

思考：该案如何体现法治的内涵？

资料来源：周永康一审被判处无期徒刑.（2015-06-11）[2017-06-20]. http://cq.people.com.cn/n/2015/0611/c365403—25206865.html.

（一）法治的概念

法治是指以民主为前提和基础，以严格依法办事为核心，以制约权力为关键的社会管理机制、社会活动方式和社会秩序状态。法治是相对于人治而言的。如洛克认为，政府应该以正式公布的既定法律来进行统治，这些法律不论贫富、不论权贵都应一视同仁，并不因特殊情况而有出入。潘恩也曾说过，在专制政府中国王便是法律，同样，在自由国家中法律便应该成为国王。其核心思想在于依法治理国家，法律面前人人平等，反对任何组织和个人享有法律之外的特权。法治的内涵包括以下几个方面：

一是法治是一种治国方略，是法律统治的简称，是一种治国原则和方法，是相对于“人治”而言的。正如潘恩所说，在专制国家中国王便是法律，同样，在自由国家中法律便应该成为国王。宪法法律至上，国家中重要的社会关系由法律调整。法律在各种社会调整措施中具有至上性、权威性和强制性，不是当权者的任性。

二是法治以民主政治状态下的法制为前提。法制是法治的基础和前提条件，要实行法治，必须具有完备的法制。

三是法治的基本要求是严格依法办事，任何机关、团体和个人都必须严格遵守法律和依法办事，任何人不享有法外特权。

四是法治是通过法律的实施有效地规束公权力，从而使社会资源在公民中得到合理配置而形成的社会秩序。

五是法治本身有着自身的内在价值。法律面前人人平等，公平、正义、自由，法律之上，良法之治，程序正义等是法治的内在精神价值。

（二）法治原则的历史发展

“法治国家”本质上是与宪法秩序有着密切联系的政治概念，它经过了不同的历史发展阶段。以自由、平等与正义的实现为基本内容的法治国家理念可追溯到古罗马时代。到了18世纪，法治国家作为与自由主义宪法国家相同的概念，形成了自身的理论体系，其内容包括：国家的活动必须依照法律进行；为了保护基本权利，需要在宪法上建立独立的法院体系；国家权力的活动应限于人的自由保护领域等。自19世纪以后，法治国家进入市民的法治国家阶段，即以市民社会为基础建立法治国家基础，如成文宪法的制定、权力的分立、基本人权的保障、国家赔偿制度的建立、行政的合法性、宪法裁判制度的建立等都是市民社会中法治发挥的功能。第二次世界大战后，以正义、平等与自由价值为基础的法治概念成为法治国家的实质内容，成为区分一般法律国家概念的价值体系。

我国《宪法》第5条第1款规定：“中华人民共和国实行依法治国，建设社会主义法治国家。”其中的“法治国家”既包括实质意义的法治内涵，也包括形式意义的法治要素。宪法体系上的法治国家规定了法治秩序的原则和具体程序，形成政治共同体价值，保障国家权力运作的有序化。

四、权力制约原则

实例链接

京安元鼎保安公司截访事件

2010年，一家名叫“安元鼎”的保安公司在北京保安业悄然做大。越来越多的调查表明，安元鼎公司的主业为关押、押送到北京上访的民众。这家成立时间短却发展迅猛的保安公司在北京设立多处“黑监狱”，向地方政府收取佣金，限制上访者的自由并押送其返乡，甚至向上访者施暴。北京警方以涉嫌“非法经营和非法拘禁”对安元鼎保安公司立案侦查，该公司董事长和总经理已被刑事拘留。

思考： 1. 地方政府和保安公司之间签订的委托合同是否合法？

2.“零上访”、坚决否定越级上访是否侵犯了公民的基本权利？

3. 如何解决这一问题？

资料来源：宪行天下：2010十大宪法事例.（2011-01-24）[2017-06-20]. http://edu.ifeng.com/gundong/detail_2011_01/24/4419058_0.shtml.

（一）权力制约原则的概念与历史发展

权力制约原则是指国家权力的各部分之间相互监督、彼此牵制，从而保障公民权利。它既包括公民权利对国家权力的制约，也包括国家权力相互之间的制约。权力制约之所以是宪法的基本原则，主要决定于宪法的逻辑起点和宪法的基本内容。尽管导致近代宪法产生的根本原因是商品经济的普遍化发展，但从政治的层面而言，则是国家权力所有者的转换。当国家权力从过去的少数人所有转变为至少在形式上由多数人所有，即人民主权出现后，为了有效地行使国家权力，国家权力的所有者与国家权力的行使者开始分离。为了保障国家权力所有者应有的地位和作用，并使这种保障机制具有足够的权威，确认权力制约的国家根本法就应运而生了。就宪法的基本内容而言，不仅保障公民权利始终处于核心、主导地位，而且对国家权力不同部分之间的制约机制也有明确规定。在资本主义国家的宪法中，权力制约原则主要表现为分权原则；而在社会主义国家的宪法中，权力制约原则主要表现为监督原则。

分权原则亦称权力分立原则、分权制衡原则。分权是指把国家权力分为若干部分，分别由不同的国家机关独立行使；制衡则是指这些国家机关在行使权力的过程中，保持一种互相牵制和互相平衡的关系。分权原则是十七八世纪欧美资产阶级革命时期确立的，它为资产阶级革命以后建立资产阶级民主制度以代替封建专制制度提供了方案。1787 年美国宪法就按照典型的分权制衡原则确立了国家的政权体制。法国《人权宣言》则称“凡权利无保障和分权未确立的社会，就没有宪法”。受美、法等国的影响，各资本主义国家的宪法均以不同形式确认了分权原则。从资本主义各国政治实践看，分权原则对于确立和巩固资产阶级民主制度起了非常重要的作用。

社会主义国家的监督原则是由第一个无产阶级专政政权巴黎公社首创的。巴黎公社所首创的这一原则，后来被实行无产阶级专政的社会主义国家普遍确定为一项民主原则，并在各国宪法中作出了明确规定。

（二）权力制约原则在我国宪法中的体现

宪法规定了人民对国家权力活动进行监督的制度，如规定“全国人民代表大会和地方各级人民代表大会都由民主选举产生，对人民负责，受人民监督”“国家行政机关、监察机关、审判机关、检察机关都由人民代表大会产生，对它负责，受它监督”等。

宪法规定了公民对国家机关及其公务员的监督权，规定“中华人民共和国公民对于任何国家机关和国家工作人员，有提出批评和建议的权利”。

规定了不同国家机关之间、国家机关内部不同的监督形式。如《宪法》第 140 条规定“人民法院、人民检察院和公安机关办理刑事案件，应当分工负责，互相配合，互相制约，以保证准确有效地执行法律”，第 127 条规定“监察机关办理职务违法和职务犯罪案件，应当与审判机关、检察机关、执法部门互相配合，互相制约”，等等。

知识拓展

2018 年 3 月 17 日，第十三届全国人民代表大会第一次会议审议通过了国务院机构改革方案，将中华人民共和国监察部并入新组建的国家监察委员会。中华人民共和国国家预防腐败局并入国家监察委员会，不再保留监察部、国家预防腐败局。2018 年 3 月 23 日，中华人民共和国国家监察委员会在北京揭牌，举行新任国家监察委员会副主任、委员宪法

宣誓仪式。监察委员会依法行使的监察权，不是行政监察、反贪反渎、预防腐败职能的简单叠加，而是在党直接领导下，代表党和国家对所有行使公权力的公职人员进行监督，既调查职务违法行为，又调查职务犯罪行为，依托纪检、拓展监察、衔接司法，实际上是新的拓展、新的开创，实现了“一加一大于二、等于三”，监督对象和内容多出了一块，有新内容，是新创举，与司法机关的职权、性质有着根本的不同。根据监察法的规定，监察委员会具有三项职能：(1) 对所有行使公权力的公职人员进行监察；(2) 调查职务违法和职务犯罪；(3) 开展廉政建设和反腐败工作，维护宪法和法律的尊严。监察法对监察委员会职能的规定，与党章关于纪委主要任务的规定相匹配。

第四节　宪法分类

所谓宪法分类，是指按照一定的标准把宪法划分和归纳为不同类型，以便于人们对不同性质和同一性质但具有不同特点的宪法进行比较和分析。

一、传统的宪法分类

（一）成文宪法与不成文宪法

成文宪法与不成文宪法是英国学者J. 蒲莱士1884年在牛津大学讲学时首次提出的宪法分类。这种宪法分类所依据的标准为宪法是否具有统一的法典形式。成文宪法是指具有统一法典形式的宪法，有时也叫文书宪法或制定宪法，其最显著的特征在于法律文件上既明确表述为宪法，又大多冠以国名，如《日本国宪法》《中华人民共和国宪法》《法兰西共和国宪法》等。十七八世纪自然法学派提出的社会契约论可以说是成文宪法思想的重要渊源之一，但1787年《美利坚合众国宪法》才是世界历史上第一部成文宪法，1791年《法国宪法》则是欧洲大陆第一部成文宪法。当今世界绝大多数国家的宪法是成文宪法。

不成文宪法是不具有统一法典的形式，而且散见于多种法律文书、宪法判例和宪法惯例的宪法。不成文宪法最显著的特征在于，虽然各种法律文件并未冠以宪法之名，但却发挥着宪法的作用。英国是典型的不成文宪法国家。英国宪法除包括大量宪法惯例和宪法判例外，还包括各个不同历史时期颁布的宪法性文件，如1628年的《权利请愿书》、1679年的《人身保护法》、1689年的《权利法案》、1701年的《王位继承法》、1911年的《国会法》、1918年的《国民参政法》、1928年的《男女选举平等法》、1969年的《人民代表法》等。英国之所以产生并长期保持不成文宪法，主要取决于英国资产阶级革命的特点，以及习惯、历史传统与文化等。近年来，随着欧洲一体化的进程，一些英国学者也提出了制定成文宪法的主张。

（二）刚性宪法与柔性宪法

刚性宪法与柔性宪法也是英国学者J. 蒲莱士最早提出来的。他在《历史研究与法理学》中，以宪法有无严格的制定、修改机关和程序为标准，将宪法分为刚性宪法和柔性宪法。刚性宪法是指制定、修改的机关和程序不同于一般法律的宪法。对此，一般有三种情况：一是制定或修改宪法的机关不是普通立法机关，而往往是特别成立的机关；二是制定或者修改宪法的程序严于一般的立法程序；三是不仅制定或修改宪法的机关不是普通立法机关，而且制定或修改宪法的程序也不同于一般法律。实行成文宪法的国家往往也是刚性宪法的国家。其理由在于，既然宪法是具有最高法律效力的国家根本法，应该具有较强的稳定性和最高的权威性，那么制定或修改宪法的机关就应比一般法律的制定机关具有更高的权威性，制定或修改宪法的程序也应比一般法律更加严格。柔性宪法是指制定、修改的机关和程序与一般法律相同的宪法。在柔性宪法国家中，由于宪法和法律由同一机关根据同样的程序制定或者修改，因而它们的法律效力和权威并无差异。实行不成文宪法的国家往往也是柔性宪法的国家，如英国。

（三）钦定宪法、民定宪法和协定宪法

这是以制定宪法的机关为标准对宪法所作的分类。钦定宪法是指由君主或以君主的名义制定和颁布的宪法。民定宪法是指由民意机关或者由全民公决制定的宪法，民定宪法奉行人民主权原则，至少在形式上强调以民意为依归，以民主政体为价值追求。协定宪法则指由君主与国民或者国民的代表机关协商制定的宪法。协定宪法往往是阶级妥协的产物。在新兴资产阶级尚无足够力量推翻君主统治，而封建君主又不能实行绝对专制统治的情况下，协定宪法也就成为必然。如 1215 年英国的《自由大宪章》就是英王约翰在贵族、教士、骑士和城市市民的强大压力下签署的；法国 1830 年宪法就是在 1830 年革命中，国会同国王路易·菲利浦共同颁布的。

二、马克思主义宪法学的分类

马克思主义宪法学以国家的类型和宪法的阶级本质为标准，把宪法分为资本主义类型的宪法和社会主义类型的宪法。这种分类方法的最鲜明特点在于揭示了宪法的本质，反映了宪法的阶级属性。

列宁曾经指出：当法律同现实脱节的时候，宪法是虚假的；当它们一致的时候，宪法便不是虚假的。列宁的这一论断被宪法学者概括为以宪法是否与现实相一致为标准对宪法进行的分类。

第五节　宪法解释

知识拓展

我国《宪法》第 65 条第 4 款规定："全国人民代表大会常务委员会的组成人员不得担任国家行政机关、监察机关、审判机关和检察机关的职务。" 1982 年 12 月 10 日通过的《中华人民共和国全国人民代表大会组织法》（以下简称《全国人民代表大会组织法》）第 35 条第 3 款规定："各专门委员会的主任委员、副主任委员和委员的人选，由主席团在代表中提名，大会通过。"据此，对于全国人大专门委员会委员，《宪法》和《全国人民代表大会组织法》都没有明确规定其不得兼任其他国家机关的职务或者人民法院的陪审员。但是，专门委员会委员要行使组成人员的职权，在专门委员会组成人员实践中，或者是曾经担任过国务院各部、委员会主任、副主任的人员，或者是担任过相当于国务院各部、委员会主任、副主任行政级别的人员，或者是著名的某一方面的专家、学者，在任职期间一般享受部级干部的待遇。就此，1996 年 2 月 13 日，最高人民法院向全国人民代表大会常务

委员会法制工作委员会请求解释：全国人大法律委员会委员和在职律师可否被聘为特邀陪审员。3 月 21 日，全国人民代表大会常务委员会法制工作委员会在答复中指出：建议按法院组织法规定称“陪审员”；建议全国人大法律委员会委员不要担任陪审员；兼职律师担任陪审员是可以的。

资料来源：周伟．宪法解释案例补充宪法规定的实证研究［J］．南京大学法学评论，2002（18）：30．

宪法解释和宪法修改是解决规范与现实冲突的两种形式。宪法解释通常是一种优先选择的解决方式。一方面宪法解释可以在不变动宪法文本的情况下把社会中产生的新的合理要求纳入宪法规范体系当中，使宪法适应社会的变迁；另一方面又维护了宪法的稳定性。

一、宪法解释的含义

宪法解释是指宪法制定者或者依照宪法的规定享有宪法解释权的国家机关根据宪法的基本精神和基本原则，对宪法规定的含义、界限及其相互关系所作的具有法律效力的说明。有权进行宪法解释的机关通过宪法解释，阐明宪法的精神，弥补宪法的漏洞，明确宪法条文的基本含义，起到使宪法规范适应社会发展、保障宪法权威，并维持统一的宪法秩序，以及为判断宪法行为是否合宪提供标准等作用。

二、宪法解释的机关

世界各国根据自己的政治理念、法律传统等因素确立了不同的宪法解释机关，概而言之有以下四种：

（一）由国家元首解释宪法

由国家元首解释宪法，即由一国元首对宪法条文含义作出说明。这种解释机关过去常见于君主立宪制国家，如日本明治维新宪法规定天皇具有宪法解释权。现在这种规定已不常见。

（二）由立法机关解释宪法

这一规定最早见于英国。英国自“光荣革命”确立议会内阁制以来，议会便具有“至高无上”的权力，任何其他国家机关不得否认其制定的法律效力；而英国宪法的不成文性更使除立法机关外无其他机关能对宪法作出解释。社会主义国家以民主集中制建立国家机构体系，确立由最高国家权力机关解释宪法的制度，即由立法机关解释宪法。

（三）由司法机关解释宪法

这一制度源于美国 1804 年的一个判例。在“马伯里诉麦迪逊案”中，最高法院马歇尔大法官宣称“解释法律是法官的职责”“违宪的法律不是法律”。由于英美法“遵循先例”的法律原则以及最高法院在整个国家结构中的重要地位遂使这一判例确立了由司法机关解释宪法的制度。现在，这一体制广泛流行于英美法系国家，如加拿大、澳大利亚、印度、菲律宾等。

（四）由特设机关解释宪法

这一制度即由宪法规定专门设立解释宪法的机关，由其负责解释宪法。此种制度使宪法解释机关独立于任何其他国家机关，不受它们的牵制，在法国表现为宪法委员会，在德国表现为宪法法院，而奥地利、西班牙、意大利等国也建立了相似机关。宪法赋予特设机关宪法解释权的同时，对在何种情况下运用解释权也作了规定，一般来说有以下几种情况：对法律性文件是否合宪作出解释；对普通公民宪法诉愿做裁决时作出解释；裁决有关国家机关的权限争议时作出解释。

三、宪法解释的原则和方法

（一）宪法解释的原则

总的来说，宪法解释机关应严格依照宪法规定进行解释，同时也不排除特殊情况下适度灵活地解释宪法。具体说来宪法解释应遵循以下原则：

（1）依法解释原则。

（2）符合宪法的基本精神与基本原则。每一个国家的宪法都有其基本原则，或明示于宪法序言，或规定于宪法条文，或体现于宪法起草修改时的有关说明。基本原则是一国宪法区别于他国宪法之处，针对相同的情况，应用不同的原则解释宪法会得出不同的结果。

（3）符合制宪目的。一国宪法也都有其制定之目的，我国宪法序言中就规定宪法的制定目的在于“发展社会主义民主，健全社会主义法制”，对宪法解释时也应符合制宪之目的。

（4）整体解释。宪法的原则精神与具体内容之间是相互联系的，要充分认识到不同原则精神之间、不同条文内容之间以及原则精神与内容之间的关系，这是充分解释宪法避免解释冲突的基本要求。

（5）字面解释原则。

（6）适应社会发展要求。宪法不是“万年历”，社会的变化发展总会出现宪法的一些条文内容与实际情况不相符。宪法解释不能僵化与自封，不仅要认识到社会发展，还要认识到社会发展的主流方向，以使宪法发展与社会发展相符合。

（二）宪法解释的方法

所谓宪法解释的方法是指解释机关在解释宪法时运用何种技术手段去理解宪法条文，说明宪法含义。归纳起来，解释方法有如下几种：

1. 统一解释

宪法条文的原则性使其易受到不同实施主体的不同理解，这无疑使宪法实施处于不确定与相冲突的状态。解释机关应针对某一争议条文作出具体统一说明。统一解释是法制统一的必然要求。

2. 条理解释

条理解释，即根据宪法文字含义、上下文的联系、实施先例以及逻辑规则、法学理论对宪法规范的含义进行说明的方法。条理解释探求宪法规范的真正含义，是从严解释宪法的体现。

3. 补充解释

补充解释，即在宪法规定存在缺漏而社会发展要求宪法对此作出明确规定时由解释机关对宪法作出的补充性说明。这种解释方法不对宪法作出修改，而能填补宪法的漏洞，使宪法在实施中具有一定的灵活性。

4. 扩大解释

当宪法的内容不能满足社会发展的需要时，对其进行含义上的扩充，使其涵盖新事物，具有新的内容。这种方法能保持宪法条文不变，而使原条文的实际内容发生改变，虽可使宪法在实际中更具灵活性，却也易使宪法流于表面规定。

第六节　宪法修改

实例链接

德雷德·斯科特诉桑福德案

德雷德·斯科特诉桑福德案，是美国最高法院于1857年判决的一个关于奴隶制的案件，该案的判决成为南北战争的关键起因之一。黑人奴隶德雷德·斯科特随主人到过自由州伊利诺伊和自由准州威斯康星，并居住了两年，随后回到蓄奴州密苏里州。主人死后，斯科特提起诉讼要求获得自由，案件在密苏里州最高法院和联邦法院被驳回后，斯科特上诉到美国最高法院。经过长达一年之久的犹豫不定和左右摇摆，1857年3月，联邦最高法院最终以7比2五票之差驳回了斯科特的上诉。首席大法官罗杰·坦尼撰写了判决意见，长达55页，主要论述了以下三点：

第一，即便自由的黑人也不是《美国宪法》中所指的公民，所以斯科特无权在联邦法院提起诉讼。

第二，斯科特不能因为到过所谓自由准州威斯康星就获得了自由，因为在威斯康星州排除奴隶制的是《密苏里妥协案》，而制定《密苏里妥协案》超出了国会的宪法权力。

第三，斯科特不能因为到过自由州伊利诺伊就获得了自由，因为他一旦回到密苏里州，他的身份就只受密苏里州法律支配。

这个判决的影响是不言而喻的。它成了美国历史上公开支持黑人不是公民的最为强劲的声音，从而全面挑动了美国内战的序幕，也因此在美国宪法史上留下了臭名昭著的名声。南北战争后，《美国宪法》增加了《第十三修正案》《第十四修正案》《第十五修正案》，从而废除了美国的奴隶制，并规定非裔美国人具有平等公民权。

资料来源：张锡盛. 德雷德·斯科特案及背景论述 [J]. 云南大学学报，2008 (1)：1-4.

一、宪法修改的概念

宪法修改是指宪法正式实施之后，随着社会生活的发展与变化，出现宪法规范与社会生活冲突时，特定机关依据宪法的程序，以明示的方法对宪法典的条文或文句进行补充、调整的活动。

二、宪法修改的原因

宪法修改的原因是宪法修改权和修改程序产生的根本。宪法学者对宪法修改原因的认识比较一致，一般认为有客观和主观两方面的原因。

（一）客观原因

客观原因，主要是指社会现实的发展变化。首先，社会生活中经济因素的变化可能导致宪法的修改。其次，政治因素的相互作用，也会直接影响宪法的稳定性，导致宪法的修改。这里所指的政治因素主要包括两个方面：一是社会政治制度的变化；二是阶级力量的对比关系的变化。

（二）主观原因

主观原因，主要是指由于受到人们认识能力的限制，制宪者在设计宪法时难免有考虑不周、预见不到之处。人们认识能力的提高和宪法规范缺陷的显现会引起相应的宪法修改，可以从以下两个方面说明：一是宪法理论的发展完善；二是宪法制定技术的原因使宪法制度设计存在瑕疵，宪法规范表述不准确，有的可以通过宪法解释加以明确，有的则必须通过宪法修改加以完善。

三、宪法修改的形式

（一）狭义的宪法修改方式

1. 全面修改

全面修改，即在原有宪法的基础上对其进行全面更新。这种修改不同于宪法的重新制定，它在不改变原有宪法的根本精神和基本原则的前提下，对宪法的其他内容进行较大的调整和更新。宪法的全面修改不能过于频繁，否则不利于宪法基本价值的保障。

2. 部分修改

部分修改，即通过宪法修正案或修宪决议的方式对宪法的部分条款进行修改。宪法修正案是部分修改的主要方式，它是指在不触动宪法原文的情况下，将以特定程序通过的修改内容按前后顺序以条纹形式附于原文之后，作为宪法的组成部分。采用修正案的方式修改宪法具有独特的优点，首先，它能够及时、灵活、简便地适应社会发展的需要，并且可以反映宪法内容变化的轨迹。其次，它能够保证宪法的相对稳定性，从而有利于维护宪法的尊严和权威。不足之处在于，新旧条文混杂，使宪法在结构上显得散乱、欠严谨，不利于普通公民了解和掌握宪法的内容。特别是在我国，宪法观念与宪法意识尚未深入人心，采用修正案的方式修改宪法不利于宪法宣传。

（二）广义的宪法修改方式

1. 立法修改

这是一种间接的、特殊的修宪方式，即按照立法程序，通过专门的法律决定或者在有关的法律中对宪法的原有规定作出修改补充，但不改动宪法原文。

2. 无形修改

无形修改是指非正式的、不变动宪法文字而实际上变更宪法内容的方式。这主要是指在成文宪法已经无法适应社会现实的变化而又不能或不希望修改宪法的情况下，采用宪法解释或者宪法惯例等方式，实际上改变了宪法的内容。在我国，全国代表大会通过的报告中对国家制度作出的政策调整所涉及宪法内容的变更，实际上也可视为无形修宪。

四、宪法修改的程序

宪法修改的程序是指进行宪法修改时的步骤与方式。

（一）宪法修改的一般程序

从各国宪法规定来看，一般将宪法修改分为以下五步：

1. 提案

提案启动宪法修改程序，标志着宪法修改的开始。提案由宪法规定的提案主体提出。我国宪法规定的拥有提案权的主体有两个：一是全国人大常委会，二是“五分之一以上”的全国人大代表。除此之外，任何政党、社会团体、国家机关不得提出修宪动议，进行宪法修改。提案并不一定提出具体的修宪计划，只是表明宪法内容应该修改以及修改的方向。

2. 审定

审定是指有权机关审查修宪提案的内容，对是否修改作出决定。如果否决修宪提案，则宪法修改程序不能继续进行。理论上看，这一程序并非必要程序，而我国的宪法修改程序也没有规定此程序。

3. 起草

宪法修改提案通过后，由指定或法定的国家机关对修宪提案所涉内容进行具体的拟定。这一过程明确宪法条文如何修改。在实践中要注意贯彻公开、民主的原则，听取社会各阶层的意见，使草案获得广泛的民众支持。

4. 议决

对于起草完毕的修改草案提交立法机关或全民进行表决，由其决定是否通过该草案，使其成为宪法修正案。各国宪法对议决都规定了比一般法律议决较严格的程序，我国宪法规定宪法修改草案的通过必须经由全国人大全体代表的2/3以上多数同意。

5. 公布

公布是修改宪法的最后程序，也是必经程序。未经公布的宪法修正案不具有法律效力。公布一般是由法定公布机关通过法定方式使其为公众所知晓。

（二）我国宪法的修改程序

我国宪法目前的修改可分为以下几个程序：

1. 宪法修正草案的提出

宪法修改的提出标志着整个宪法修改的开始。我国《宪法》的修改，由全国人民大会常务委员会或者五分之一以上的全国人民代表大会代表提议，其他任何国家机关无权提出。但是根据历年来修改宪法的习惯来看，都是由中共中央向全国人民代表大会常务委员会提出修改宪法的建议，再由全国人民代表大会常务委员讨论后根据中共中央提出的修宪建议稿，向全国人民代表大会代表提出修宪草案，并提请全国人民代表大会审议。

2. 宪法修正草案的审定和表决

审定是指有权机关审查修宪提案的内容，并对是否修改作出决定。如果否决修宪提案，则宪法修改程序不能继续进行。事实上，我国宪法对此程序没有明确规定。不过从历次修宪的惯例上来看是由全国人民代表大会会议审议宪法修正案，再由全国人民代表大会代表以全体2/3多数通过。如1988年表决宪法修正案草案，是根据七届全国人大一次会议通过的议案表决办法，采用无记名投票的方式，以全体代表2/3以上的多数票通过的；1993年和1999年全国人民代表大会会议上表决宪法修正案草案也是按此进行的。

3. 宪法修正案的公布

公布程序是我国宪法修改的最后一个程序，宪法修正案只有经法定程序公布后才具有法律效力，在我国宪法修正案经全国人民代表大会2/3多数代表通过后，由全国人民代表大会发布公告，公布施行。

五、我国现行宪法的修改

1982 年宪法是我国的现行宪法，是由第五届全国人民代表大会第五次会议于 1982 年 12 月 4 日通过，由序言及总纲，公民的基本权利和义务，国家机构，国旗、国歌、国徽、首都组成，共 138 条。1982 年 12 月 4 日，第五届全国人民代表大会第五次会议举行全体会议，表决并通过了《宪法》，同日，由大会主席团公布实施。1982 宪法的产生，充分体现了社会主义民主精神，它具有广泛真实的群众基础和极其深厚的社会基础，在我国制宪史上尚属首次。1982 宪法在实施过程中经过四次部分修改，通过了 31 条宪法修正案。

（一）1988 年修改第 1～2 条修正案

允许私营经济的合法存在，对私营经济的性质、地位和采取的措施也作出了规定。“国家允许私营经济在法律规定的范围内存在和发展。私营经济是社会主义公有制经济的补充。国家保护私营经济的合法的权利和利益，对私营经济实行引导、监督和管理。”

土地的使用权可以依照法律的规定转让。

（二）1993 年修改第 3～11 条修正案

序言第七段增加了“我国正处于社会主义初级阶段”“根据建设中国特色社会主义的理论”“坚持改革开放”等内容，并将原来的“高度文明、高度民主”改为“富强、民主、文明”。

序言第十段末尾增加了“中国共产党领导的多党合作和政治协商制度将长期存在和发展”，将“国营经济”改为“国有经济”、“国营企业”改为“国有企业”。

将“农村人民公社、农业生产合作社”改为“农村中的家庭联产承包为主的责任制”。

把原来规定的计划经济改为“社会主义市场经济”，将原来规定的“国家通过经济计划的综合平衡和市场调节的辅助作用，保证国民经济按比例地协调发展”改为“国家加强经济立法，完善宏观调控”。

将县、不设区的市、市辖区的人民代表大会每届任期由原来的三年改为五年。

（三）1999 年修改第 12～17 条修正案

在序言第七自然段增加了“邓小平理论”的内容，相应地将“根据建设有中国特色社会主义的理论”修改为“沿着建设中国特色社会主义道路”，并将“我国正处于社会主义初级阶段”修改为“我国将长期处于社会主义初级阶段”，增加了“发展社会主义市场经济”的内容。

第 5 条增加了规定：“中华人民共和国实行依法治国，建设社会主义法治国家。”

第 6 条增加了规定：“国家在社会主义初级阶段，坚持公有制为主体，多种所有制经济共同发展的基本经济制度，坚持按劳分配为主体，多种分配方式并存的分配制度。”

第 8 条第 1 款增加了规定：“农村集体经济组织实行家庭承包经营为基础、统分结合的双层经营体制。”相应地删除“家庭联产承包为主的责任制”的提法。

第 11 条增加了规定：“在法律规定范围内的个体经济、私营经济等非公有制经济，是社会主义市场经济的重要组成部分。”相应地删去个体经济、私营经济“是社会主义公有制经济的补充”的提法，同时将本条的其他文字修改为“国家保护个体经济、私营经济的合法权利和利益。国家对个体经济、私营经济实行引导、监督和管理”。

将第 28 条中的“反革命的活动”修改为“危害国家安全的犯罪活动”。

（四）2004 年修改第 18～31 条修正案

在序言第七自然段中增加了将“三个代表”重要思想作为国家的指导思想。

在序言第七自然段增加了“政治文明”这一概念，并规定“推动物质文明、政治文明和精神文明协调发展”。

在序言第十自然段所规定的爱国统一战线的构成中增加了“社会主义事业的建设者”。

将第 10 条规定的土地征用制度修改为，“国家为了公共利益的需要，可以依照法律规定对土地实行征收或者征用并给予补偿”。

将第 11 条对非公有制经济的规定修改为，“国家保护个体经济、私营经济等非公有制经济的合法的权利和利益。国家鼓励、支持和引导非公有制经济的发展，并对非公有制经济依法实行监督和管理”。

将第 13 条有关公民私有财产的规定修改为，“公民合法的私有财产不受侵犯”。“国家依照法律规定保护公民的私有财产权和继承权。”“国家为了公共利益的需要，可以依照法律规定对公民的财产实行征收或者征用并给予补偿。”

在第 14 条增加了有关社会保障制度的内容，规定“国家建立健全同经济发展水平相适应的社会保障制度”。

在第 33 条增加了“国家尊重和保障人权”。

将全国人民代表大会代表组成的规定修改为，“全国人民代表大会由省、自治区、直辖市、特别行政区和军队选出的代表组成”。

将《宪法》有关涉及戒严（出现人为的重大动乱、暴乱、战乱等重大事项时，由军队实施）的规定修改为紧急状态（适用于重大自然灾难、事件、疾病等事件，不需要军队）的相关规定。

在第 81 条增加了中华人民共和国主席代表国家“进行国事活动”。

将乡镇人民代表大会每届的任期由三年改为五年。

将《义勇军进行曲》明确规定为中华人民共和国国歌。

（五）2018 年修改第 32～52 条修正案

第 32 条　宪法序言第七自然段中增加了“科学发展观、习近平新时代中国特色社会主义思想”；将“健全社会主义法制”改为“健全社会主义法治”；增加“贯彻新发展理念”；把“推动物质文明、政治文明和精神文明协调发展，把我国建设成为富强、民主、文明的社会主义国家”修改为“推动物质文明、政治文明、精神文明、社会文明、生态文明协调发展，把我国建设成为富强民主文明和谐美丽的社会主义现代化强国，实现中华民族伟大复兴”。

第 33 条　宪法序言第十自然段中“在长期的革命和建设过程中”增加了改革；爱国统一战线增加了致力于中华民族伟大复兴的爱国者。

第 34 条　宪法序言第十一自然段中民族关系修改为：“平等团结互助和谐的社会主义民族关系已经确立，并将继续加强。”

第 35 条　宪法序言第十二自然段中国际关系修改为，“中国革命、建设、改革的成就是同世界人民的支持分不开的”；增加了“坚持和平发展道路，坚持互利共赢开放战略”；增加了“推动构建人类命运共同体”。

第 36 条　宪法第 1 条国家性质中增加“中国共产党领导是中国特色社会主义最本质的特征。”

第 37 条　宪法第 3 条修改为“国家行政机关、监察机关、审判机关、检察机关都由人民代表大会产生，对它负责，受它监督。”

第 38 条　宪法第 4 条民族关系修改为“国家保障各少数民族的合法的权利和利益，维护和发展各民族的平等团结互助和谐关系。”

第 39 条　宪法第 24 条增加了“国家倡导社会主义核心价值观”的内容。

第 40 条　宪法第 27 条增加 1 款，“国家工作人员就职时应当依照法律规定公开进行宪法宣誓。”

第 41 条　宪法第 62 条全国人民代表大会行使职权中增加选举国家监察委员会主任。

第 42 条　宪法第 63 条全国人民代表大会有权罢免人员中增加国家监察委员会主任。

第 43 条　宪法第 65 条修改为：“全国人民代表大会常务委员会的组成人员不得担任国家行政机关、监察机关、审判机关和检察机关的职务。”

第 44 条　宪法第 67 条全国人民代表大会常务委员会行使监督权中增加了对国家监察委员会的监督，并增加了“根据国家监察委员会主任的提请，任免国家监察委员会副主任、委员”的规定。

宪法第 70 条将原法律委员会修改为“宪法和法律委员会”。

第 45 条　将宪法第 79 条国家主席任期修改为：“中华人民共和国主席、副主席每届任期同全国人民代表大会每届任期相同。”

第 46 条　宪法第 89 条“国务院行使下列职权”中增加“生态文明建设”，取消“监察工作”。

第 47 条　宪法第 100 条增加“设区的市的人民代表大会和它们的常务委员会，在不同宪法、法律、行政法规和本省、自治区的地方性法规相抵触的前提下，可以依照法律规定制定地方性法规，报本省、自治区人民代表大会常务委员会批准后施行。”

第 48 条　宪法第 101 条增加了县级以上的地方各级人民代表大会选举并且有权罢免本级监察委员会主任的内容。

第 49 条　宪法第 103 条修改为：“县级以上的地方各级人民代表大会常务委员会的组成人员不得担任国家行政机关、监察机关、审判机关和检察机关的职务。”

第 50 条　宪法第 104 条对“监督本级人民政府、监察委员会、人民法院和人民检察院的工作”作了修改。

第 51 条　宪法第 107 条县级以上地方各级人民政府权限中取消监察。

第 52 条　宪法第三章“国家机构”中增加一节，作为第七节“监察委员会”；增加五条，分别作为第一百二十三条至第一百二十七条。内容如下：

第 123 条　中华人民共和国各级监察委员会是国家的监察机关。

第 124 条　中华人民共和国设立国家监察委员会和地方各级监察委员会。监察委员会由下列人员组成：主任，副主任若干人，委员若干人。监察委员会主任每届任期同本级人民代表大会每届任期相同。国家监察委员会主任连续任职不得超过两届。监察委员会的组织和职权由法律规定。

第 125 条　中华人民共和国国家监察委员会是最高监察机关。国家监察委员会领导地

方各级监察委员会的工作，上级监察委员会领导下级监察委员会的工作。

第 126 条　国家监察委员会对全国人民代表大会和全国人民代表大会常务委员会负责。地方各级监察委员会对产生它的国家权力机关和上一级监察委员会负责。

第 127 条　监察委员会依照法律规定独立行使监察权，不受行政机关、社会团体和个人的干涉。监察机关办理职务违法和职务犯罪案件，应当与审判机关、检察机关、执法部门互相配合，互相制约。

第七节　宪法监督

实例链接

孙志刚事件

2003 年 3 月 17 日晚，任职于广州某公司的湖北青年孙志刚在前往网吧的路上，因缺少暂住证，被警察送至广州市“三无”人员（即无身份证、无暂居证、无用工证明的外来人员）收容遣送中转站。次日，孙志刚被收容站送往一家收容人员救治站。在这里，孙志刚受到了工作人员以及其他收容人员的野蛮殴打，并于 3 月 20 日死于这家救治站。这一事件被称为“孙志刚事件”。6 月 5 日上午，该案开庭。6 月 9 日该案一审判决：主犯乔燕琴被判死刑，李海婴被判死刑缓期执行，钟辽国被判无期徒刑。其他 9 名被告人分别被判处 3 年至 15 年有期徒刑。同日，该案涉及的民警、救治站负责人、医生及护士一共 6 人，因玩忽职守罪，被分别判处 2～3 年的有期徒刑。

本案例涉及的《收容遣送办法》违反了《立法法》的有关规定，应予改变或撤销。《立法法》规定，对公民政治权利的剥夺、限制人身自由的强制措施和处罚，只能制定法律。只能由法律规定的事项而尚未制定法律的，全国人大及其常委会有权授权国务院对其中的部分事项先制定行政法规，但是有关犯罪和刑罚、对公民政治权利的剥夺和限制人身自由的强制措施和处罚、司法制度等事项除外。《收容遣送办法》作为 1982 年制定的行政法规，其中有关限制人身自由的内容与《立法法》相抵触。《立法法》规定，法律的效力高于行政法规、地方性法规、规章。对于“超越权限的”和“下位法违反上位法规定的”法律、行政法规、地方性法规、自治条例和单行条例、规章，由有关机关依照《立法法》第 88 条规定的权限予以改变或者撤销。可见，《收容遣送办法》属于应予改变或者撤销的行政法规。2003 年 6 月 20 日，国务院颁布了《城市生活无着的流浪乞讨人员救助管理办法》，自 8 月 1 日起施行。自 2003 年 7 月 21 日，民政部颁布了《城市生活无着的流浪乞讨人员救助管理办法实施细则》，自 2003 年 8 月 1 日起施行。

思考： 1. 我国的宪法监督制度该怎样完善？

2. 我国是否应该设立专门的宪法监督机构？

资料来源：唐建光. 谁该为孙志刚之死负责.（2003-06-12）[2017-06-20]. http://news.sina.com.cn/c/2003-06-12/14571163559.shtml.

一、宪法实施

宪法实施是指宪法规范在现实生活中的贯彻和遵守，即宪法规范规定的各种权利（权力）、义务都转化为主体的行为。从制宪者角度来看，宪法实施也是制宪者意志和利益在现实生活中得到了维护和反映。宪法实施是一个复杂的过程，其在运行过程中会受到很多因素制约。保障宪法实施是立宪的最终目的。宪法实施与其他法律一样，主要通过两个途径实现：其一，国家机关、企事业组织、社会团体和公民个人，自觉遵守与执行宪法；其二，对国家机关、社会团体、企事业组织和特定个人违反宪法侵犯公民宪法权利而产生的纠纷，包括国家机关之间在行使职权中的宪法争议，由专门机构进行监督。

二、宪法监督的含义和方式

（一）宪法监督的含义

宪法监督又称宪法实施的监督，是为了保障宪法的正确实施，而对一切违宪行为进行审查并纠正的制度。宪法规定的内容是一个国家中最重要和最根本性的问题，并且宪法的效力是最高的。从宪法规定的内容和法律效力上看，宪法实际上与普通法律所调整的对象是完全不一样的，宪法是法律的法律，故而被称为“母法”，普通法律是“子法”。由此可见，宪法在一国法律体系中居于核心地位。宪法是现代法制的基础和依据，没有宪法就不会有完备的法制，没有完备的法制就难以实现依法治国。而宪法监督是为了维护宪法权威、保障宪法正确实施、保障公民权利实现，是现代民主法治国家的必然要求。

（二）宪法监督的方式

当前，宪法监督制度是现代法治国家普遍存在的一项重要法律制度。归纳起来，世界上大致有以下三种宪法监督体制：

1. 由立法机关或最高国家权力机关监督宪法

这种体制源于英国，主要是由国家的立法机关或者最高国家权力机关解释宪法，监督宪法的实施，并依照法定程序审查现行法律、法规和行政行为是否违宪。从世界各国的实施现状来看，由立法机关进行违宪审查的国家已为数不多，而在实践中，立法机关有效实施违宪审查的国家几乎没有。

2. 由司法机关监督宪法

采用该体制的国家主要是由法院解释宪法，监督宪法的实施，并按照诉讼程序审查某些行为是否违宪。该监督制度起源于美国的“马伯里诉麦迪逊案”。时至今日，除美国外，实行这种体制的国家已超过 60 个，司法机关监督体制已逐步发展成为一种比较广泛的宪法监督方式。

3. 由专门机关监督宪法

采用这种体制的国家主要是通过专门设立的宪法法院或宪法委员会解释宪法，审查现行法律、法规的合宪性，并对宪法的控诉行为进行裁决。奥地利是最早设立这种体制的国家，宪法法院专门负责监督和保障宪法的实施，后来这一制度又被大陆法系国家所借鉴。目前，这种监督体制发展为两种形式：一种是以德国为代表的宪法法院，这种形式下设立的宪法法院并不审理普通民事、刑事、行政案件；另一种是以法国为代表的宪法委员会，主要是采用事先审查的方式，即对各项法律在颁布之前进行合宪性审查。

三、我国的宪法监督模式

我国的宪法监督体制模式是立法机关的监督模式，可以归纳为一元、多层次审查式的

宪法监督模式。所谓“一元”是指在我国宪法监督体制中，立法机关是唯一的宪法监督主体；所谓“多层次”是指立法机关的宪法监督权被不同级别的立法机关所共同享有；所谓“审查式”是指我国宪法监督的主要表现形式，是各级国家权力机关对自己的下级国家权力机关及行政机关的规范性文件审查是否违宪。

（一）全国人民代表大会对宪法的监督

《宪法》第 62 条第 2 项规定，全国人民代表大会行使监督宪法实施的职权。此条文确立了全国人民代表大会是我国宪法监督机关的地位。《宪法》规定，全国人民代表大会及其常务委员会监督宪法的实施。这项监督主要包括：（1）保证全国人民代表大会常务委员会制定的法律和决定同宪法不相抵触，全国人民代表大会有权改变或者撤销全国人民代表大会常务委员会制定的不适当的法律和决定。（2）对国务院的行政法规、决定和命令进行监督，全国人民代表大会常务委员会有权撤销国务院制定的同宪法、法律相抵触的行政法规、决定和命令。（3）对最高人民法院和最高人民检察院的工作和司法解释进行监督。（4）对省级国家权力机关制定的地方性法规和决议进行监督，全国人民代表大会常务委员会有权撤销省、自治区、直辖市国家权力机关制定和批准的同宪法、法律、行政法规相抵触的地方性法规和决议。《宪法》还规定，地方各级人民代表大会在本行政区域内，保证宪法的遵守和执行。

（二）全国人民代表大会常务委员会对宪法实施的监督

我国现行《宪法》第 67 条规定，全国人民代表大会常务委员会行使监督宪法实施的职权。全国人民代表大会常务委员会的宪法监督职权主要是对行政法规、地方性法规等规范性文件进行审查，看其是否与宪法和法律相抵触，对违宪的予以撤销，对合宪的予以肯定。

（三）全国人民代表大会专门委员会对行政法规、地方性法规的违宪监督

我国《立法法》规定：全国人民代表大会专门委员会在审查中认为行政法规、地方性法规、自治条例和单行条例同宪法或者法律相抵触的，可以向制定机关提出书面审查意见；也可以由法律委员会与有关专门委员会召开联合审查会议，要求制定机关到会说明情况，向制定机关提出书面审查意见，制定机关应当在两个月内研究提出是否修改意见，并向全国人民代表大会法律委员会和有关委员会反馈。这一条规定为全国人民代表大会专门委员会的宪法监督提供了宪法性法律依据。2018 年 6 月 22 日全国人大常委会关于宪法和法律委员会职责问题的决定，以法定形式明确其职责。（1）法律委员会的职责由其承担。（2）增加推动宪法实施、开展宪法解释、推进含宪性审查、加强宪法监督、配合宪法宣传等工作职责。

四、宪法的保障与监督

宪法监督是宪法保障的一种形式，我国宪法规定了宪法监督的基本体制。根据我国《宪法》的规定，我国宪法监督制度有以下基本内容与特点。

（一）明确规定宪法的根本法地位

我国《宪法》序言的最后一段规定：“本宪法以法律的形式确认了中国各族人民奋斗的成果，规定了国家的根本制度和根本任务，是国家的根本法，具有最高的法律效力。”这一规定为我国宪法监督制度的建立提供了统一的法律基础，并为完善宪法监督制度提供了依据。2015 年 7 月 1 日，第十二届全国人民代表大会常务委员会第十五次会议通过宪法宣誓制度，决定 2016 年 1 月 1 日起施行该制度。2018 年 2 月 24 日，全国人大常委会对宪法宣誓制度作出修订，新的誓词为："我宣誓：忠于中华人民共和国宪法，维护宪法权威，履行法定职责，忠于祖国、忠于人民，恪尽职守、廉洁奉公，接受人民监督，为建设富强民主文明和谐美丽的社会主义现代化强国努力奋斗！"宪法宣誓制度是国家工作人员就职时应当依照法律规定公开进行宪法宣誓。宪法是国家的根本法，是治国安邦的总章程，具有最高的法律地位、法律权威、法律效力。国家工作人员必须树立宪法意识，恪守宪法原则，弘扬宪法精神，履行宪法使命。宪法宣誓是一种仪式，国家工作人员在宣誓中，不仅对宪法油然而生敬畏之情，更能强化"权力来源于人民"的深刻认知。坚持依法治国首先要坚持依宪治国，坚持依法执政首先要坚持依宪执政。故此，无论实施宪法宣誓制度还是设定国家宪法日，都是为了弘扬宪法精神，加强宪法实施，全面推进依法治国，让"依宪治国"和"依宪执政"的理念更清晰。2018 宪法修正案将"国家工作人员就职时应当依照法律规定公开进行宪法宣誓"写入宪法，以根本法确认、规范这一制度。从党的十八届四中全会提出建立宪法宣誓制度，到十三届全国人大一次会议审议通过的宪法修正案增加"国家工作人员就职时应当依照法律规定公开进行宪法宣誓"的规定，宪法宣誓制度的建立及法律地位的不断提高，充分表明以习近平同志为核心的党中央在治国理政的进程中，坚决维护宪法权威、捍卫宪法尊严、保证宪法实施的决心和以依法治国为治理国家基本方式的信念。维护宪法权威，就是维护党和人民共同意志的权威；捍卫宪法尊严，就是捍卫党和人民共同意志的尊严；保证宪法实施，就是保证人民根本利益的实现。

（二）确立宪法监督的基本原则

我国宪法在宪法监督制度上，体现了民主与法治原则，反映了民主与法治精神。《宪法》第 5 条规定"中华人民共和国实行依法治国，建设社会主义法治国家"的目标的同时，又规定：国家维护社会主义法制的统一和尊严。一切法律、行政法规和地方性法规都不得同宪法相抵触。一切国家机关和武装力量、各政党和各社会团体、各企业事业组织都必须遵守宪法和法律。一切违反宪法和法律的行为，必须予以追究。任何组织或者个人都不得有超越宪法与法律的特权。这一规定为全国人民代表大会及其常务委员会行使宪法监督权确立了总的原则。

（三）规定宪法监督机构

根据宪法规定，我国的宪法监督机构是全国人大及其常委会。全国人大行使的宪法监督权体现在宪法第六十二条规定，监督宪法实施以及对全国人大常委会"不适当的决定"的改变和撤销权。从我国违宪审查制度的基本内容看，全国人大对全国人大常委会立法行为的严格限制是一项重要的内容与活动形式，反映了我国违宪审查制度的基本特色。

全国人民代表大会常务委员会行使的宪法监督权是经常性、权威性与现行性的监督形式。在 1954 年宪法和 1978 年宪法规定"全国人民代表大会监督宪法实施"的基础上，现行《宪法》第 67 条规定，全国人民代表大会常务委员会也有权监督宪法的实施。其宪法监督权主要包括违宪审查权、宪法解释权、法律解释权。

全国人民代表大会常务委员会各专门委员会的审议活动，既可以在规范性文件颁布前进行，也可以在实施后进行。各专门委员会主要协助全国人民代表大会及其常务委员会行使宪法监督权，承担大量事务性的准备工作。《宪法》同时规定，全国人民代表大会及其

常务委员会认为必要时，可以组织特定问题的调查委员会。

2018 年 3 月 11 日，第十三届全国人民代表大会第一次会议通过《中华人民共和国宪法修正案》将“全国人大法律委员会”更名为“全国人大宪法和法律委员会”。全国人民代表大会宪法和法律委员会，是全国人大的专门委员会。宪法和法律委员会统一审议向全国人大或者全国人大常委会提出的法律案；其他专门委员会就有关的法律案进行审议，向宪法和法律委员会提出意见，并印发全国人民代表大会会议或者常委会会议。

宪法和法律委员会的审议，对于全国人大审议法律案来说，是一种全局性的审议，是各种审议中一道关键性的关口。宪法和法律委员会虽然也是一种专门委员会，但比之其他专门委员会，它在全国人大及其常委会的立法乃至整个法制活动中，担负更多也有更重要的责任。其他专门委员会只负责审议与其相关的法律案，宪法和法律委员会则统一审议所有法律案。由宪法和法律委员会统一审议提请全国人大及其常委会审议法律案，是中国立法的一个非常重要的制度。在法治有待发达、提案人的法律专业化或职业化状况亟待提升的状况下，实行这一制度有助于保证立法质量；有助于统筹国家立法大局，分清立法的轻重缓急；有利于维护法制的统一，避免和消除法律之间的矛盾和冲突，保证法律体系的协调发展。

（四）建立了统一的规范性文件的监督体系

为了保障宪法实施和对规范性文件的监督，宪法规定了比较完整的规范性文件监督体系。

第一，全国人民代表大会有权改变或者撤销全国人民代表大会常务委员会不适当的决定，包括不适当的法律。全国人民代表大会常务委员会有权撤销国务院制定的同宪法、法律相抵触的行政法规、决定和命令，有权撤销省、自治区、直辖市国家权力机关制定的同宪法、法律和行政法规相抵触的地方性法规和决议，国务院有权改变或者撤销各部、各委员会发布的不适当的命令、指示和规章，有权改变或者撤销地方各级国家行政机关的不适当的决定和命令。县级以上的地方各级人民代表大会有权改变或者撤销本级人民代表大会常务委员会不适当的决定，县级以上地方人民代表大会常务委员会有权撤销本级人民政府的不适当的决定和命令，撤销下一级人民代表大会的不适当的决议；县级以上的地方各级人民政府有权改变或者撤销所属工作部门和下级人民政府的不适当的决定。全国人民代表大会及其常务委员会对一切违宪行为进行监督。同时，上级国家机关对下级相应国家机关也能进行监督。上述对规范性文件进行监督的体系，是我国宪法保障制度的重要组成部分，可以说是我国现行宪法实行的最高国家权力监督体制的重大发展。

第二，对规范性文件合法性与合宪性审查程序。2015 年修改的《立法法》对法律以下的规范性法律文件的违宪审查作出了详细的规定：

（1）违宪审查的对象。《立法法》第 97 条规定，全国人民代表大会有权改变或者撤销它的常务委员会制定的不适当的法律，有权撤销全国人民代表大会常务委员会批准的违背《宪法》和《立法法》第 75 条第 2 款规定的自治条例和单行条例；全国人民代表大会常务委员会有权撤销同宪法和法律相抵触的行政法规、地方性法规，有权撤销省、自治区、直辖市的人民代表大会常务委员会批准的违背《宪法》和《立法法》第 75 条第 2 款规定的自治条例和单行条例；国务院有权改变或者撤销不适当的部门规章和地方政府规章；省、自治区、直辖市的人民代表大会有权改变或者撤销它的常务委员会制定的和批准的不适当的地方性法规；地方人民代表大会常务委员会有权撤销本级人民政府制定的不适当的规章；省、自治区的人民政府有权改变或者撤销下一级人民政府制定的不适当的规章；授权机关有权撤销被授权机关制定的超越授权范围或者违背授权目的的法规，必要时可以撤销授权。

实例链接

成都自焚抗拆事件

2009 年 11 月 13 日，成都市金牛区城管执法大队在拆除违法建筑时，遭到市民唐福珍的阻止。其间，唐福珍往自己身上倾倒汽油并引燃，因伤势过重，抢救无效死亡。

近年来，全国各地因房屋拆迁而引发的暴力执法和暴力抗法事件频发，已经成为比较严重的社会问题，“唐福珍事件”是其中比较突出的典型。国务院制定的《城市房屋拆迁管理条例》的合宪性问题，多年来已引起社会各界的关注。早在 2003 年 7 月，杭州市的刘进成、金奎喜等人就该条例向全国人民代表大会常务委员会提出了违宪审查的建议，“唐福珍事件”后，北京大学的五位学者又向全国人民代表大会常务委员会建议对该条例进行违宪审查。2004 年《宪法修正案》为保护公民个人合法的私有财产，规定只能基于“公共利益”的需要并依照法律程序，才能进行征收或者征用。而在房屋拆迁过程中，较难证明是基于公共利益的需要并依照法律程序。《宪法修正案》规定，即使在基于公共利益的需要并依照法律程序，对私有房屋进行征收时，必须给予补偿。但在实际房屋拆迁过程中，不能及时补偿或者不能足额补偿的情况也比较严重。2011 年 1 月 21 日国务院颁布了《国有土地房屋征收与补偿条例》。

思考：《国有土地上房屋征收与补偿条例》能否适用于对农村房屋的拆迁？

资料来源：历年十大宪法案例．http://blog.renren.com/share/397530402/13427757742.

（2）启动主体。《立法法》第 99 条规定，国务院、中央军事委员会、最高人民法院、最高人民检察院和各省、自治区、直辖市的人民代表大会常务委员会认为行政法规、地方性法规、自治条例和单行条例同宪法或者法律相抵触的，可以向全国人民代表大会常务委员会书面提出进行审查的要求，由常务委员会工作机构分送有关的专门委员会进行审查、提出意见；这些主体以外的其他国家机关和社会团体、企业事业组织以及公民认为上述规范性法律文件同宪法和法律相抵触的，可以向全国人民代表大会常务委员会书面提出进行审查的建议，由常务委员会工作机构进行研究，必要时，送有关的专门委员会进行审查，提出意见；有关的专门委员会和常务委员会工作机构可以对报送备案的规范性文件进行主动审查，尤其是宪法法律委员会将担负起合宪性审查的重要职责。

（3）审查程序。一是全国人民代表大会专门委员会、常务委员会工作机构在审查、研究中认为行政法规、地方性法规、自治条例和单行条例同宪法或者法律相抵触的，可以向制定机关提出书面审查意见、研究意见；也可以由法律委员会与有关的专门委员会、常务委员会工作机构召开联合审查会议，要求制定机关到会说明情况，再向制定机关提出书面审查意见。制定机关应当在两个月内研究提出是否修改的意见，并向全国人民代表大会法律委员会和有关的专门委员会或者常务委员会工作机构反馈。二是全国人民代表大会法律委员会、有关的专门委员会、常务委员会工作机构根据前款规定，向制定机关提出审查意见、研究意见，制定机关按照所提意见对行政法规、地方性法规、自治条例和单行条例进行修改或者废止的，审查终止。三是全国人民代表大会宪法法律委员会、有关的专门委员会、常务委员会工作机构经审查、研究认为行政法规、地方性法规、自治条例和单行条例同宪法或者法律相抵触而制定机关不予修改的，应当向委员长会议提出予以撤销的议案、建议，由委员长会议决定提请常务委员会会议审议决定。

第八节 宪法发展趋势

一、宪法的发展趋势

（一）宪法在国家权力方面的发展

第一，从宪法对近代社会进行制度安排的角度看，在传统的政治领域，宪法对国家权力的配置，一方面表现为加强行政权力，使行政权力呈扩大趋势；另一方面表现为国家权力向中央集中，中央集权的趋势日渐明显。

第二，随着国家权力进入社会经济和文化生活领域，宪法对经济和文化方面的规定越来越多，并因此在宪法中形成基本经济制度和文化制度，而且内容日益丰富和完备。

（二）宪法越来越重视公民基本权利的保护

从公共权力与个人权利的关系来看，宪法在组织配置公共权力的同时，对公民基本权利的保护日益重视，公民基本权利的范围进一步扩大。主权在民是宪法的基本原则，也是调整公共权力和公民权利相互关系的基本准则。

（三）宪法保障加强，建立专门的宪法监督机关成为一种潮流

随着宪法是法律而不仅仅是政治宣言观念的普及，加强宪法实施和保障的呼声越来越强而有力，各国纷纷建立宪法保障制度。

（四）宪法发展的国际化趋势进一步扩大

近代宪法产生以来，人类社会国际交往日益频繁与密切。对于宪法的产生和发展而言，正如美国宪法和法国宪法产生所表明的，国际关系具有重要的意义，两次世界大战后宪法的发展情形进一步证实了这一点。第二次世界大战以来发展迅速的全球化趋势，特别是经济的一体化，对宪法发展产生了重要的影响，表现为宪法发展的国际化趋势。

（五）宪法形式上的发展趋势

近代意义的宪法有较为完备的法律形式，宪法典是最重要的渊源。现代宪法在形式上的发展表现在以下两个方面：

1. 宪法渊源的多样化趋势

一方面，国际法成为宪法的重要渊源；另一方面，在成文宪法的国家，其他法律渊源，如宪法性法律、宪法惯例、宪法判例也受到了广泛重视。

2. 宪法修改较为频繁

一方面，因为社会发展较快，社会关系活跃，从而导致宪法修改频繁；另一方面，现代社会人们基于共同利益的需要，对许多问题较容易达成共识。此外，宪法修改程序较以往的宪法规定有了简化的趋势，在程序上为宪法修改提供了方便。

二、我国宪法的发展趋势

随着市场经济体制的确立，在改革推动下的宪法发展有了更为明确的发展趋势。

（一）政府行政权力在客观上将受到一定程度的限制，行政指导在政府管理经济的过程中将显得日益重要

我国行政权向来比较发达，政府凭借行政权力不仅以各种形式的计划管理经济，而且还运用十分健全的行政组织直接参与企业的经营活动。在市场经济体制确立后，虽然也需要政府对经济的宏观调控，但政府对企业经营活动的参与和直接干预将有所减弱。

（二）以人民法院审判权为核心的司法权将得到扩大与加强

事实上，司法权的扩大和加强与政府行政权受到相应的限制是相对的。在计划经济体制下，经济纠纷主要通过隶属于政府的企业主管部门或综合经济管理部门，以行政手段予以解决，即使是民事纠纷，也有不少以行政手段来解决。在市场经济体制下或在向市场经济体制过渡中，一方面是经济纠纷大量增加，另一方面是经济组织既不愿意也无法从政府方面获得经济纠纷的有效解决，只有寻求司法途径，这就在客观上要求进一步扩大法院的经济审判职能，加强经济审判组织。

（三）中国共产党领导的多党合作与政治协商制度在实践中将得到进一步加强和发展

1993 年《宪法修正案》第 4 条确立的“中国共产党领导的多党合作和政治协商制度将长期存在和发展”的宪法制度，是我国政治体制改革重要的成果之一，同时也反映了该项制度进一步发展的趋势。这一制度的确立具有深远的意义。在民主政治下，表达与实现这种要求的最佳途径莫过于通过各自党派对国家政治的参与。民主党派参政的进一步制度化主要表现在两个方面：一是现有一系列民主党派参政的制度，将随着有关宪法制度的发展而进一步法律化，成为国家政治制度的重要组成部分；二是多党合作和政治协商丰富多彩的政治实践可能创制新的宪法惯例，从而使中国共产党领导的多党合作和政治协商制度进一步制度化。

（四）公民的基本权利将得到重大的发展

市场经济的本质是自由经济，它不仅要求给予经济组织更多的自由经营权利，而且更重要的是赋予公民更多的自由权利。从我国目前的实际情况看，公民基本权利的发展将主要呈现在：迁徙自由在条件成熟时，也会成为公民的一项基本的人身自由权；政治权利将进一步得到认同，并更加现实地为公民所实际享有。公民只有有效地参与政治，才能从根本上使政治决策体现和反映其经济利益，这样宪法规定的政治权利才会被公民认同和重视，最终为公民所实际享有。

（五）宪法监督制度将进一步完善

现行宪法规定了较前几部宪法更为健全的宪法监督制度，但从宪法监督的实践看，我国宪法监督制度仍有待进一步完善。市场经济从某种意义上看是法治经济，而法治经济必须以宪法的全面、有效的实施为根本出发点。宪法全面、有效地实施，则有赖于健全的宪法监督制度。在现行体制下，完善我国宪法监督制度，主要有两个方面的内容：一是在全国人民代表大会设置专门的宪法法律委员会，从事宪法监督工作；二是建立审理具体宪法纠纷案件的宪法诉讼制度。

【课后训练】

一、单项选择题

1. 宪法分为成文宪法和不成文宪法的依据是（　　）。

A. 是否有书面文字　　B. 是否容易修改

C. 是否有统一的法典形式　　D. 是否具有最高法律效力

2. 下列哪项不属于宪法产生的思想基础?（　　）

A. 天赋人权论　　B. 社会契约论

C. 主权在民论　　D. 君权神授论

3. 下列关于宪法本质的论述不正确的是（　　）。

A. 宪法是各种政治力量实际对比关系的集中体现

B. 阶级力量强弱悬殊程度的对比关系决定宪法的历史类型和宪法的本质

C. 阶级力量对比的量的变化只能产生宪法形式上的改变

D. 与阶级力量既有联系又有区别的各种社会集团的力量也对宪法的本质产生一定影响

4. 世界历史上最早的资产阶级成文宪法是（　　）。

A. 1689 年通过的英国《权利法案》　　B. 1776 年通过的美国《独立宣言》

C. 1787 年通过的美国宪法　　D. 1791 年通过的法国宪法

5. 关于宪法规范的特点，下列表述不正确的是（　　）。

A. 宪法规范规定的是国家生活和社会生活各方面的根本制度、基本制度和基本原则，具有根本的创制性，是国家各种具体制度的最终根据及渊源

B. 宪法规范的内容广泛，涵盖了国家生活和社会生活的基本方面

C. 宪法规范原则性强弱与适应性强弱成以反比，与对社会实际调整功能强弱成正比

D. 宪法具有规范稳定性

6. 宪法法律关系，又称宪法关系，是指根据宪法规定在宪法主体之间产生的、以宪法权利和义务为基本内容的法律关系。下列关于宪法法律关系的论述错误的为（　　）。

A. 宪法法律关系是民主法治国家最基本的法律关系

B. 宪法法律关系是民主政治关系的法律模式

C. 国家、公民是宪法法律关系最基本、最重要的主体

D. 公民只能以个人名义参与宪法法律关系

7. 下列选项中不属 1999 年宪法修正案的是（　　）。

A. 我国将长期处于社会主义的初级阶段

B. 国家允许私营经济在法律规定的范围内存在和发展

C. 农村集体经济组织实行家庭承包经营为基础，统分结合的双层经营体制

D. 国家在社会主义初级阶段，坚持公有制为主体、多种所有制经济共同发展的基本经济制度

8. 我国 2004 年的宪法修正案涉及的内容是（　　）。

A. 增加规定："私营经济是社会主义公有制经济的补充。国家……对私营经济实行引导、监督和管理"

B. 修改规定："在法律规定范围内的个体经济、私营经济等非公有制经济，是社会主义市场经济的重要组成部分"

C. 修改规定："国家对个体经济、私营经济实行引导、监督和管理"

D. 修改规定："国家鼓励、支持和引导非公有制经济的发展，并对非公有制经济依法实行监督和管理"

9. 2018 年 3 月 11 日第十三届全国人民代表大会第一次会议通过的宪法修正案是我国现行宪法第（　　）次修正。

A. 三　　B. 四

C. 五　　D. 六

10. 下列选项中不属于 2018 年宪法修正案的是（　　）。

A. 宪法序言第十自然段中"在长期的革命和建设过程中"修改为"在长期的革命、建设、改革过程中"

B. 宪法序言第十一自然段中"平等、团结、互助的社会主义民族关系已经确立，并将继续加强"修改为："平等团结互助和谐的社会主义民族关系已经确立，并将继续加强"

C. 宪法第一条第二款"社会主义制度是中华人民共和国的根本制度"后增加一句，内容为："中国共产党领导是中国特色社会主义最本质的特征"

D. 增加规定：私营经济是社会主义公有制经济的补充。国家……对私营经济实行引导、监督和管理

11. 下列哪项不是 2018 年修宪中新增加的内容（　　）。

A. 坚持和平共处的五项原则　　B. 坚持和平发展道路

C. 坚持互利共赢开放战略　　D. 推动构建人类命运共同体

12. 下列哪项不是 2018 年修宪中新增加的内容（　　）。

A. "重要思想"

B. 科学发展观

C. 习近平新时代中国特色社会主义思想

D. 社会主义核心价值观

二、多项选择题

1.《宪法》序言规定：全国各族人民、一切国家机关和武装力量、各政党和各社会团体、各企事业组织，都必须（　　）。

A. 以宪法为根本活动准则　　B. 负有维护宪法尊严的职责

C. 负有保证宪法实施的职责　　D. 以宪法为行为准则

2. 以下哪些是宪法规范不同于刑事、民事、行政等领域的法律规范的特点（　　）。

A. 根本性与最高性　　B. 广泛性与原则性

C. 适应性与稳定性　　D. 抽象性与概括性

3. 下列选项中表现宪法的最高效力的是（　　）。

A. 宪法的内容涉及国家的根本制度

B. 宪法是普通法律制定的基础和依据

C. 宪法是一切国家机关、社会团体和全体公民的最高行为准则

D. 宪法是一国政治力量对比关系的全面、集中表现

4. 下列关于权力制约原则的观点错误的是（ ）。

A. 在资本主义国家宪法中，权力制约原则主要表现为分权原则

B. 在资本主义国家宪法中，权力制约原则主要表现为监督原则

C. 在社会主义国家宪法中，权力制约原则主要表现为分权原则

D. 在社会主义国家宪法中，权力制约原则主要表现为监督原则

5. 根据监察法的规定，监察委员会具有的职能是（ ）。

A. 对所有行使公权力的公职人员进行监察

B. 调查职务违法和职务犯罪

C. 开展廉政建设和反腐败工作，维护宪法和法律的尊严

D. 审理职务违法犯罪案件

6. 宪法的基本原则主要有（ ）。

A. 人民主权原则　　B. 基本人权原则

C. 权力制约原则　　D. 法治原则

7. 下列符合我国宪法中蕴含的权利制约原则的有（ ）。

A. 全国人大和地方各级人大都由民主选举产生，对人民负责，受人民监督

B. 国家行政机关、监察机关、审判机关、检察机关都由人大产生，对它负责，受它监督

C. 我国公民对任何国家机关和国家工作人员，有提出批评和建议的权利

D. 人民法院、人民检察院和公安机关办理刑事案件，应当分工负责，互相配合，互相制约

8. 宪法作用有（ ）。

A. 确认和巩固作用　　B. 限制和规范作用

C. 指引和协助作用　　D. 评价和约束作用

9. 下列选项中，不成文宪法国家的宪法渊源有（ ）。

A. 成文的宪法典　　B. 成文的宪法性法律

C. 宪法惯例　　D. 不成文的宪法判例

10. 我国《宪法》的结构包括哪些内容（ ）。

A. 序言　　B. 正文

C. 附文　　D. 修正案

11. 宪法规范的主要特点有（ ）。

A. 根本性和最高权威性　　B. 原则性

C. 纲领性　　D. 相对稳定性

12. 宪法关系的特点主要有（ ）。

A. 宪法所调整的社会关系最为广泛

B. 宪法关系的内容具有广泛性和原则性

C. 宪法关系具有鲜明的阶级性

D. 宪法关系主体一方主要是国家或国家机关

13. 全国人民代表大会于 1988 年通过的宪法修正案的主要内容有（ ）。

A. 承认私营经济的合法地位
B. 允许土地使用权根据法律规定转让
C. 承认个体经济的合法地位
D. 将“国营经济”改为“国有经济”

14. 我国1993年的宪法修正案涉及的内容是（　　）。
A. 明确把“坚持改革开放”写进宪法
B. 增加规定“土地的使用权可以依照法律的规定转让”
C. 明确把“我国将长期处于社会主义初级阶段”写进宪法
D. 把县级人民代表大会的任期由3年改成5年

15. 1999年我国宪法修正案明确规定：“依法治国，建设社会主义法治国家。”根据宪法的这一规定，下列关于“依法治国”的表述，正确的或适当的有（　　）。
A. 依法治国是发展社会主义市场经济的客观需要，是社会文明进步的重要标志，是国家长治久安的重要保障
B. 依法治国的最终目标在于实现形式意义的法治
C. 依法治国要求逐步实现社会主义民主的制度化、法制化
D. 依法治国把坚持中国共产党的领导、发扬人民民主和严格依法办事统一起来

16. 根据我国宪法规定，下列关于私有财产权的表述正确的是（　　）。
A. 公民合法的私有财产不受侵犯
B. 国家依照法律规定保护公民的私有财产权和继承权
C. 任何人不得剥夺公民的私有财产
D. 国家为了公共利益的需要，可以依照法律规定对公民的私有财产实行征收或者征用并给予补偿

17. 2018年3月11日第十三届全国人民代表大会第一次会议通过的宪法修正案，指出我国广泛的爱国统一战线包括（　　）。
A. 全体社会主义劳动者
B. 社会主义事业的建设者
C. 拥护社会主义的爱国者
D. 拥护祖国统一和致力于中华民族伟大复兴的爱国者

18. 根据2018年3月11日第十三届全国人民代表大会第一次会议通过的宪法修正案，下列选项中，由人民代表大会产生，对它负责，受它监督的是（　　）。
A. 国家行政机关　　B. 国家权力机关
C. 监察机关　　D. 司法机关

19. 下列选项中属于当代宪法发展趋势的有（　　）。
A. 重视人权保障，扩大公民权利
B. 重视保障宪法实施，维护宪法权威
C. 重视加强中央集权，减少地方自治
D. 重视国际协作，维护世界和平

三、案例辨析

某地法院在审理案件过程中发现，该省人民代表大会所制定的地方性法规与国家某部

委制定的规章规定不一致，不能确定如何适用。在此情形下，根据我国《宪法》和《立法法》的规定，应该如何正确处理？

四、讨论题

如何根据社会主义法治理念完善我国宪法的权力制约原则？

第二章　国家制度

【学习目标】

知识目标：掌握国家制度的基本概念，掌握国家性质与国家形式的关系；全面掌握我国国家制度的基本内容；了解国家性质赖以存在的经济基础，了解我国人民代表大会制度的地位、人民代表大会制度的内涵；掌握我国选举制度的原则与组织程序；了解国家结构形式的种类，我国建立单一制的原因；掌握特别行政区的高度自治与民族区域自治的区别；了解国家的标志。

能力目标：通过本章的学习和训练，使学生能够深刻领悟人民是通过什么方式组建国家权力机构，中国特色的人民代表大会制度与西方的民主政治体制的不同点是什么，其优势是什么；通过模拟选举，让学生掌握直接选举的基本程序并体会直接民主与知情权之间的关系；了解我国不建立联邦制度国家的原因；国旗、国徽的正确使用；借鉴西方的政治文明与坚持中国特色社会主义的关系。

【本章导引】

国家制度是宪法的重要内容，宪法的终极目的是实现和保障人权，而实现人权必须通过宪法这一国家总章程来有效地配置国家权力，按照什么原则构建一个国家的权力运行体制就构成一个国家的国家制度。它包括国家性质和国家形式（政权组织形式、国家结构形式、国家标志）。

【实例导引】

2018年《宪法修正案》第33条将《宪法》序言第十自然段第二句修改为："在长期的革命、建设、改革过程中，已经结成由中国共产党领导的，有各民主党派和各人民团体参加的，包括全体社会主义劳动者、社会主义事业的建设者、拥护社会主义的爱国者、拥护祖国统一和致力于中华民族伟大复兴的爱国者的广泛的爱国统一战线，这个统一战线将继续巩固和发展。"

思考：1. 将社会主义建设者写入宪法的意义是什么？

2. 这一内容的修改与政治力量对比有关系吗？

3. 致力于中华民族伟大复兴的爱国者入宪的意义？

第一节　国家性质

任何事物都有其自身的属性，就宪法的角度，最重要的是国家的政治属性，宪法学上统称为国体，或称国家的性质。国家性质是马克思主义国家学说的重要概念之一。我国是工人阶级领导的、以工农联盟为基础的人民民主专政的社会主义国家，社会主义公有制是我国人民民主专政政权的经济基础。以公有制为主体、多种所有制经济并存，以按劳分配为主体、多种分配方式并存是我国现阶段的基本经济制度和分配制度。同时，社会主义物质文明、政治文明和精神文明建设的协调发展，是中国特色社会主义的基本目标。

一、国家性质概述

（一）国家性质的概念

国家性质，亦称国体，是指社会各阶级在国家中的地位和相互关系。恩格斯在《家庭、私有制和国家的起源》一文中指出：国家是社会在一定发展阶段上的产物；国家是承认这个社会陷入了不可解决的自我矛盾，分裂为不可调和的对立面而又无力摆脱这些对立面。而为了使这些对立面，这些经济利益互相冲突的阶级，不致在无谓的斗争中把自己消灭，就需要一种表面上凌驾于社会之上的力量，这种力量应当缓和冲突，把冲突保持在秩序的范围以内；这种从社会中产生但又自居于社会之上并且日益同社会相异化的力量，就是国家。[①] 毛泽东指出：这个国体问题，从前清末年起，闹了几十年还没闹清楚。其实，它只是指的一个问题，就是社会各阶级在国家中的地位。[②] 在一个特定国家中，由于各阶级在国家中所处的地位不同，有的处于统治者地位，有的处于被统治者的地位。这反映了国家和人民之间的关系，也就是在这个国家中，统治权力究竟归谁所有，人民享有哪些权利，国家拥有哪些权力。此外，统治阶级可以是两个或两个以上阶级，在各阶级联合实行统治的国家中，有的是领导者，有的则是领导者的同盟军。被统治阶级往往分为不同的阶级、阶层。对统治阶级实行民主，对被统治阶级实行专政，并不是国家的最终目的。运用民主与专政这两种手段，保卫统治阶级的根本利益，才是国家的最终目的。所以，国体所体现的社会各阶级在国家中的地位，有如下含义：一是谁是统治阶级、谁是被统治阶级；二是在统治阶级内部谁是领导者、谁是被领导者。

（二）我国的国家性质是人民民主专政

我国《宪法》第 1 条规定，中华人民共和国是工人领导的、以工农联盟为基础的人民民主专政的社会主义国家。第 2 条规定，中华人民共和国的一切权力属于人民。《宪法》明确确认了我国的国家性质是民主制。虽然西方国家在宪法中也确认国家性质是民主制，但我国的民主制同西方国家的民主制有着本质上的区别。其区别表现在：我国的民主制实质上是人民民主专政，而西方国家的民主制是资产阶级民主专政制。这是因为：第一，人民民主专政制是以保障人民当家做主，通过直接或间接民主形式行使国家权力的具体制度来实现的。这些制度包括选举制度、人民代表大会制度、中国共产党领导的多党合作和

① 马克思，恩格斯. 马克思恩格斯选集：第 4 卷［M］. 北京：人民出版社，1995：170.

② 毛泽东. 毛泽东选集：第 2 卷［M］. 北京：人民出版社，1991：676.

政治协商制度、民族区域自治制度以及特别行政区高度自治等。这些制度保证了民主的主体具有广泛性，即真正的人民性，以及人民权利的真实性。以选举制度为例，在我国享有选举权的公民具有广泛性。凡年满18周岁的中华人民共和国公民，除依照法律被剥夺政治权利的人外，不分民族、种族、性别、职业、家庭出身、宗教信仰、教育程度、财产状况、居住期限，都有选举权和被选举权。这条规定早在1954年宪法中就予以确立。而在西方国家，虽然在其宪法中宣称“主权在民”“人民主权”，但在相当长的一段时期内，真正享有选举权的是少数人，尤其享有被选举权的主要是资产阶级。第二，我国的人民民主专政制是以生产资料的社会主义公有制为基础的，西方国家的资产阶级民主制是以生产资料私有制为基础的。国家性质属上层建筑的范畴，由经济基础决定。因为任何国家政权都建立在一定的经济基础之上，当经济基础发生变化以后，国家政权也会随之发生变化。列宁说过：所谓阶级，就是这样一个集团，这些集团在历史上一定的社会生产体系中所处的地位不同，同生产资料的关系（这种关系大部分是在法律上明文规定了的）不同，在社会劳动组织中所起的作用不同，因而取得归自己支配那份社会财富的方式和多寡也不同。所谓阶级就是这样一些集团，由于它们在一定社会经济结构中所处的地位不同，其中一个集团可以占有另一个集团的劳动。① 由此可见，各阶级在政治生活中的地位是由他们在经济结构中所处的地位决定的。只有在经济上占统治地位的阶级才有可能掌握国家政权，并利用国家政权来保证其经济上的统治地位。社会主义民主制国家，确认并实行生产资料社会主义公有制为主体的经济制度，为人民形式上和实质上实现平等构建了平台。而西方资本主义民主制是建立在生产资料资本主义私人占有制基础之上的，形式上给每个人以平等的机会，实质上真正掌握统治权的只能是那些经济上占据主导、支配地位的少数财产所有者，广大民众在国家的政治生活中只能处于被支配地位。

二、人民民主专政实质上是无产阶级专政

我国的人民民主专政是中国共产党和毛泽东同志对马克思列宁主义无产阶级专政学说创造性的丰富和发展，是适合我国国情和革命传统的无产阶级专政的一种形式。它实质上是无产阶级专政。

（一）领导权相同

人民民主专政与无产阶级专政一样，都是以工人阶级为领导的国家政权。无产阶级专政的根本标志是工人阶级独掌国家领导权。工人阶级的领导是通过它的政党来实现的。在我国，工人阶级是国家的领导阶级，它的先锋队——中国共产党是人民民主专政的领导者，所以人民民主专政是由工人阶级（通过中国共产党）来领导的。

（二）阶级基础相同

无产阶级专政的最高原则是无产阶级同农民阶级结成牢固的联盟。我国的人民民主专政是以工农联盟为基础的，工农两大劳动阶级结成联盟，体现了我国政权是占全国绝大多数的人民对极少数敌人专政的性质。

（三）国家职能相同

人民民主专政和无产阶级专政的对内和对外职能一样。在对内职能上，它们都担负维

① 列宁．列宁选集：第4卷［M］．北京：人民出版社，1995：11.

护政治统治和政治稳定，保障人民当家做主的权利的实现的职能；组织国家经济建设，促进社会经济发展，提高生产力水平和人民生活水平的职能；组织社会主义文化建设的职能；为社会的发展创造良好的社会环境和自然环境的职能。在对外职能上，它们都担负着保卫祖国、抵御外来侵略、捍卫国家主权和领土完整，发展国际交流与合作，创造有利于本国发展的国际环境，维护世界和平的职能。

（四）历史使命相同

人民民主专政与无产阶级专政所担负的历史使命都是要消灭私有制、剥削和阶级差别，发展生产力，解放全人类，最终实现共产主义。

三、中国特色社会主义最本质的特征

中国共产党领导是中国特色社会主义最本质的特征。坚持党的领导作为四项基本原则之一在1982年宪法当中已经确立，宪法必须随着党领导人民建设中国特色社会主义实践的发展而不断完善。2018年修宪是将十八大、十九大以来我们党对习近平新时代中国特色社会主义的思想上升到制度层面和顶层设计层面，为把我国建设成为一个富强、民主、文明、和谐、美丽的社会主义现代化强国，实现中华民族的伟大复兴奠定坚实的法律与制度保障。2018年修宪充分体现了道路自信、制度自信、文化自信与理论自信。总纲第一条社会主义制度是我国的根本制度后增加中国共产党的领导是中国特色社会主义本质的特征，是将理论自信转化为制度自信的成果，为中国政治制度改革起到了指引、规范、保障、促进的作用。

以往我们区分资本主义与社会主义主要着眼于生产资料的所有制形式，即生产资料私有还是公有，是商品经济还是计划经济，改革开放后商品经济和计划经济不再是资本主义与社会主义的区别，它仅仅是一个国家经济发展的手段，事实是无论资本主义还是社会主义，商品经济（市场经济）是目前世界范围内实现资源合理配置的最佳手段，它会最大化的调动起全社会的积极性，提高生产要素的活力，中国改革开放四十年的成就足以证明商品经济（市场经济）的积极意义。但不受调控的市场经济又必然带来周期的经济危机，所以无论资本主义还是社会主义都将宏观调控作为政府引领经济的重要手段。社会主义的中国多种经济并存，私有经济受到了宪法的保护，资本主义国家普遍存在国家、政府投资的项目，那么，公有制和私有制还是不是两种制度的区别呢？我们认为，生产资料的所有制形式仍是两种制度的主要区别。因为，经济基础决定上层建筑，资本主义国家尽管存在公有制经济，但私有制经济一定是占主导地位的，与之相匹配的政治体制一定是建立在三权分立基础上的议会民主制、两党或多党轮流执政的政治体制，背后实际是由经济实力操纵的竞选实现对政治权力的掌控，社会保障、社会福利无论多么完善，社会的主要财富一定是掌握在少数人手中。社会主义无论如何改革，一定是公有制占主导地位，以消灭私有、消灭差别为最终目的，与之相对应的政治体制是建立在民主集中制原则基础上的人民代表大会制度，其核心是坚持共产党的领导权。所以，2018年修改宪法，将中国共产党的领导是中国特色社会主义本质的特征写入总纲第一条国家性质之中，是对社会主义理论认识的升华，是社会主义理论自信的体现，是对社会主义性质的明确彰显。从此，消除了党内外一切模糊、游移、彷徨的思想认识，明确了中国社会主义的发展方向和政治体制改革的最顶层设计。

四、我国的阶级结构

（一）工人阶级是国家的领导阶级和当代工人阶级的新变化

工人阶级对国家的领导是我国人民民主专政的根本标志。工人阶级必须是我国政权的领导阶级，这是由无产阶级专政的历史使命和工人阶级的本质所决定的。工人阶级同现代化大工业联系在一起，有严格的组织性、纪律性，富有革命的坚定性和彻底性，能够以解放全人类为己任，代表先进生产力和生产关系，代表全体人民的根本利益。工人阶级的这种历史地位和作用，是任何别的阶级无法取代的。

工人阶级是领导阶级，但这并不等于它可以自发地成为革命的领导力量，它必须组织自己的马克思主义政党——中国共产党作为领导核心，才能真正把争取自身解放的斗争变成自觉的斗争，才能在同资产阶级的斗争中成为不可战胜的力量而发挥其领导作用。同时，中国共产党长期以来审时度势，高屋建瓴，提出了一系列将马克思列宁主义同中国革命和建设实践相结合的政治主张，丰富和发展了马列主义。例如，随着我国阶级结构的变化，适时地提出知识分子是工人阶级的组成部分，保证了工人阶级成为领导阶级的客观能力。

改革开放以来，随着我国经济体制改革和社会结构的变化，两大阶级结构内部发生了变化，同时出现了新的社会阶层。工人阶级是我国社会主义劳动大军的主体，是现代化建设的决定性力量。改革开放以来，包括知识分子在内的工人阶级的内涵和结构均发生了变化。

1. 工人阶级的内涵发生了变化

根据马克思主义的观点，工人阶级通常指不占有生产资料、被迫出卖劳动力、受资产阶级剥削的劳动者群体。而在今天看来，这个含义远不能适应时代的发展要求，与社会现实极不适应。2001 年修改的《中华人民共和国工会法》第 2 条规定“工会是职工自愿结合的工人阶级的群众组织”，第 3 条规定“在中国境内的企业、事业单位、机关中以工资收入为主要生活来源的体力劳动者和脑力劳动者”“都有依法参加和组织工会的权利”。这是对工人阶级的概念用法律语言进行的界定。如此看来其内涵有三个变化：（1）主体范围扩大了。传统意义上的工人多指体力劳动者、产业工人。（2）分布广了。不光分布在工业、商业、金融、服务等经济领域，而且分布在政治、文化科技、体育等领域。（3）由过去的无产者变为现在不同程度的有产者。

2. 工人阶级的结构发生了变化

主要表现为：（1）工人阶级队伍壮大，数量增多。中华人民共和国成立初期，我国工人只有 200 多万，1978 年为 1.2 亿。现在我国的职工队伍人数已超过 3.5 亿，是中华人民共和国成立初期的 175 倍。其中从农民转化来的乡镇企业职工 1.3 亿，新增的农民工（乡镇企业工人和进城民工）已超过各类城市户口职工的总人数。知识分子已从中华人民共和国成立前不足 5 万人发展到现在三千多万人。据统计，目前全国在科学研究、教育、工程、技术、卫生、文化艺术和其他方面的高级知识分子约为 10 万人，中华人民共和国成立以后增加的数量，占 1/3 左右。知识分子作为工人阶级中掌握科学技术较多的一部分，已在社会主义建设事业中发挥越来越重要的作用。工人数量的大幅度增加，使工人阶级作为我国人民民主专政政权的领导地位更加巩固。（2）成分多样化。我国工人阶级已由过去单纯从事大工业的产业工人，如煤炭工人、石油工人、纺织工人，变为目前的三部

分：一部分是二三产业工人，一部分是知识分子，一部分是党政机关事业单位的工作人员。据统计，2002 年我国工人阶级的人数为 2.07 亿，到 2006 年达 2.7 亿，年均递增 6.9%。我国第一产业工人占 1.7%，第二产业工人占 46.6%，第三产业工人占 51.7%。在企业性质方面，非公有制企业工人的比重也大于公有制企业工人的比重，其中非公有制企业工人占 42.3%，公有制企业工人占 29.9%，事业单位工人占 12.2%，党政机关、社会团体占 5.9%，其他单位占 9.7%。① 工人阶级结构上的显著变化之一是农民工已成为产业工人的主体。这标志着我国工人队伍构成发生了历史性变化，农民工的工人阶级地位已经得到确立，农民工的历史性贡献已经受到重视。(3) 受教育程度提高。现阶段我国工人平均受教育的年限已达 12.19 年，工人的思想道德素质和科学文化素质得到显著提高。(4) 劳动方式转变。工人的劳动方式从过去以体力劳动为主转变为以脑力劳动为主；从以简单性劳动为主转为以复杂性劳动为主；从重复性劳动为主转为技能性劳动为主。

在我国人民民主专政的阶级结构中，知识分子是作为工人阶级的组成部分，是国家建设的依靠力量。我国现行《宪法》序言指出："社会主义的建设事业必须依靠工人、农民和知识分子，团结一切可以团结的力量。"第 23 条规定："国家培养为社会主义服务的各种专业人才，扩大知识分子的队伍，创造条件，充分发挥他们在社会主义现代化建设中的作用。"这充分表明，在建设社会主义的事业中，工人、农民、知识分子是一支基本的社会力量。必须指出的是，这里把知识分子与工人、农民并列，是从劳动方式上讲的，而不是从阶级关系上讲的。因为知识分子不是一个独立的阶级，它是由出身于各个不同阶级、以从事脑力劳动为职业的人们所组成的一个特殊的社会阶层。在我国当前的情况下，知识分子和工人、农民的差别并不是阶级的差别，就他们对生产资料的占有状况即阶级性质来说，知识分子并不是工人、农民以外的一个阶级，而是工人阶级的一部分。党的十六大报告中指出：随着改革开放的深入和经济文化的发展，我国工人阶级不断壮大，素质不断提高。包括知识分子在内的工人阶级、广大农民，始终是推动我国先进生产力发展和社会进步的根本力量。《宪法》第 1 条关于国家性质的规定中，以工农联盟为基础，实际上已包括了广大的知识分子，即已经确认了知识分子在国家生活中的地位和作用。所以，就阶级关系上讲，知识分子既然是工人阶级的组成部分，当然归属于统治阶级中的领导阶级。

(二) 以工农联盟为国家的阶级基础，农民是工人阶级的同盟军

工人阶级担负的历史重任，要求它必须同农民阶级结成坚固的联盟。列宁曾指出：无产阶级专政的最高原则就是维护无产阶级同农民的联盟，使无产阶级能够保持领导作用和国家权力。中国共产党不止一次地指出：农民是无产阶级天然的可靠的同盟者，是中国革命和建设的最伟大的力量，农民只有在无产阶级的领导下才能获得解放，走上社会主义的道路，无产阶级也只有和农民结成巩固的联盟，才能达到胜利，完成它本身的历史使命。所以建立牢固的工农联盟是中国共产党的一贯方针。宪法明确规定工农联盟是我们国家的基础。

我国是一个农业大国，农民数量多，他们是工人阶级队伍发展壮大的最主要的源泉。工业化、现代化、城市化进程使我国农民阶级处于重大变化和不断流动之中。我国是一个有 13 亿多人口的国家，农业人口有 8 亿多，但农业资源相对缺乏。现今全国有农业劳动

① 樊宪雷．党的阶级基础：我国工人阶级内涵的历史嬗变及其当前先进性的属性要求.（2014-05-04）[2017-04-28]. http://dangshi.people.com.cn/n/2014/0504/c384616-24971914-3.html.

力4.4亿多，据有关研究表明，按照中国目前的耕作技术和经济水平，全国有2亿左右的农业劳动力就够了。照此计算，全国农业劳动力的剩余率高达60%左右。除了已转移的1亿多外，全国现有农业剩余劳动力在1.3亿左右，约占农业劳动力总量的1/3。

我国的农民阶级是指在土地集体所有制的基础上，主要以承包经营方式从事农业（包括林业、牧畜业、渔业）生产，以劳动为主要生活来源的社会集团。

（三）社会主义事业的建设者

我国社会分层化过程中出现了一些不属于这两个阶级的新的社会阶层，他们是在社会变革中出现，包括民营科技企业的创业者和科技人员、大中型非公有制企业的经理人员、受聘于外资企业的管理技术人员、个体户、私营企业主、中介组织的从业人员、自由职业者。其中经理人员阶层是指大中型非公有制企业中非企业主身份的高中层管理人员。

1. 大中型非公有制企业聘用的管理人员

其主要包括两部分人：一是大中型私营企业和非国有控股企业的管理人员；二是“三资”企业聘用的中方管理人员。他们不是所在企业的所有者，虽然被授权负责企业资产的经营管理，但主要依靠工资收入。这一阶层在社会阶层结构中所占的比例约为1.5%，目前还在发展之中。他们是市场化改革最积极的推进者和制度创新者。

2. 私营企业主阶层

私营企业主阶层是指拥有一定数量的私人资本或固定资产并进行投资以获取利润的人，在社会阶层结构中所占比例约为0.6%。这一阶层的政治地位与其经济地位尚有一定的距离，对政治的参与程度相对较低。

3. 专业技术人员阶层

专业技术人员阶层是指在各种经济成分的机构中专门从事各种专业性工作和科学技术工作的人员，在社会阶层结构中所占比例约为5.1%，他们是维护社会稳定和激励社会进步的重要力量。

4. 办事人员阶层

办事人员阶层是指协助部门负责人处理日常行政事务的专职办公人员，在社会阶层结构中所占比例大约为4.8%。他们是现代社会的社会中间层的重要组成部分，也是社会阶层流动链中的重要环节，未来十几年其人员比例将会有明显提高。

5. 个体工商户阶层

个体工商户阶层是指拥有较少量私人资本（包括不动产）并投入生产、流通、服务业等经营活动或金融债券市场且以此为生的人。根据国家工商部门的登记数计算，目前，个体工商户阶层在整个社会阶层结构中所占比例为4.2%，但该阶层的实际人数比登记人数多得多，他们是市场经济中的活跃力量。

6. 商业服务业员工阶层

商业服务业员工阶层是指在商业和服务行业中从事非专业性的、非体力的和体力的工作人员，在社会阶层结构中所占比例约为12%。他们与城市化的关系最为密切。

上述阶级结构变化并未动摇我国人民民主专政的国家性质以及工人阶级在国家政权中的领导地位，它是人民民主专政制度在新形势下的发展。一方面，我们应全面、客观、发展地看待这种阶级结构的变化、与我国人民民主专政制度之间的关系。另一方面，我们也应该看到并正视这种阶级结构的变化所引发的社会问题，如工人阶级在整体生活水平逐步

提高的同时，不同地区、不同行业、不同所有制单位职工的收入差距拉大，内部分工加剧；在就业方式多样化的同时，就业的不稳定性和下岗失业的职工人数相应增加。农民阶级整体的生活水平并没有与我国的现代化建设同步发展，农民的合法权益经常受到侵犯，农民增收困难等。上述这些问题关系到人民民主专政国家政权的稳固，也关系到宪法规定的公民基本权利的实现。我国应随着社会发展，建立和完善社会保障等方面的法律制度。2004 年《宪法修正案》第 23 条规定国家建立健全同经济发展水平相适应的社会保障制度，为完善我国社会保障体系提供了宪法依据。

知识拓展

2013 年中共中央总书记习近平曾指出，一切非公有制经济人士和其他新的社会阶层人士，要发扬劳动创造精神和创业精神，回馈社会，造福人民，做合格的中国特色社会主义事业的建设者。“其他新的社会阶层人士”与“自由择业知识分子”基本一致，作为独立群体与“非公有制经济人士”并列提出。

《中国共产党统一战线工作条例（试行）》中，正式将“新的社会阶层人士”作为统战工作 12 个方面的对象之一。习近平总书记在 2015 年 5 月举行的中央统战工作会议中，还专门就如何做好“律师、会计师、评估师、税务师等专业人士”“新媒体从业人员”等群体的团结工作提出了明确要求。

“至此，‘新的社会阶层人士’概念发生了新的变化，专指自由择业知识分子。或者说，‘新的社会阶层人士’有广义与狭义之分，广义的包括非公有制经济人士和自由择业知识分子，狭义的仅指自由择业知识分子。”

随着中国经济转型和科技发展，新兴业态不断出现，新的社会阶层人士所涵盖的范围将不断扩充，数量持续增长；团结凝聚广大新的社会阶层人士“具有重要意义”。

“新的社会阶层人士”主要包括四大群体：私营企业、外资企业的管理人员和技术人员（指受聘于私企和外企，掌握企业核心技术和经营管理的专门知识者）、社会组织从业人员（包括律师、会计师、评估师、税务师、专利代理人等提供知识性产品服务的社会专业人士，以及社会团体、基金会、民办非企业单位从业者）、自由职业人员（指不供职于任何经济组织、事业单位或政府部门，在国家法律、法规、政策允许的范围内，凭借自己的知识、技能与专长，为社会提供某种服务并获取报酬者）、新媒体从业人员（指以新媒体为平台或对象，从事或代表特定机构从事投融资、技术研发、内容生产发布以及经营管理活动者）。

资料来源：润智．官方解读中国“新的社会阶层人士”．(2015-08-04)［2017-04-28］. http://www.chinanews.com/gn/2015/08-04/7447147.shtml.

（四）广泛的爱国统一战线

爱国统一战线是由中国共产党领导的，有各民主党派和各人民团体参加的，包括全体社会主义劳动者、社会主义事业的建设者、拥护社会主义的爱国者、拥护祖国统一和致力于中华民族伟大复兴的爱国者所组成的广泛的爱国统一战线。我国现阶段的爱国统一战线包括两个范围的联盟：一个是由大陆范围内全体劳动者、建设者和爱国者组成的以社会主义为政治基础的联盟，这个联盟必须坚持四项基本原则；另一个是广泛团结台湾同胞、港澳同胞、海外侨胞，以拥护祖国统一和民族复兴为政治基础的联盟，这个联盟以拥护祖国统一和民族复兴为其政治基础。爱国统一战线的组织形式是政治协商会议。它的任务是：第一，为实现社会主义现代化建设服务；第二，为实现祖国统一服务；第三，为维护世界和平服务。

五、我国的基本经济制度

（一）经济制度概述

经济基础是一定社会占统治地位的生产关系的总和，经济基础构成了经济制度的核心内容，它包括三个方面的内容：生产资料所有制形式；社会产品分配形式；劳动力与生产资料的结合形式。其中生产资料的所有制形式是决定因素，决定着经济基础的性质，并在根本上决定着国家的性质。

经济制度是指一国通过宪法和法律调整以生产资料所有制形式为核心的各种基本经济关系的规则、原则和政策的总称。经济制度属于上层建筑，所以，不应将其与经济基础混同，经济制度除了确认一个国家的经济基础外，还包括其他方面的内容，如国家对各种经济成分的基本政策，以及管理国民经济的原则、方式、方法等。经济制度是通过宪法和法律规定形成的，是立法者意志的体现，它应当反映这个国家现阶段的客观经济规律，但并不必然反映客观经济规律，因为它是主观见之于客观的活动。而一个国家的经济基础是客观的，不以人的意志为转移。

经济制度作为宪法的基本内容，是上层建筑的重要组成部分，不能脱离一定的社会经济基础而存在，同时又必须对它所赖以建立和生存的经济基础的巩固和发展产生重要影响。宪法对于经济制度的规定有几方面的作用：第一，通过以国家根本大法的形式，确认生产资料所有制的性质与形式、经济体制以及分配方式；第二，规定经济制度的基本内容及各种生产资料所有制的不同政策，引导其按照宪法的规定发展；第三，规定国家发展经济的方针、政策和措施；第四，明确国家经济发展的方向；第五，通过保障公民的经济权利与自由，授予并制约政府调控经济的权力与责任。

（二）我国经济制度的基本特征

我国是社会主义国家，《宪法》第 1 条明确规定："社会主义制度是中华人民共和国的根本制度。"《宪法》第 6 条对我国经济制度作出了原则性规定："中华人民共和国的社会主义经济制度的基础是生产资料社会主义公有制，即全民所有制和劳动群众集体所有制。社会主义公有制消灭人剥削人的制度，实行各尽所能、按劳分配的原则。国家在社会主义初级阶段，坚持公有制为主体、多种所有制经济共同发展的基本经济制度，坚持按劳分配为主体、多种分配方式并存的分配制度。"在其他一些条文中，对我国经济制度的内容作出了具体规定。这些规定明确了我国经济制度的性质、内容和基本特征。

1. 生产资料的社会主义公有制是我国经济制度的本质特征

生产资料的社会主义公有制是我国经济制度的本质特征，这是我国社会主义经济制度的基础。坚持公有制为主体，是消灭剥削与不平等的前提，是确保综合国力提高的重要手段，是最终实现共同富裕目标的保证。

2. 多种所有制并存是现阶段的主要特征

坚持以公有制为主体，多种所有制经济共同发展，这也是现阶段我国经济制度的主要特征。我国目前正处于并将长期处于社会主义初级阶段，在这一阶段，必须大力培育和发

展市场经济，唯有市场发达，才会对普适的平等的规则有强烈的需求，法治国家的理念才会应运而生，所以市场经济是法治国家公民法意识产生的基础和发育的土壤。而市场经济一定是多元经济，作为社会主义国家应当在公有制占主导地位的条件下发展多种经济，形成以公有制为主体的多种经济形式长期共存、共同发展、平等竞争的所有制结构。

（三）我国现阶段的经济结构

1. 社会主义公有制经济是我国经济制度的基础

我国《宪法》第 6 条规定："中华人民共和国的社会主义经济制度的基础是生产资料的社会主义公有制，即全民所有制和劳动群众集体所有制。"公有制经济是我国经济制度的基础。我国现阶段公有制经济主要包括全民所有制经济与集体所有制经济两种形式。此外，还包括混合所有制经济中的国有成分和集体成分。

（1）全民所有制经济。全民所有制经济即国有经济，是指生产资料归全体劳动人民所有，由代表人民的国家占有生产资料的一种公有制经济形式。在我国，全民所有制采取的是国家所有制形式，所以称为国有经济。这部分财富法律上的所有人是国家，真正所有人是我国全体公民。它主要是在中华人民共和国成立初期没收官僚资本、改造民族资本的基础上逐步发展起来的。

"国有经济"在 1993 年以前称作"国营经济"，是计划经济的产物，国家不仅享有所有权而且直接进行经营管理。随着我国经济体制改革的不断发展，为了适应社会主义市场经济建设的要求，使企业真正成为自主经营、自负盈亏的市场主体，有必要将全民所有制企业的所有权与经营权进行分离。因此，1993 年宪法将"国营经济"的提法改为"国有经济"，这反映了我们对社会主义经济制度的认识发生了重大变化。

我国的国有经济除了工商企业外，还包括一部分自然资源和土地。我国《宪法》第 9 条规定："矿藏、水流、森林、山岭、草原、荒地、滩涂等自然资源，都属于国家所有，即全民所有；由法律规定属于集体所的森林和山岭、草原、荒地、滩涂除外。"《宪法》第 10 条规定："城市的土地属于国家所有。农村和城市郊区的土地，除由法律规定属于国家所有的以外，属于集体所有；宅基地和自留地、自留山，也属于集体所有。"土地是维系人类生存的最基本的生产资料，伴随着土地沙化的加重、海平面的上升、人口的不断增加，人均可利用土地连年递减，合理使用土地这一不可再生资源引起世界各国的高度关注。我国宪法将土地规定为国家或集体所有，是社会主义国家性质的必然要求，但伴随着经济体制改革的进行，原有土地政策不利于土地的合理使用和土地价值的最大实现，尤其在对外合资、合作经营中极易导致我方利益受损，于是 1988 年《宪法修正案》第 2 条，将原来《宪法》第 10 条第 4 款规定的："任何组织或者个人不得侵占、买卖、出租或者以其他形式非法转让土地。"修改为："任何组织或者个人不得侵占、买卖或者以其他形式非法转让土地。土地的使用权可以依照法律的规定转让。"随着经济体制改革的深入，实行土地所有权、使用权有偿转让就成为社会主义市经济的必然要求。过去大量国有土地通过行政划拨手段在各企事业单位间无偿使用、无期限使用造成的浪费得到了控制；而今土地的使用权与所有权分离，既解决了土地的合理使用问题，也符合了市场经济运行的规则。宪法为土地这一稀缺的自然资源进入市场提供了强有力的法律保障。为进一步规范土地使用权依法转让行为，2004 年《宪法修正案》第 20 条明确补充规定："国家为了公共利益的需要，可以依照法律规定对土地实行征收或者征用并给予补偿。"

征收，是指国家、政府将集体所有的土地通过补偿的方式转变为国有土地。征用，是指不改变土地所有权性质，国家、政府根据需要，以补偿的方式获得一定期限的土地使用权。国有经济是整个社会主义经济的主导力量和实现社会主义现代化的基本物质力量，对于国民经济的发展，对于集体所有制经济的巩固并保证其沿着社会主义方向发展，以及保障其他所有制经济为社会主义服务，起着决定性作用。因此，我国《宪法》第 7 条规定："国有经济，即社会主义全民所有制经济，是国民经济中的主导力量。国家保障国有经济的巩固和发展。"这反映了我国对全民所有制经济的政策。

（2）集体所有制经济。集体所有制经济是指由一定范围内的劳动群众共同占有生产资料和劳动产品的一种公有制经济形式。集体所有制经济与全民所有制经济一样，是我国社会主义公有制经济的重要组部分，所不同的是，集体经济的生产资料分别按不同的劳动群众集体单位占有，劳动者与生产资料的结合仅限于该集体。在集体经济组织内部，劳动者对集体财产的共同占有关系是完全平等的。

集体所有制经济的范围包括三部分内容：一是由法律规定属于集体所有的土地和森林、山岭、草原、荒地、滩涂等自然资源；二是农村集体经济；三是城镇中的集体经济。

农村集体经济主要有农村中的生产、供销、信用、消费等各种形式的合作经济，以及家庭联产承包责任制等形式。1982 年《宪法》第 8 条规定："农村中的家庭联产承包为主的责任制和生产、供销、信用、消费等各种形式的合作经济，是社会主义劳动群众集体所有制经济。"1999 年《宪法修正案》将其修改为："农村集体经济组织实行家庭承包经营为基础、统分结合的双层经营体制。农村中的生产、供销、信用、消费等各种形式的合作经济，是社会主义劳动群众集体所有制经济。"

城镇中的集体经济组织作为劳动群众集体所有制经济的一个重要方面，一部分是在对手工业实行社会主义改造的基础上建立和发展的，一部分是城镇中一部分劳动群众自愿联合组成的合作经济。现行《宪法》第 8 条规定："城镇中的手工业、工业、建筑业、运输业、商业、服务业等行业的各种形式的合作经济，都是社会主义劳动群众集体所有制经济。"国家对集体所有制经济的政策是，国家保护城乡集体经济组织合法的权利和利益，鼓励、指导和帮助集体经济的发展。

2. 非公有制经济是我国市场经济的重要组成部分

改革开放以来，我国的非公有制经济飞速发展，它们在发展生产、增加社会财富、扩大劳动就业等方面，对尚处于社会主义初级阶段的我国，发挥了极大的积极作用。我国尚处于生产力发展水平从总体上说还不是很高，各地区、各企业间的生产发展极不平衡的阶段。这种状况决定了我国必须在坚持以公有制经济为主的前提下，多种所有制经济形式共同发展，使之成为社会主义市场经济的重要组成部分。市场经济是主体平等竞争的经济，经济主体多元化是开展市场竞争的前提。单一的公有制不利于竞争，不利于社会生产力的发展。因此，从现阶段看，在以公有制经济为主的前提下，发展包括个体经济、私营经济、外资经济等非公有制经济形式是发展我国社会生产力、建立社会主义市场经济体制的客观需要和必然要求。

知识拓展

对于非公有制经济状况，全国工商联主席王钦敏说，2012 年非公企业利润总额达到

1.82 万亿元，体量很大，发展潜力是很大的。过去五年年均增长速度为 21.6%，可以反映非公有制经济的发展。此外，王钦敏表示，非公有制经济对基础设施的投入占的比重超过 60%，也反映了它的力度。非公有制经济税收贡献超过 50%，GDP 所占的比重超过 60%，就业贡献超过 80%。如果从新增就业来看，它的贡献达到了 90%。由此看来，它在我国经济发展中发挥着越来越重要的作用。

资料来源：全国工商联主席：2012 年非公企业利润达 1.82 万亿.（2013-03-06）[2017-04-28]. http://roll.sohu.com/20130306/n367983203.shtml.

（1）劳动者个体经济和私营经济。劳动者个体经济是指由劳动者个人占有少量生产资料和产品，以自己和家庭成员从事劳动为基础，受益归己所有的一种经济形式。个体经济雇工一般不超过 7 人。私营经济是指在法律规定的范围内生产资料属于私人占有，并存在一定规模雇用劳动关系的一种经济形式。私营经济一般雇工在 8 人以上。

个体经济和私营经济的存在，是由我国社会主义初级阶段的国情所决定的。1982 年《宪法》第 11 条对个体经济作出了规定："在法律规定范围内的城乡劳动者个体经济，是社会主义公有制经济的补充。国家保护个体经济的合法的权利和利益。国家通过行政管理，指导、帮助和监督个体经济。"1988 年《宪法修正案》增加了有关私营经济的规定："国家允许私营经济在法律规定范围内存在和发展。私营经济是社会主义公有制经济的补充。国家保护私营经济的合法的权利和利益，对私营经济实行引导、监督和管理。"这一规定赋予民营企业以合法的身份，无疑给了民营企业不断扩大生产一颗强有力的"定心丸"。1999 年《宪法修正案》对非公经济修改为"在法律规定范围内的个体经济、私营经济等非公有制经济，是社会主义市场经济的重要组成部分""国家保护个体经济、私营经济的合法的权利和利益。国家对个体经济、私营经济实行引导、监督和管理"。2004 年《宪法修正案》修改为："国家保护个体经济、私营经济等非公有制经济的合法的权利和利益。国家鼓励、支持和引导非公有制经济的发展，并对非公有制经济依法实行监督和管理。"

（2）外资企业。我国的外资企业主要是指外商投资企业，包括中外合资经营企业、中外合作经济企业和外商独资企业三种形式。

中外合资经营企业是中国的公司、企业和其他经济组织与境外的公司、企业和其他经济组织或者个人，按照平等互利的原则，按照我国法律，经我国政府批准，在我国境内共同投资举办的股权式合营企业。其特点是：双方共同投资、共同经营管理、共担风险、共负盈亏，按照投资股份比例分配利润。

中外合作经营企业是中国的公司、企业和其他经济组织与境外的公司、企业和其他经济组织或者个人，按照我国的法律，根据契约规定的投资方式、权利、责任、义务和收益比例合作举办的契约式合营企业。其特点是：中方提供土地、资源、厂房和劳动力以及其他设施；外方出资金、原材料、设备和技术；中方依照一定比例的产品销售额偿还外资本息；合同期满后，企业作价归中方所有。

外商独资企业是境外的企业和其他经济组织或者个人按照我国法律的规定，在我国境内单独或共同投资设立的外资企业。其特点是：中方提供土地、劳动力，收取地租、税金等；企业由外国投资者独立经营，自负盈亏，产品全部或者大部分出口。

外资企业对于吸引外资、引进国外的先进技术和管理经验、促进我国的经济建设起到了积极作用。为此，现行《宪法》第 18 条对外资经济作出了明确规定：“中华人民共和国允许外国的企业和其他经济组织或者个人依照中华人民共和国法律的规定在中国投资，同中国的企业或者其他经济组织进行各种形式的经济合作。在中国境内的外国企业和其他外国经济组织以及中外合资经营的企业，都必须遵守中华人民共和国的法律。它们的合法的权利和利益受中华人民共和国法律的保护。”

（四）我国现阶段的分配制度

1. 分配制度概述

分配制度是我国社会主义经济制度的一个重要方面。我国正处于并将长期处于社会主义初级阶段，公有制经济的多样化与个体经济、私营经济等非公有制经济的共同发展，使得各种所有制经济相互混合，这一现象将与初级阶段长期共存。多元化的经济必然要求分配形式的多样化。因此，除按劳分配外，机会收入、风险收入、投资收入等方式的存在，既是社会主义初级阶段在分配制度方面的特征和需要，也是社会主义市场经济发展的必然结果。以公有制为主体、多种所有制经济共同发展，决定了我们必须实行按劳分配为主体、多种分配方式并存的分配制度。这样既同当前基本经济制度的所有制结构相适应，又同社会发展的客观需要相适应；既坚持了社会主义的基本分配原则，有效地防止两极分化，最终实现共同富裕，又可以为多种所有制的共同发展提供动力机制和市场机制。这对于坚持和完善我国在社会主义初级阶段的基本经济制度和分配制度，在我国建立起比较完善的社会主义市场经济体制，深化改革开放，进一步解放和发展社会生产力，促进我国生产力的发展和综合国力的迅速增强，具有极其重要的积极作用。为此，1999 年《宪法修正案》对原来的“各尽所能，按劳分配”的规定作了补充，即“国家在社会主义初级阶段，坚持公有制为主体、多种所有制经济共同发展的基本经济制度，坚持按劳分配为主体、多种分配方式并存的分配制度”。

2. 我国现阶段的分配形式

从目前的实际情况看，多种分配方式主要是指按劳分配以外的按资分配、按经营收入和按社会保障原则分配等分配形式。

按资分配是指资本所有者凭借其资本所有权参与他人劳动成果的分配。其主要表现有：个人的存款利息；购买股票、债券等获得的股息、红利和债息等；租金收入，即财产所有者凭借财产出租所获得的收入；“三资”企业和私有企业雇主所获得的收入。

按经营收入分配是指按商品生产者和经营者在一定时间内生产经营的最终收益量即经济效果来分配。其主要表现形式有：经营性劳动收入；创新收入，即经营者由于提供了开发新产品、发明新技术、开拓新市场等创造性劳动而获得的收入；风险收入，即生产经营者因承担经营风险而取得的收入；机会收入，即生产经营者因价格变动和政策倾斜等外部因素的变化而取得的收入。

按社会保障原则分配是指国家、企业和社会为保障社会公平和各部门、各地区和各行业的协调发展而实行的一种分配原则。具体包括：福利性收入，如职工病假期间支付的工资、住房补贴等；扶持性收入，如对农业生产资料的价格补贴，对少数民族地区和贫困地区的财政拨款和优惠贷款等；鼓励性收入，如鼓励科技人员到边远贫困地区工作的上浮工资等；救济性收入，如对因自然灾害及丧失劳动能力等原因给予的救济费等。

六、中国共产党领导的多党合作和政治协商制度

（一）政党与政党制度的概念

近代意义的政党是代议政治的产物。当一个国家步入民主政治时期，人民有了选举权和结社的自由，建立政党的条件就具备了。政党就是一定的阶级、阶层或利益集团为了共同利益，以夺取、控制或参与、影响政权为目的，建立起来的有一定政治纲领和组织形式的稳定的政治团体。

政党制度是国家政治制度的组成部分，是政党活动的产物。通常是指在一个国家已经执政或者可能执政的党，执掌政权或干预政治的形式、方法、程序等方面的法律、政策和惯例的总称。政党制度主要包括两个方面的内容：一是政党与国家政权关系，包括政党的法律地位，政党参与国家政权的一些具体规定；二是各政党之间的关系。西方一般采取一党制、两党制和多党制。而我国采取的是共产党领导的多党合作和政治协商制度。

（二）宪法与政党的关系

政党、政党制度与宪法同属于上层建筑的组成部分，都是民主政治的产物。政党、政党制度与宪法关系，可以从以下方面来分析。

1. 政党是近现代代议制度和选举制度的直接产物

政党作为近现代民主政治的重要组成部分，是基于宪法的实践需要而产生的，是近现代代议制度和选举制度的直接产物。英、美、法等国是最早产生近代宪法的国家，代议制和选举制是宪法确定的民主制度的核心。因此选举的顺利进行和代议政治的有效运行，是宪法实施的重要方面。随着代议制的发展，选举权范围的扩大，不同的政治派别和政治利益集团为了取得议会选举的胜利，建立自己的政府，便以选区为单位建立了相应的选举组织乃至全国的选举组织，制定了竞选纲领。这样议会和政府中的政治派别才由议会和政府的政治集团变成了全国性的政党组织，于是近现代意义的政党产生。

2. 政党制度是现代宪法的重要内容

政党是宪法实践的产物，近代意义政党产生的宪法依据是公民的结社自由权，当时宪法并未就政党作出具体规定。直到 1919 年德国《魏玛宪法》的颁布，结社自由权才有了明确的政治结社内容。《魏玛宪法》规定：德国人民，其目的若不违背刑法，有组织社团及法团之权，社团需要依据民法规定，获得权利能力。此项权利能力之获得，不能因该社团为求其政治上、社会上、宗教上的目的而拒绝之。宪法对政党制度有了直接并较为全面的规定是在第二次世界大战结束后制定的宪法中。例如，1946 年制定的《意大利宪法》第 49 条规定：为了以民主方法参与决定国家政策，一切公民均有自由组织政党的权利。

3. 宪法是政党制度化的基本形式

现代民主政治是政党政治，它渗透到了国家政治、经济、文化生活的每一个领域，将政党活动纳入宪法和法律范围内，是法治建设的重要方面。除宪法外，还有组织法、选举法、民法、刑法等法律都有政党方面的规定，这些规定构成了一个国家的政党制度内容。这些有关法律都是政党制度化的重要形式。宪法是国家的根本大法，宪法在政党制度化方面起着重要的作用，是政党制度化的基本形式。

（三）政党制度的主要类型

1. 一党制

一党制是指一个国家的政权完全由一个政党控制，在法律上或事实上都不允许其他政

党存在的政党制度。如几内亚、莫桑比克、缅甸等国家。

2. 两党制

两党制是指一个国家的政权实际上是由两个较大的政党轮流把持。虽然存在其他合法的政党，但它们没有或不可能成为执政党的一种政党制度。如英、美等国家。

3. 多党制

多党制是指在一个国家中存在着两个以上的政党或政党联盟，通过选举轮流执政的一种政党制度。如法国、德国。

4. 一党领导的多党合作制

多党合作制是指一个国家中由一个处于领导地位的政党执掌国家政权，其他合法存在的政党作为参政党参与国家政权的新型政党制度。我国实行的共产党领导的多党合作制就是这样的一种政党制度。

（四）我国的政党制度——中国共产党领导的多党合作和政治协商制度

1. 我国政党制度的形成

中国共产党领导的多党合作和政治协商制度是我国的一项基本政治制度，是中国特色的社会主义政党制度。当今世界各国由于各自的历史传统、经济文化发展水平和社会制度不同，其政治制度和政党制度必然不同，没有也不可能有一种普遍适用的政治制度模式。中国共产党领导的多党合作和政治协商制度是共产党和中国人民政治经验和政治智慧的结晶。这一制度与中华人民共和国相伴而生，深深根植于中国土壤中，是适合中国国情的政党制度。

中国共产党和各民主党派之间的相互关系，早在 1949 年 9 月第一届中国人民政治协商会议通过的《中国人民政治协商会议共同纲领》中就予以体现。此后通过宪法这种具有最高法律效力的规范形式对此制度进行了确认。1954 年《宪法》序言规定：“我国人民在建立中华人民共和国的伟大斗争中已经结成以中国共产党为领导的各民主阶级、各民主党派、各人民团体的广泛的人民民主统一战线。”现行《宪法》对我国的政党制度作出了更加完整的表述。1993 年《宪法修正案》第 4 条规定：“中国共产党领导的多党合作和政治协商制度将长期存在和发展。”2018 年《宪法修正案》第 33 条规定：“在长期的革命、建设、改革过程中，已经结成由中国共产党领导的，有各民主党派和各人民团体参加的，包括全体社会主义劳动者、社会主义事业的建设者、拥护社会主义的爱国者、拥护祖国统一和致力于中华民族伟大复兴的爱国者的广泛的爱国统一战线，这个统一战线将继续巩固和发展。”中国共产党领导的多党合作和政治协商制度是我国的一项基本政治制度，上述表述是对我国政党制度的科学概括，同时反映了宪法与时俱进，不断丰富完善其内容。

2. 我国政党制度的主要内容

（1）中国共产党的领导。坚持中国共产党的领导是多党合作的首要前提和根本保证。中国共产党的领导有两个方面的含义：一是指中国共产党作为执政党，对国家进行全面领导，民主党派承认并接受中国共产党在国家政权中的领导地位，参加政权，共同执行和遵守在中国共产党领导下经法定程序制定的国家法律和政策；二是指中国共产党在政党关系中对民主党派的政治领导。两种意义的中国共产党的领导都包含对各民主党派的领导，不同的是前一种意义的中国共产党的领导，是通过共产党和民主党派在国家政权中的不同地位——共产党是执政党，民主党派是参政党——来体现的，中国共产党对民主党派的领导

是通过国家政权这一媒介实现的。后一种意义的中国共产党的领导，是在中国共产党和各民主党派的相互关系中直接实现的。

在领导方式上，中国共产党对民主党派的领导是政治领导，即政治原则、政治方向和重大方针政策的领导。2005 年 3 月，《中共中央关于进一步加强中国共产党领导的多党合作和政治协商制度建设的意见》指出，从提高党的执政能力、发展社会主义民主、构建社会主义和谐社会、推进改革开放和现代化建设胜利发展的战略高度，提出坚持党的领导，各级党委要加强和改善党的领导，强调要善于通过广泛深入的协商讨论，使党的主张成为各民主党派的共识；要充分发扬社会主义民主，照顾同盟者的利益；切实为民主党派人士履行职能、发挥作用创造条件。

（2）多党合作。中国共产党领导的多党合作是我国的一项基本政治制度。我国实行的共产党领导的多党合作的政党体制是我国政治制度的特点和优点。它在性质上根本不同于西方国家的两党制或多党制，也有别于苏联和其他东欧国家等实行的一党制。它是一种新型的符合中国国情的社会主义政党制度。

中国国民党革命委员会、中国民主同盟、中国民主建国会、中国民主促进会、中国农工民主党、中国致公党、九三学社、台湾民主自治同盟这些民主党派，主要是在抗日战争时期形成的。它们形成时的社会基础主要是民族资产阶级、城市小资产阶级以及与这些阶级相联系的知识分子和其他爱国民主人士。在新世纪，民主党派是各自所联系的一部分社会主义劳动者、社会主义事业的建设者和拥护社会主义的爱国者的联盟。

多党合作和政治协商的重要政治准则是：坚持以马克思列宁主义、毛泽东思想、邓小平理论、“三个代表”重要思想、科学发展观、习近平新时代中国特色社会主义思想为指导，坚持中国共产党的领导，坚持社会主义初级阶段的基本路线、基本纲领和基本经验，坚持长期共存、互相监督、肝胆相照、荣辱与共的基本方针，保持宽松稳定、团结和谐的政治环境。中国共产党和各民主党派都必须以宪法为根本活动准则，并负有维护宪法尊严、保证宪法实施的职责。

（3）政治协商。政治协商是中国共产党领导的多党合作和政治协商制度的重要组成部分，是实行科学民主决策的重要环节，是中国共产党提高执政能力的重要途径。

政治协商制度是与多党合作制度并列的，指的是在中国共产党的领导下，以多党合作为基础，有各民主党派、各人民团体、各爱国人士、无党派人士、少数民族和各宗教人士代表参加的，以中国人民政治协商会议为组织形式，就国家的大政方针、各族人民生活中的重大问题在决策前和决策执行中进行民主、平等地讨论和协商的一种政治制度。

《宪法》序言写明：“在长期的革命、建设、改革过程中，已经结成由中国共产党领导的，有各民主党派和各人民团体参加的，包括全体社会主义劳动者、社会主义事业的建设者、拥护社会主义的爱国者、拥护祖国统一和致力于中华民族伟大复兴的爱国者的广泛的爱国统一战线，这个统一战线将继续巩固和发展。中国人民政治协商会议是有广泛代表性的统一战线组织，过去发挥了重要的历史作用，今后在国家政治生活、社会生活和对外友好活动中，在进行社会主义现代化建设、维护国家的统一和团结的斗争中，将进一步发挥它的重要作用。”据此我们可以得知，中国人民政治协商会议是中国人民爱国统一战线组织，是中国共产党领导的多党合作和政治协商的重要机构，是我国政治生活中发扬民主的重要形式。因此，它既不是政权组织，也不同于一般的人民团体。

知识拓展

第十届全国政协委员为 2 238 名，其中，中共委员 895 名，占 39.99%；非中共委员 1 343 名，占 60.01%；第九届委员继续担任委员的 1 099 名，占 49.1%，新任委员 1 139 名，占 50.9%；各民主党派成员 666 名；少数民族委员 262 名，占 11.71%，55 个少数民族都有委员；妇女委员 373 名，占 16.7%，比上一届提高了 1.2 个百分点；具有大专以上学历的 1 909 名，具有高级职称的 1 367 名。界别设置基本保持上一届的格局，设 34 个界别，按照党派、团体、方面、特邀的顺序排列。为扩大覆盖面，将“社会福利界”调整为“社会福利和社会保障界”。

第十一届全国政协委员维持第十届的总规模，全国政协委员为 2 237 名。其中，第十届全国政协委员继续提名的 1 005 名，占 44.9%，新提名的 1 232 名，占 55.1%；中共委员 892 名，占 39.9%，非中共委员 1 345 名，占 60.1%；56 个民族都有委员；妇女委员 395 名，占 17.7%；具有大专以上学历的委员 2 066 名。界别设置保持第十届格局，设 34 个界别。

第十二届全国政协委员为 2 237 名，其中中共委员 893 人，占 39.9%，非中共委员 1 344 人，占 60.1%；继续担任委员的 1 157 人，占 51.7%，新任委员 1 080 人，占 48.3%；妇女委员 397 名，占 17.7%；具有大专以上学历的委员 2 119 名，占 94.7%；港澳人士 244 名，占 10.9%；汉族委员 1 979 名，占 88.5%，少数民族委员 258，占 11.5%，56 个民族都有委员人选。

资料来源：(2013-03-12) [2017-04-28] http://www.china.com.cn/news/2013-03/02/content_28109209.htm.

政治协商、民主监督和参政议政是政治协商会议的三大职能。

政治协商是对国家和地方的大政方针以及政治、经济、文化和社会生活中的重要问题在决策前进行协商和就决策执行过程中的重要问题进行协商。

民主监督是对国家宪法、法律和法规的实施，重大方针政策的贯彻执行，国家机关及其工作人员的工作，通过建议和批评进行监督。

参政议政是对政治、经济、文化和社会生活中的重要问题以及人民群众普遍关心的问题，开展调查研究，反映社情民意，进行协商讨论。通过调研报告、提案、建议案或其他形式，向中国共产党和国家机关提出意见或建议。

（4）多党合作和政治协商制度的意义。中华人民共和国成立以来的长期实践表明，坚持中国共产党领导的多党合作制度，充分发挥民主党派的作用，对于加强和改善中国共产党的领导，推进社会主义民主政治，保持国家长治久安，促进社会主义现代化建设和改革开放事业的发展，具有重要意义。作为我国基本政治制度之一，坚持和完善中国共产党领导的多党合作和政治协商制度，有利于加强和改善共产党的领导。

第一，多党合作和政治协商制度有助于巩固和共同建设中国特色社会主义的社会政治基础。中国共产党处于执政党的地位，领导着拥有十几亿人口的国家政权，非常需要听到各种意见和批评，接受广大人民群众的监督。实践证明，加强民主监督和各民主党派的参政议政，对于反映广大人民群众意见，保证决策的科学化、民主化，减少和避免失误，克服腐败现象，改善党的领导，都起到了十分有益的作用。

第二，多党合作和政治协商制度有利于发扬社会主义民主和保持国家长治久安。民主党派具有广泛的代表性，作为各自所联系的一部分社会主义的劳动者和一部分拥护社会主

义的爱国者、致力于中华民族伟大复兴的爱国者和拥护祖国统一的爱国者的政治联盟，是反映人民意见、发挥监督作用的重要渠道。

各民主党派作为各自所联系的一部分劳动者和爱国者的联盟，在国内外有广泛联系，在国家政治生活中可以发挥团结和安定的作用。各民主党派通过民主协商等方式，可以帮助中国共产党和政府协调各种社会关系，这对于促进人民的团结，维护社会稳定，保持国家长治久安，都是大有益处的。

第三，多党合作和政治协商制度把民主与团结统一起来，有利于形成融洽和谐、生动活泼的局面。多党合作和政治协商制度既符合社会主义民主政治的本质要求，又体现了中华民族兼收并蓄的优秀文化传统，是我国社会主义民主政治的一大优势。中国人民政治协商会议是我国民主党派参政议政、团结合作的重要场所。它具有广泛的代表性和包容性，有利于吸收各民族、各团体、各阶层、各方面人士参与国事，民主协商、求同存异的工作原则，有利于广开言路、集思广益、尊重多数、照顾少数，促进决策民主化、科学化。

第四，多党合作和政治协商制度有利于社会主义建设事业。民主党派和无党派人士中有大批有真才实学的知识分子，不少人是各方面的专家、学者和富有政治经验的活动家，通过政治协商、民主监督和参政议政，可以充分发挥他们的聪明才智，为社会主义现代化建设和改革开放作出更大的贡献。

第二节 社会主义文明

文明是指人类社会进步的程度和状态。人类文明史是以铁和文字的产生为开端的。美国学者摩尔根曾经把人类社会划分为蒙昧时代、野蛮时代、文明时代三个发展阶段。恩格斯在《家庭、私有制和国家的起源》一书中对摩尔根的划分表示赞同。人类在改造客观世界、创造物质财富的过程中，其精神世界同时也得到改造，社会的精神生产和精神生活得到发展。社会制度得以更迭、进步。随着社会的进步，随着中国共产党领导中国革命、建设、改革经验的总结，党的十六大、十七大、十八大、十九大不断丰富了社会主义文明的内容，2018 年修宪，以根本大法宪法的方式明确了社会主义文明包括物质文明、政治文明、精神文明、社会文明、生态文明。“五个文明”共同构成文明系统整体，协调发展，相互影响，相互制约，是一个完整而全面的文明体系。生态文明是“五个文明”系统中的前提，物质文明是“五个文明”系统中的基础，政治文明是“五个文明”系统中的保障，精神文明是“五个文明”系统中的灵魂，社会文明是“五个文明”系统中的目的。强调“五个文明”共同发展、协调发展，是对人类社会发展趋势的正确回应，是我们党科学发展、和谐发展理念的再一次升华。

一、社会主义物质文明建设

所谓物质文明是指人类改造客观世界的物质成果。它表现为人们物质生产的进步和物质生活的改善，包括生产工具的改造和技术进步，物质财富的增长和人们生活水平的提高等。我们在社会主义现代化建设中，必须始终重视物质文明建设，牢牢把握经济建设这个中心，努力把国民经济搞上去。因为，物质文明建设是一切文明、一切建设的前提基础，正所谓“仓廪实而知礼节”。

（一）社会主义物质文明建设的目标

物质文明是与人类的存在和活动相联系的，是人类改造自然界的产物。社会文明的进步首先是物质文明的进步。而社会主义物质文明建设的核心就是发展社会生产力，我国社会主义物质文明建设的基本目标就是以经济建设为中心，大力发展社会生产力，实现社会主义现代化。

发展社会生产力，关键在于提高劳动生产率和经济效益。为此，我国《宪法》第 14 条规定：“国家通过提高劳动者的积极性和技术水平，推广先进的科学技术，完善经济管理体制和企业经营管理制度，实行各种形式的社会主义责任制，改进劳动组织，以不断提高劳动生产率和经济效益，发展社会生产力。”这也是进行社会主义现代化建设的一项根本措施。而要进一步解放和发展生产力，就必须在坚持社会主义制度的前提下，摆脱思想上和体制上的禁锢，大胆地实行改革开放，以不断改革生产关系和上层建筑中不适合生产力发展的环节和方面，改变一切不适应的管理方式、活动方式和思想方式。这也正是我国社会主义初级阶段《宪法》关于经济制度和经济建设规定的基本要求。

（二）社会主义物质文明建设的目的

我国《宪法》第 14 条规定：“国家合理安排积累和消费，兼顾国家、集体和个人的利益，在发展生产的基础上，逐步改善人民的物质生活和文化生活。”从这一规定可以看出，国家进行社会主义经济建设的目的，就是逐步提高全国各族人民的物质和文化生活水平。

我国是人民民主专政的社会主义国家，人民是国家的主人，因此，国家的性质决定了经济建设不仅要为人民当家做主提供物质保障，而且要切实改善广大人民群众的经济条件，从根本上满足人民群众物质和文化生活的需要，这也正是我国社会主义经济建设的根本目的所在。为了实现这一目的，党和国家确定了我国社会主义现代化建设分三步走的战略目标，争取在 2050 年以前，使我国达到中等发达国家的水平。

（三）社会主义物质文明建设的基本途径

我国社会主义初级阶段物质文明建设的基本途径是建立和完善社会主义市场经济体制。这始终是我国宪法的一个重要内容，现行《宪法》在 1982 年颁布时，由于当时特殊历史条件的限制，将我国的经济体制规定为：“国家在社会主义公有制基础上实行计划经济。国家通过经济计划的综合平衡和市场调节的辅助作用，保证国民经济按比例地协调发展。”这一规定虽然承认市场对社会主义经济发展的作用，但在根本上是坚持计划经济的模式。随着我国经济体制改革的不断深入和对社会主义经济制度认识的不断深化，传统的计划经济已经不能适应社会生产力发展的需要。因此，关于经济体制的问题也成为宪法修改的重要内容。1993 年《宪法修正案》明确规定“国家实行社会主义市场经济”，确立了社会主义市场经济的宪法地位。1999 年《宪法修正案》又将“发展社会主义市场经济”作为国家的根本任务之一，写进了序言部分，突出了社会主义市场经济的地位，这是我国现行宪法有关经济体制和经济制度规定的不断完善的反映，对于我国社会主义市场经济的发展和完善具有重要意义。

1. 确认了社会主义市场经济的法律地位和经济体制改革的合法性、合宪性

经济体制改革是依法进行的活动，经济体制改革的指导思想和各项具体措施都是按照宪法和法律的有关规定制定的。离开了宪法，经济体制改革和社会主义市场经济体制的确

立就不可能获得合法性依据。因此，宪法修正案关于市场经济的规定，为促进社会主义市场经济的发展和经济体制改革的顺利进行和不断深入，提供了基本的宪法依据。

2. 为社会主义市场经济法律秩序的确立与完善奠定了基础

市场经济的一个重要特征就是建立在严格、规范和健全的法制基础上的。市场经济的运行必须通过法律手段进行调节，才能形成良好的经济秩序。宪法作为国家的根本大法，是国家法律制度完备的基础。宪法对市场经济体制的规定，不仅为市场经济体制的确立提供了合法性依据，而且为市场经济法律秩序创立与完善奠定了基础。

3. 促进社会主义市场经济的进一步完善

市场行为是一种理性行为，也是市场主体民主行为。没有民主制度的保障，市场主体就无法充分地参与市场活动；同样，没有对市场活动的有效的民主监督，就不可能从制度上防止政府对市场的过度干预和行政权介入市场活动。宪法作为民主制度和国家监督制度发挥有效作用的法律保障，可以有效地阻止各种扰乱市场活动进行的障碍因素，充分调动市场主体的活力，促进社会主义市场经济的发展和完善。

市场经济的基本特点在于国家宏观调控下的资源配置的市场化，以及经济运行的法制化。要保证市场经济的正常运行，必须建立相应的市场规则。因此，就其本质而言，市场经济是一种法治经济。这是因为：第一，市场经济是契约经济，市场主体法律地位平等，遵守共同的市场规则，并且这种规则是由相应的法律手段和法律措施予以保障的；第二，市场经济是权利经济，市场主体的权利与义务，都是在市场机制作用下，通过市场主体的交易行为表现出来的，并且这种权利义务关系，是由相应的法律予以规范和调整的；第三，市场经济是法律经济，在市场经济条件下，法律是最根本的游戏规则，是唯一可以保障市场交易公正、公开、公平进行的调整手段。正是基于市场经济的上述特征，为了规范市场秩序，保证社会主义市场经济的健康发展，国家加强经济立法，完善宏观调控，依法禁止任何组织或者个人扰乱经济秩序。这些规定充分反映了市场经济是法治经济的特征，并为建立和健全社会主义市场经济体制提供了宪法保障。

二、社会主义政治文明建设

(一) 社会主义政治文明建设的内涵

所谓政治文明，是指人们改造社会所获得的政治成果的总和，是人们在一定社会形态中关于民主、自由、平等以及人的解放的实现程度的体现，是社会文明的重要组成部分，在很大程度上反映了一个社会、国家的文明水平。社会主义政治文明可分为政治民主化、政治公开化、政治法制化、政治科学化、政治高效化、政治清廉化六个层面。因此，巩固和完善中国特色社会主义政党制度是社会主义政治文明的根本保证，巩固和完善中国特色社会主义的国体是社会主义政治文明的本质要求，巩固和完善中国特色社会主义的政体是社会主义政治文明的基本方略。

实例链接

深圳区长差额选举改革引发海外关注

作为改革开放的排头兵和先行者，深圳走过了30年的风风雨雨。30年后的今天，它的这种使命仍没有结束。继大部制、事业单位改革之后，深圳市推动改革又有新举措，而这一次，它的步伐似乎更大。5 月 22 日，深圳市政府网站发布了一份名为《深圳市近期改革纲要（征求意见稿）》（下称《纲要》）的文件。《纲要》透露，深圳下一步拟推行市长差额选举。为积累经验，“先期在区政府换届中试行区长差额选举，扩大副区长选举的差额数量，候选人在一定范围内进行公开演讲、答辩”。深圳的这个举动引起了海外媒体和政情专家的关注。海外盛赞“党内民主”。

思考：1. 竞选在我国的引入，是否会改变国家性质？

2. 竞选在中国政坛上出现意味着什么？

资料来源：东方早报　深圳区长差额选举改革引发海外关注.（2008-06-20）［2017-04-28］http://news.hexun.com/2008-06-20/106848689.html

现代政治文明首先表现为一种法治文明，宪治状态是国家法治化程度的重要标准。依法治国的核心与实质是依宪治国。就我国现实而言，树立宪法权威是建设社会主义政治文明和法治文明的内在要求。只有将建设有中国特色的社会主义的历史进程建立在宪治的基础之上，才能保障经济发展、社会进步和政治稳定，才能保障人民的基本权利在不断发展的历史阶段得到进一步的完善和保障，我国的政治文明才能有一个制度保障和信仰基础。

（二）社会主义政治文明建设的基本内容

社会主义政治文明是坚持党的领导、人民当家做主和依法治国三者的有机结合，人民当家做主是社会主义政治文明的核心内容，是社会主义政治文明建设的出发点，又是社会主义政治文明建设的归宿；依法治国是社会主义政治文明建设的重要内容，是人民当家做主的体现和保障；党的领导则是实现人民当家做主和依法治国的根本保证。因此，党领导人民当家做主、依法治国，就是我国社会主义政治文明建设的基本内容。坚持党的领导、人民当家做主和依法治国三者的有机统一，也理所当然地成为我国建设社会主义政治文明的基本方针。我国现行宪法在体现社会主义政治文明建设的要求方面，大体上包含了以下内容：

1. 坚持党的领导与党的领导法治化

中国共产党是中国特色社会主义事业的领导核心，在当代中国，唯有中国共产党而没有其他政治力量，能够领导、组织和实施社会主义的物质文明、政治文明、精神文明、社会文明和生态文明建设。如此庞大的系统工程，对于一个法治理念、民主意识均来自传播而非本土的中国，执政党必然面临着严峻的考验，它必然对党的执政水平提出更高的要求，促使党围绕如何更好地领导人民当家做主、依法治国的主题，加强自身的思想建设，特别是关于政治思想和法律思想方面的建设，并加强制度建设，改革与完善党的领导方式和执政方式，提高党依法执政的能力，坚持党必须在宪法法律范围内活动。为此，2018 年宪法修正案将中国共产党的领导是中国特色社会主义最本质特征写入国家制度一章中，以此表明中国共产党与社会主义国家不可分的关系，从顶层制度设计上进一步明确了中国共产党的领导在我国社会主义制度的核心地位，是党的领导全面化、法治化的体现。

实例链接

不是没宪法常识，而是权力太好使了

面对“一把手”变成“一霸手”这一现象，我们说要制约、监督一把手，但与此同时

却又在不断地实行“集权”，不断地强化“一把手”权威。

思考：这样的权力配置通过什么途径能有效制约其滥用？

资料来源：默客. 不是没宪法常识，而是权力太好使了.（2008-01-14）［2017-04-28］http://view.news.qq.com/a/20080114/000001.htm

2. 人民当家做主

建设社会主义政治文明的根本途径是发展社会主义民主政治。我国《宪法》第1条规定：“中华人民共和国是工人阶级领导的、以工农联盟为基础的人民民主专政的社会主义国家。”第2条规定：“中华人民共和国的一切权力属于人民。人民行使国家权力的机关是全国人民代表大会和地方各级人民代表大会。”我国社会主义民主政治是通过人民代表大会制度、共产党领导的多党合作和政治协商制度、民族区域自治制度以及人民的直接民主制度实现的。我国社会主义民主政治有如下特征：

（1）我国社会主义民主是绝大多数人真实享有的民主；现行宪法总结中华人民共和国成立以来几部宪法的经验和教训，对我国公民的基本权利和义务作了全面适当的规定；

（2）我国社会主义民主是广泛的民主，广大人民群众依法享有管理国家与社会事务、管理经济与文化事业的权利，而且依法享有人身、言论、出版、集会和结社等自由权利，国家还为人民行使这些权利和自由提供物质的和法律的条件及设施；

（3）我国社会主义民主是在人民内部实行民主，对极少数反对、危害和破坏社会主义国家的敌对分子实行专政；

（4）我国社会主义民主实行民主集中制，要求人民群众按照这个原则行使管理国家和社会事务的权利，同时必须用国家法律约束自己。如《宪法》第2条规定：“人民依照法律规定，通过各种途径和形式，管理国家事务，管理经济和文化事业，管理社会事务。”这些特征表明，我国这种把内容与形式、民主与专政、民主与纪律、原则与实践统一起来的中国特色社会主义民主政治，充分体现了人民当家做主的本质。明确将社会主义民主和法制建设结合起来，使民主制度化、法制化。

3. 社会主义法治

政治文明包含法治文明，它与政治文明一样体现为思想、制度和行为文明三个方面。所以政治文明与法治文明无法分割，法治文明是政治文明的载体。为此，我国《宪法》第5条规定：“中华人民共和国实行依法治国，建设社会主义法治国家。”依法治国作为治国方略第一次写入宪法，昭示着我们的执政党、我们国家对法治有了深层次的认知。它必会推进我国民主制度化、法律化进程。为此，我国宪法就建设社会主义法治国家作了一系列规定。

一是规定了社会主义法治的总的原则。《宪法》第5条规定：“国家维护社会主义法制的统一和尊严。一切法律、行政法规和地方性法规都不得同宪法相抵触。一切国家机关和武装力量、各政党和各社会团体、各企业事业组织都必须遵守宪法和法律。一切违反宪法和法律的行为，必须予以追究。任何组织和个人都不得有超越宪法和法律的特权。”

二是为保障法制统一，完善立法体制和立法监督。《宪法》《地方各级人民代表大会和地方各级人民政府组织法》《立法法》《各级人民代表大会常务委员会监督法》等法律，对各级立法权和监督权作了明确规定：全国人民代表大会修改宪法，制定基本法律；全国人民代表大会常务委员会制定法律，对基本法律进行修改和补充；国务院有权制定行政法规；省、自治区以及省、自治区人民政府所在地的市和经国务院批准的较大的市的人民代表大会及其常委会有权制定地方性法规；民族自治地方的人民代表大会有权制定自治条例和单行条例；国务院所属的部、委可以制定行政规章（部委规章）；省、自治区、直辖市以及省、自治区人民政府所在地的市和经国务院批准的较大的市的人民政府可以制定地方规章；经授权的经济特区可以制定地方法规和规章。此外，特别行政区享有独立的立法权。在多层次的立法体制的同时，通过对立法的审批和备案，加强立法监督，以确保立法的质量，保证国家法制的统一。

三是确认了法律面前人人平等的原则。《宪法》第 33 条规定："中华人民共和国公民在法律面前一律平等。"

建设具有中国特色的社会主义政治文明的基础就是党的领导、人民当家做主和依法治国的统一。在我国，共产党领导不仅是历史选择和人民选择的必然结果，也是社会主义建设取得胜利的根本保证。过去如此，现在如此。但不可否认的是伴随着改革向纵深发展，我们的执政方式也同样面临改革完善，如何将党的领导方式和执政方式在宪法的范围内实现现代转型，是正确处理党的领导与法律至上（宪法至上）关系的重要命题，是 21 世纪政治体制改革的重要内容，也是建设社会主义政治文明、推进社会主义民主政治建设和法治建设的首要任务。

三、社会主义精神文明建设

所谓精神文明是指人类在改造客观世界的同时，主观世界得到改造、社会的精神生产和精神生活得到发展的成果。它表现为教育、科学、文化等事业的发达和人们思想、政治、道德水平的提高。不同的社会有不同的精神文明，人类迄今曾出现过奴隶社会的精神文明、封建社会的精神文明、资本主义社会的精神文明和社会主义社会的精神文明。

（一）精神文明建设的宪法地位

精神文明是建立在生产关系基础之上的，是同一定社会制度相适应的。我国现行宪法根据我国的实际，对社会主义精神文明建设的内容作出了规定，并把社会主义精神文明建设作为我国社会主义制度的一项基本内容和建设社会主义的一项根本任务，这是我国现行宪法的一个显著特点。党的十五大报告中也将社会主义精神文明建设作为建设有中国特色社会主义的基本要求，指出有中国特色的社会主义文化，就其主要内容来说，同改革开放以来我们一贯倡导的社会主义精神文明是一致的。文化相对于经济、政治而言，精神文明相对于物质文明而言。只有经济、政治、文化协调发展，只有两个文明都好，才是有中国特色的社会主义。

（二）宪法对精神文明建设的规定

我国现行宪法的一大特色就是对精神文明作出了系统、完整的规定。宪法对精神文明的规定，大致可以分为以下三个阶段：

第一阶段是宪法和宪法学的初创时期。这个时期宪法的主要内容是规定国家政权机关的组织、权限、相互关系，以及公民的基本权利和义务。世界上最早的成文宪法——《美利坚合众国宪法》没有关于精神文明的专门规定。欧洲第一部成文宪法——法国《1791 年宪法》虽然规定"应当设立和组织为全体公民所共有的公共教育"，但这一规定主要是针对宗教对教育制度的干预和把受教育视为特权的社会现实而规定的。

第二阶段是社会主义宪法和宪法学产生的时期。《1918 年苏俄宪法》是世界上第一部社会主义类型的宪法，这部宪法第一次明确规定了苏俄的社会制度，其中包括为工农提供免费教育等条款。但这部宪法尚未能够全面提出和规定精神文明建设的内容。1919 年的德国《魏玛宪法》是由自由资本主义向垄断资本主义过渡的标志，这部宪法对公民的受教育权等作出了规定，但对精神文明也未作出系统的规定。

第三阶段是我国现行宪法。现行《宪法》继承了《共同纲领》和 1954 年《宪法》关于社会主义文化、教育和社会公德的规定，总结了中共十一届三中全会以来的实践经验，从文化建设和思想建设两个方面全面系统地规定了社会主义精神文明建设的内容。

（三）精神文明建设的根本任务与主要内容

社会主义精神文明建设必须坚持以马列主义、毛泽东思想、邓小平理论、“三个代表”重要思想、科学发展观和习近平新时代中国特色社会主义思想为指导，坚持党的基本路线和基本方针，加强思想道德建设，发展教育科学文化事业，以科学的理论武装人，以正确的思想引导人，以高尚的精神塑造人，以优秀的作品鼓舞人，培养有理想、有道德、有文化、有纪律的社会主义公民。提高全民族的思想道德素质和科学文化素质，团结和动员各族人民把我国建设成为富强民主文明和谐美丽的社会主义现代化强国，实现中华民族伟大复兴。

实例链接

“除了接收简历的用人单位，还有一位考官在暗处给你打分，那就是你刚刚在等待处随手丢掉的方便面空盒。”随着中国企业用人机制的进一步成熟，企业更多关注员工的素质。在浙江省杭州市 2008 届高校毕业生就业招聘大会现场，很多用人单位表示，他们比往年更看重应聘者在细节方面表现的责任感。

思考：文化程度＝文明？你有何感想？

资料来源：柴燕菲，汪恩民. 招聘会垃圾满地 方便面空盒拷问大学生素质.（2008-01-20）[2017-04-28]. http://news.qq.com/a/20080120/000730.htm.

1. 文化建设

文化建设是社会主义精神文明建设的重要内容，它的意义在于：文化建设是物质文明建设的重要条件。在科学技术高速发展的今天，文化事业的发达程度对物质文明发展的广度、深度和速度具有重要意义。文化建设是提高人民群众民主意识、法治观念、思想道德觉悟水平的重要条件。文化建设是推动历史进步的一种力量，也是一个民族文明水平的重要标志。实现社会主义现代化建设必须大力发展教育科学文化事业，发扬尊重科学和追求知识的精神，努力在全民族范围内普及和提高教育科学文化。文化建设的基本内容包括以下几个方面：

（1）发展社会主义教育事业。社会主义教育事业是实现社会主义现代化建设的基础，是整个精神文明建设中的基本建设，也是整个文化建设事业中最重要的内容。《宪法》规定：“国家举办各种学校，普及初等义务教育，发展中等教育、职业教育和高等教育，并且发展学前教育。国家发展各种教育设施，扫除文盲，对工人、农民、国家工作人员和其他劳动者进行政治、文化、科学、技术、业务的教育，鼓励自学成才。国家鼓励集体经济组织、国家企业事业组织和其他社会力量依照法律规定举办各种教育事业。国家推广全国通用的普通话。”现行《宪法》从大力发展正规的学校教育、大力开展社会教育、鼓励社会力量举办各种教育事业、推广全国通用的普通话四个方面，比较全面地规定了发展我国社会主义教育事业的方针政策。国家制定了《中华人民共和国教育法》《中华人民共和国义务教育法》《中华人民共和国教师法》等，系统地规定了教育领域的基本问题。

（2）发展科学事业。科学包括自然科学和社会科学两大类。自然科学在发展生产力中的巨大作用已为人们所认识。实践证明，社会科学的发展对于巩固和发展社会主义制度，推动历史前进和人的全面发展具有极其重要的意义。因此，《宪法》规定国家发展自然科学和社会科学事业。为了加速我国科学事业的发展，《宪法》还规定国家要普及科学和技术知识，奖励科学研究成果和技术发明创造。

（3）发展医疗卫生体育事业。医疗卫生事业和体育事业的发展是建设社会主义精神文明的重要组成部分。它是一国文明状况的重要标志之一。中华人民共和国成立以来，我国的医疗和体育事业得到了很大的发展，烈性传染病和一些地方病已经被消灭，人民健康水平日益提高，人口平均寿命比中华人民共和国成立前提高了一倍以上，体育事业取得了举世瞩目的发展，我国现已成为世界体育大国。《宪法》规定：“国家发展医疗卫生事业，发展现代医药和我国传统医药，鼓励和支持农村集体经济组织、国家企业事业组织和街道组织举办各种医疗卫生设施，开展群众性的卫生活动，保护人民健康。国家发展体育事业，开展群众性的体育活动，增强人民体质。”目前，伴随着国家经济实力的加强，全民医保事业正在有序全面地展开。

（4）发展文化事业。文学艺术是人民群众精神生活中不可缺少的重要部分，它在陶冶情操、培养健康的情趣、提高艺术鉴赏力和审美水平、树立崇高思想、坚定共产主义信念等方面都具有独到作用；新闻、广播、电视事业，出版发行事业，图书馆、博物馆和文化馆事业是宣传马列主义、党和国家的政策、法律，传播科学文化知识，进行精神文明建设的重要途径；健康、愉快、生动活泼、丰富多彩的群众性娱乐活动，可以使人们在紧张劳动之余得到高尚趣味的精神享受；名胜古迹、珍贵文物和其他重要历史文化遗产是我国的国宝，是我国人民千百年来劳动和智慧的结晶，反映了各个时代的物质文明和精神文明。对于吸收民族文化、继承革命传统和发展旅游业都有重要作用。因此，《宪法》规定：“国家发展为人民服务、为社会主义服务的文学艺术事业、新闻广播电视事业、出版发行事业、图书馆博物馆文化馆和其他文化事业，开展群众性的文化活动。国家保护名胜古迹、珍贵文物和其他重要历史文化遗产。”

2. 思想道德建设

思想道德建设决定着精神文明建设的社会主义性质，保证着整个社会主义现代化建设的方向。现行《宪法》在第24条中提出了社会主义思想道德建设的基本要求，国家倡导社会主义核心价值观，提倡爱祖国、爱人民、爱劳动、爱科学、爱社会主义，并使“五爱”在社会生活的各个方面体现出来，在全国各民族之间，工人、农民和知识分子之间，军民之间，干部群众之间，家庭内部和邻里之间，以及人民内部一切相互关系上，建立和发展平等、团结、友爱、互助的社会主义新型关系。我国还处在社会主义初期阶段，要把先进性的要求和广泛性的要求结合起来，把长期性和阶段性的要求结合起来。

实例链接

“范跑跑”事件

都江堰的范美忠老师在汶川地震时“甩”了学生后一个人跑到操场上，后来自己写了一篇回忆与思考类的文章：“我是一个追求自由和公正的人，却不是先人后己勇于牺牲自我的人！在这种生死抉择的瞬间，只有为了我的女儿我才可能考虑牺牲自我，其他的人，哪怕是我的母亲，在这种情况下我也不会管的。因为成年人我抱不动，间不容发之际逃出一个是一个，如果过于危险，我跟你们一起死亡没有意义；如果没有危险，我不管你们也没有危险，何况你们是十七八岁的人了！”“这或许是我的自我开脱，但我没有丝毫的道德负疚感，我还告诉学生，‘我也绝不会是勇斗持刀歹徒的人！’‘先人后己和牺牲是一种选择，但不是美德！’……”

他面对记者侃侃而谈，“《教育法》并没有规定在地震时，老师一定要救学生”“地震不是我造成的，我无须内疚”，云云。

思考：1.“先人后己和牺牲是一种选择，但不是美德！”对该提法你如何看待？

2. 试从道德与法两个方面评价范美忠。

资料来源：黄岐山. 范美忠“范跑跑”事件.（2008－05－22）[2017－04－28]. http://www.lssdjt.com/d/20080522m1.html.

依据《宪法》的规定，思想道德建设的基本内容主要包括以下几方面：

（1）培养“四有”公民。《宪法》规定：“国家通过普及理想教育、道德教育、文化教育、纪律和法制教育，通过在城乡不同范围的群众中制定和执行各种守则、公约，加强社会主义精神文明建设。”理想教育的内容包括共同理想和最高理想。现阶段我国各族人民的共同理想是建设有中国特色的社会主义，把我国建设成为文明、民主、富强的社会主义现代化国家；最高理想是建立各尽所能、按需分配的共产主义社会。道德教育的内容包括社会主义道德和共产主义道德。文化教育的内容包括普及历史教育、自然科学及社会科学知识。法治教育的内容是要求人们遵守法律，各种形式的守则和公约是人民群众自治性的行为准则。因此，宪法规定的基本精神是使全体公民都成为有理想、有道德、有文化、守纪律的公民。

（2）国家倡导社会主义核心价值观，提倡“五爱”的社会公德。现行《宪法》发展了《共同纲领》中关于国民“五爱”的要求，明确提出国家“提倡爱祖国、爱人民、爱劳动、爱科学、爱社会主义的公德”。这一规定反映了我国在进入社会主义社会之后，广大人民为实现社会主义现代化的宏伟目标而奋斗的共同要求。社会主义核心价值观是富强、民主、文明、和谐、自由、平等、公正、法治、爱国、敬业、诚信、友善。

（3）进行马克思主义教育。《宪法》规定，要在全国人民中进行“共产主义的教育”“辩证唯物主义和历史唯物主义的教育”。

（4）反对各种腐朽的思想。社会主义思想道德建设必然要批判地继承人类历史上一切优良的道德传统，并要同各种腐朽思想道德作斗争。我国现阶段在社会关系中还存在损人利己、损公肥私、金钱至上、以权谋私、崇洋媚外等资本主义思想，存在宗法观念、特权思想、专制作风、拉帮结派、男尊女卑等封建遗毒和其他腐朽思想。从社会生活各方面克服这些腐朽思想的影响，是依法治国、建设社会主义法治国家的重要内容。因此，《宪法》

规定要“反对资本主义的、封建主义的和其他的腐朽思想”。

四、社会主义社会文明建设

所谓社会文明是指社会领域的进步程度和社会建设的积极成果，包括社会主体文明、社会关系文明、社会观念文明、社会制度文明、社会行为文明等方面的总和。社会文明是人类文明的一种形态。社会文明发展水平是社会发展程度的外在体现，也是人民获得感、幸福感、安全感的重要影响因素。

社会文明有广义和狭义两种解释。从广义而言，社会文明指人类社会的开化状态和进步程度，是人类改造客观世界和主观世界所获得的积极成果的总和，是物质文明、政治文明、精神文明和生态文明等方面的统一体。狭义的社会文明是指社会领域的文明，是人类文明的社会层面，它是与物质文明、精神文明、政治文明、生态文明并列的，是 2018 年我国宪法修改所提出建设的“五大文明”之一。我们日常谈到的社会文明主要是指狭义的社会文明。具体来说，狭义的社会文明包括社会主体文明（个人发展、家庭幸福、邻里和谐、社会和谐）、社会关系文明（人际关系、家庭关系、邻里关系、社团关系、群体关系）、社会观念文明（社会伦理、社会心理、社会风尚、社会道德）、社会制度文明（社会制度、社会体制、社会政策、社会法律）、社会行为文明（社会活动、社会工作、社会管理）等方面的总和。由此可以看出，小到个人方寸之内的家事、琐事，大到整个社会的政策、制度等方面，都属于社会文明的管理协调范围。社会文明存在于我们社会生活的方方面面，与日常生活息息相关。

社会文明是古往今来人们的共同理想。“各亲其亲，各子其子”“上下有序、家庭和睦”“笃父子”“睦兄弟”“和夫妇”“和平的环境，安定的社会”“闭而不兴，盗窃乱贼而不作”“外户而不闭”“路不拾遗”“夜不闭户”等都是人们理想中的社会文明现象。

社会文明是社会主义的重要目标和重要特征。恩格斯说“文明是实践的事情，是一种社会品质”。英国空想社会主义者欧文把他试验的“新和谐公社”称为“文明和谐的社会制度”。德国空想社会主义者魏特林将资本主义社会称作“病态社会”，将未来社会主义称为“和谐与自由”的社会。马克思、恩格斯批判地继承和发展了空想社会主义者的“和谐”与“文明”的思想，把文明作为社会主义的目标和特征。

社会文明是我国社会主义文明体系不可或缺的重要组成部分。改革开放初期，中国普遍存在着“物质文明一手硬，精神文明一手软”的偏向。针对这种情况，邓小平同志提出“两个文明建设，必须两手抓，两手都要硬”的思想，从此中国的文明建设走上了物质文明与精神文明协调发展的正确道路。党的十三大将“富强、民主、文明”作为社会主义现代化建设的内涵。此后，在党的基本路线中，“文明”一直是其中一个重要内容。2007 年中国共产党十七大召开，进一步提出了建设物质文明、精神文明、政治文明、生态文明、社会文明“五位一体”协调发展的和谐社会新目标。2012 年党的十八大提出的社会主义核心价值观，把“文明”确定为国家层面的价值目标。党的十九大报告指出，“把我国建设成为富强民主文明和谐美丽的社会主义现代化强国”。2018 年 3 月 11 日宪法修正案确定在新时期我国的总目标为“推动物质文明、政治文明、精神文明、社会文明、生态文明协调发展，把我国建设成为富强民主文明和谐美丽的社会主义现代化强国，实现中华民族伟大复兴”。“文明”成为社会主义现代化强国不可分割的一部分。

党和政府在社会文明建设方面出台了许多举措，不仅在宏观政策上越来越重视，在操作上也发扬务实精神，立足抓细抓小。全国文明城市、文明村镇、文明单位评比的社会影响举足轻重，全国文明家庭评选屡屡传为美谈，这些国家层面的文明创建活动越来越受到各界重视，相关测评指标体系不断完善。

近年来，社会文明在公众舆论中的关注热度不断上升，提高社会文明程度日益成为新的期待。人们对社会不文明现象的容忍度越来越低，一些很小的不文明事件往往成为社会热点，如公交车上的让座纠纷。与此同时，人们对社会文明建设的参与度越来越高，一些文明城市创建活动在当地引起强烈反响，相关话题持续热炒。在社会行为层面，社会文明的影响也越来越显著：在当今这个流动的时代，人们在选择居住和工作地时，社会文明程度往往成为重要的、有时甚至成为决定性的考量因素。显然，当物质水平提高到一定程度后，金钱带给人们的满足感将呈下降趋势，而社会文明程度却越来越左右人们的获得感和幸福感。

应该看到，我国整体的社会文明水平还有不足之处，正如习近平总书记在党的十九大报告中分析面临的困难和挑战时指出的，"社会文明水平尚需提高"。全面提高社会文明发展水平是国家发展的需要，是人民的共同期盼。习近平在党的十九大报告中指出：要把社会主义核心价值观融入社会发展各方面，转化为人们的情感认同和行为习惯。要提高人民思想觉悟、道德水准、文明素养，提高全社会文明程度。

实例链接

有位网友爆料了自己在高铁上经历的一件事——当时高铁上来了一批刚刚从军校毕业的学员，几乎占满了整个车厢的位置。买到票了有座位这是天经地义的事，可没想到，不一会儿旁边的一些没有买到坐票的乘客怨声载道，嘟嘟囔囔的小声说"当兵的都不给让座"，随后还有乘客附和"你以为当兵的会像电视剧中演的那样给你让座？好人没有那么多！"。随后火车开动，行驶基本稳定后，这些新兵中有人喊了一声"给没有座位的人让个座"，身着军装的学员们统统站了起来。

资料来源：(2018-01-25)［2018-04-02］http://ent.china.com/star/gang/11057089/20180125/32006440.html.

思考：从法律和道德的角度评价该事件。

五、社会主义生态文明建设

所谓生态文明是指人类遵循人、自然、社会和谐发展这一客观规律而改造生态环境的积极成果的总和，以人与自然、人与人、人与社会和谐共生、良性循环、全面发展、持续繁荣为基本宗旨。生态文明建设的目的就是使经济与资源、环境相协调，实现良性发展，走生产发展、生活富裕、生态环境良好的文明发展道路，保证一代接一代永续发展。生态文明建设是中国特色社会主义事业的重要内容，关系人民福祉，关乎民族未来，事关"两个一百年"奋斗目标和中华民族伟大复兴中国梦的实现。生态文明建设其实就是把永续发展提升到绿色发展高度。

生态文明建设是党的十八大报告里正式提出来的，党的十八大报告正式把中国特色社会主义的总体布局从经济、政治、文化、社会这四位一体变为经济、政治、文化、社会、生态五位一体。

（一）生态文明建设在我国社会主义现代化布局中的战略地位

生态文明建设是习近平新时代中国特色社会主义思想重要组成部分。党的十九大指出，中国特色社会主义进入新时代，我国社会主要矛盾已经转化为人民日益增长的美好生活需要和不平衡不充分的发展之间的矛盾。文明的存在和发展依赖于生态。建设生态文明，是关系人民福祉、关乎民族未来的长远大计。面对资源约束趋紧、环境污染严重、生态系统退化的严峻形势，必须树立尊重自然、顺应自然、保护自然的生态文明理念，把生态文明建设放在突出地位，融入经济建设、政治建设、文化建设、社会建设各方面和全过程，努力建设美丽中国，实现中华民族永续发展，是中华民族伟大复兴的应有之意。人类命运共同体思想包括建立“清洁美丽的世界”“构筑尊崇自然、绿色发展的生态体系”。

（二）生态文明建设的目标与内容

美丽中国建设是我国生态文明建设的目标。内容是人与自然的和谐统一。

1. 人与自然和谐的文化价值观

树立符合自然生态法则的文化价值需求，体悟自然是人类生命的依托，自然的消亡必然导致人类生命系统的消亡，尊重生命、爱护生命并不是人类对其他生命的施舍，而是人类自身进步的需要，把对自然的爱护提升为一种不同于人类中心主义的宇宙情怀和内在精神信念。

2. 生态系统可持续前提下的生产观

遵循生态系统是有限的、有弹性的和不可完全预测的原则，人类的生产劳动要节约和综合利用自然资源，形成生态化的产业体系，使生态产业成为经济增长的主要源泉。物质产品的生产，在原料开采、制造、使用至废弃的整个生命周期中，对资源和能源的消耗最少、对环境影响最小、再生循环利用率最高。

3. 满足自身需要又不损害自然的消费观

提倡“有限福祉”的生活方式。人们的追求不再是对物质财富的过度享受，而是一种既满足自身需要又不损害自然，既满足当代人的需要又不损害后代人需要的生活。这种公平和共享的道德，成为人与自然、人与人之间和谐发展的规范。

（三）生态文明体制改革的内容

我们要建设的现代化是人与自然和谐共生的现代化，既要创造更多物质财富和精神财富以满足人民日益增长的美好生活需要，也要提供更多优质生态产品以满足人民日益增长的优美生态环境需要。必须坚持节约优先、保护优先、自然恢复为主的方针，形成节约资源和保护环境的空间格局、产业结构、生产方式、生活方式，还自然以宁静、和谐、美丽。

1. 推进绿色发展

加快建立绿色生产和消费的法律制度和政策导向，建立健全绿色低碳循环发展的经济体系。倡导简约适度、绿色低碳的生活方式，反对奢侈浪费和不合理消费，开展创建节约型机关、绿色家庭、绿色学校、绿色社区和绿色出行等行动。

2. 着力解决突出环境问题

坚持全民共治、源头防治，持续实施大气污染防治行动，打赢蓝天保卫战。涉及水污染防治、土壤污染管控和修复、农村人居环境整治、固体废弃物和垃圾处置。提高污染排放标准，强化排污者责任，健全环保信用评价、信息强制性披露、严惩重罚等制度。构建

政府为主导、企业为主体、社会组织和公众共同参与的环境治理体系。积极参与全球环境治理，落实减排承诺。

3. 加大生态系统保护力度

实施重要生态系统保护和修复重大工程，优化生态安全屏障体系，构建生态廊道和生物多样性保护网络，提升生态系统质量和稳定性。建立市场化、多元化生态补偿机制。

4. 改革生态环境监管体制

加强对生态文明建设的总体设计和组织领导，设立国有自然资源资产管理和自然生态监管机构，完善生态环境管理制度，统一行使全民所有自然资源资产所有者职责，统一行使所有国土空间用途管制和生态保护修复职责，统一行使监管城乡各类污染排放和行政执法职责。构建国土空间开发保护制度，完善主体功能区配套政策，建立以国家公园为主体的自然保护地体系。坚决制止和惩处破坏生态环境行为。

“五个文明”共同构成文明系统整体，协调发展，相互影响，相互制约，是一个完整而全面的文明体系。生态文明是“五个文明”系统中的前提，物质文明是“五个文明”系统中的基础，政治文明是“五个文明”系统中的保障，精神文明是“五个文明”系统中的灵魂，社会文明是“五个文明”系统中的目的。强调“五个文明”共同发展、协调发展，是对人类社会发展趋势的正确回应，是我们党科学发展、和谐发展理念的再一次升华，必将为全面建成小康社会发挥不可估量的作用。

第三节　政权组织形式

一、政权组织形式概述

（一）政权组织形式的概念

政权组织形式又称政体，是指一国统治阶级按照一定的原则建立起来的行使国家权力、实现国家统治和管理职能的政权机关的组织与活动体制。就本质而言，国家政权组织形式是试图在不同国家机关之间建立分权制衡关系，以约束公共权力及公共官员，以保证国家一切权力属于人民的国家性质得以实现。

知识拓展

雅典哲学家柏拉图最早对政体进行了划分，他在《理想国》中指出城邦政治可分为四种类型，即荣誉政体、平民政体、寡头政体、僭主政体，但这四种政体一律都是坏的，最好的政体是哲学家的统治。亚里士多德则认为，政体就是城邦中各种权力尤其是最高权力的分配和组织方式，政体事实上也就是政府。政体之所以不同，是由于城邦是由若干不同部分组成的以及这些组成部分之间有不同的配合方式。城邦政体据此可以分为六种，即三种正宗政体：君主政体、贵族政体、共和政体，三种变态政体：僭主政体、寡头政体、暴民政体。他认为正宗政体是好的政体，在各种正宗政体中，中产阶级执政的共和政体是最好的政体。

资料来源：焦洪昌．宪法学［M］．北京：北京大学出版社，2010：220.

政权组织形式的含义具体表现在以下两个方面。

1. 政权组织形式是国家最重要的外在表现形态

国家是一种复杂的社会现象，是通过内在和外在的多种途径与形式反映在人们面前的。经济基础、阶级结构、文化制度等是国家在内在特征方面的反映，而政体、国家结构形式和国家标志等则是国家在外在特征方面的反映。在国家的多种外在表现形态中，与国家的阶级本质——国体联系最为密切的是政权组织形式，对此，毛泽东在《新民主主义论》中指出："至于还有所谓'政体'问题，那是指的政权构成的形式问题，指的一定的社会阶级取何种形式去组织那反对敌人保护自己的政权机关。没有适当形式的政权机关，就不能代表国家。"① 没有一定组织形式的政权机关，国家就不能有效地实现统治，因此，掌握国家政权的各国统治阶级，无一例外地都要根据本国的实际情况和现实需要，采取与自己国家政权的性质相适应的政权组织形式，以实现国家的各项职能。由此可见，政权组织形式不仅是国家最主要的外在表现形态，也是与国家同时产生、同步发展、密不可分的一种社会现象。

2. 政权组织形式是国家政权机关组织和活动的有机体制

政权组织形式不是国家政权机关的简单组合，而是由统治阶级按照一定的原则建立起来的一种逻辑严密的有机体制。一方面，在形式选择上，它要与国家的阶级本质、民族特点、历史传统等相适应，体现为一种特定的君主制、共和制或其他体制，以实现该国统治阶级对国家的统治和管理。另一方面，在内容构成上，它要涉及国家政权机关组织和活动的各个方面，使各机关能够形成统一的有机整体，相互协调地行使国家权力。具体来讲，在内容上，政权组织形式至少应当包括设立哪些国家政权机关，按照什么样的原则组织国家政权机关，如何在各国家政权机关之间进行权力配置，各国家政权机关如何行使配置给自己的权力，如何处理各国家政权机关之间的相互关系等问题。只有原则明确、结构严密、内容充实、程序合理、能够实际运作的政权组织形式，才能保障国家权力按照统治者的预期目标实施。

政权组织形式的内容包括：国家权力的划分；国家机关的组织形式（包括国家机关的产生、设立的原则和构成方式、国家机关的权限划分及相互关系）；此外，政权组织形式作为国家政治信息的传播媒体、国家政治生活的载体，也是民主和效率的调节器，所以政权组织形式的内容也包括人民同国家机关之间的关系。正因为如此，政权组织形式是特定国家统治制度的最基本的表现。

（二）政权组织形式与国家性质的关系

在西方的国家学说中，思想家们普遍认为政权组织形式与国家性质之间没有必然联系，因此一般也就很少探讨政权组织形式与国家性质的关系。而马克思主义的国家学说则认为，政权组织形式与国家性质之间存在着密不可分的内在联系：国家性质决定政权组织形式，政权组织形式必须与国家性质相适应，并服务于国家性质。以国家性质为基础去研究政权组织形式，强调政权组织形式与国家性质之间的内在联系，是马克思主义国家学说关于政权组织形式理论的一个重要特点。

根据马克思主义的国家学说，政权组织形式与国家性质都是国家制度的重要组成部

① 毛泽东. 毛泽东选集：第2卷［M］. 北京：人民出版社，1991：677.

分，分别从形式和内容两个方面来反映、体现国家这一社会现象，二者之间的关系极为密切。这种关系具体表现在以下三个方面。

1. 政权组织形式与国家性质都是国家制度的重要组成部分

国家是阶级专政的工具，掌握国家政权的统治阶级总是要根据本国的实际需要，建立与自己的国家性质相适应的政权组织形式。国家性质是国家的内在表现形态，政体是国家的外在表现形态，任何国家都是由一定的国家性质与一定的政权组织形式构成的统一体。没有只包含国家性质的国家，也没有只包含政权组织形式的国家。没有国家性质，国家就无从存在；没有政权组织形式，国家也就无从体现。

2. 国家性质是政权组织形式存在和发展的基础，决定着政权组织形式的存在形态

从本质上讲，国家从来都是阶级压迫和阶级专政的工具，是统治阶级用以达到统治目的的一种暴力机器。包括国家政权组织形式在内的一切国家形式都必须服从统治阶级的需要，为统治阶级实现其统治目的服务。这就是说，政权组织形式是由国体所决定的，有什么性质的国家，就要求有什么样的政权组织形式与之相匹配。因此，国家的性质不同，统治的目的不同，政权组织形式的差异就比较大；而同一类型的国家的政权组织形式也存在差异，但这种差异与不同类型国家间的差异相比，要小得多。而国家性质的变化往往要引起政权组织形式的变化。

3. 政权组织形式是国家性质的体现和反映，对国家性质有能动的反作用

政权组织形式是国家统治阶级的基本要求在国家形式上的重要体现和反映，但它并不是简单地体现和反映国家性质，而是在体现和反映国家性质的同时对国家性质发挥能动的反作用。这种反作用主要表现为两种情况：一是当政权组织形式适合于国家性质的时候，它对国家性质的反作用表现为保护作用。这时国家政权得到巩固，政治稳定，经济发展，统治阶级能够达到其统治目的。二是当政权组织形式不适合于国家性质的时候，它对国家性质的反作用就表现为破坏作用。这时不是对政权组织形式的具体环节进行改革和完善，而是最终引发动乱或者革命，通过政权更迭来改变国家性质，从根本上解决问题。只有适应国家性质的发展状况，不断地变革、完善现有的政权组织形式，才能使政权组织形式更好地为国家性质服务，达到良好的统治效果。

（三）政权组织形式的种类

政权组织形式是国家制度的重要组成部分。作为国家统治的主要的外在表现形式，政权组织形式是与国家的产生同步发展的，也是随着人类的政治、经济、文化的发展逐步完善的。在历史上，国家的政治体制可归纳为君主制和共和制。现代国家本质上存在资本主义与社会主义之分，以下是对其进行的具体阐述。

1. 资本主义国家的政权组织形式

资本主义国家的政体包括君主立宪政体与共和政体。

（1）君主立宪制。君主立宪制又称为有限君主制，是以君主或国王为国家元首，国家最高权力实际上或者名义上由世袭的君主一人掌握的政权组织形式。

实行君主立宪制的国家，作为国家元首的君主是终身的、世袭的，拥有一定的国家权力，但这些权力的行使依照宪法的规定受到一定程度的限制。一般来说，君主立宪政体是资产阶级和封建势力相妥协的产物，也是资产阶级革命不彻底的表现。其主要标志是：君主受宪法和议会的限制较大，往往是“临朝而不理政”或“统而不治”的象征性国家元

首；议会是最高立法机关，内阁掌握实际行政权力；内阁由议会产生，向议会负责。例如比利时、瑞典、荷兰和日本等。还有一些国家资产阶级力量弱小，封建势力强大，同时封建势力又资产阶级化了，从而建立起君主立宪政体。其主要标志是：君主掌握着国家的主要权力，议会只是作为君主的咨询、协商机构而起次要作用；内阁首相由君主直接任命，内阁的组成不是取决于议会中政党所占的议席，内阁不对议会负责，而是对君主负责；君主的权力基本不受议会约束，君主有权解散议会，否决议会决议，不经议会而颁布非常命令。例如摩洛哥、约旦、尼泊尔（2008 年 5 月 28 日宣布成为共和制国家）等。

（2）共和制国家的政权组织形式。共和制是指国家的最高权力实际上或名义上都不属于一人所有，而由选举产生并有一定任期的国家机关掌握的政体。资本主义国家的共和制政体，按其特点可分为议会制、总统制和委员会制三种形式。

议会制也称为责任内阁制，是资产阶级共和政体中以议会为国家最高机关的政权组织形式。意大利、德国等国家是实行议会制的典型，其主要特点是：议会在国家生活中占主导地位；内阁由议会产生，向议会负责；总统由选举产生，一般不掌握实际权力，只为名义上的国家元首。

总统制是以总统为国家元首兼政府首脑的政权组织形式，最早实行于美国，其后其他一些国家也模仿美国采用了总统制，在实践中有美国式总统制和法国式总统制两种典型形式。美国式总统制的主要特点是：总统由民选产生，对选民负责，既是国家元首，又是政府首脑，在国家生活中占有主导地位；军事、内政、外交等行政权由总统实际掌握，各部长经议会同意由总统任免，重大决策由总统作出；总统不对议会负责，也无权解散议会；总统对议会和法院有一定的制约权。议会行使立法权，对总统行使一定的制约权，可以依法对总统提出弹劾并予以定罪，但无权罢免总统。法院行使违宪审查权，对议会立法和总统行使职权实行制约。法国式总统制不同于美国式的总统制，它是一种兼有议会制特点的总统制，通常被称为“半总统制”。其主要特点是：首先，总统既是国家元首，又主宰行政大权，同时还设有政府总理；其次，政府对议会负责，议会可以谴责政府，当议会对政府提出不信任案或否决政府的施政纲领时，总理必须向共和国总统提出政府总辞职；最后，总统由选民直接选举产生，总统除享有召集议会特别会议、公布法律、发布命令、赦免和外交等一般国家元首的权力外，还享有任命总理和政府部长、主持内阁会议、不经总理直接颁布紧急命令、发布总统咨文、否决议会的议案、解散议会以及统率军队等特别权力。

委员会制是瑞士采用的一种政权组织形式，它自 1847 年由《瑞士宪法》确认以来，一直沿用至今，其间没有发生大的变化。它在世界上独树一帜，是共和制政体中的一个特别典型。其主要特点是：联邦委员会是瑞士的最高行政机关，委员会由联邦议会参、众两院联席会议选出 7 名委员组成，任期 4 年，可以连选连任。当选委员不一定是议员，如果是议员则必须放弃议员资格。委员会选举正、副主席各 1 人。主席兼任联邦总统，任期 1 年，不得连任，期满后由副主席升任主席，再另选出新的副主席。主席的权限对外仅限于履行诸如接待外国元首和使者等各种礼节性的职责，对内除开会时担任主席外，与其他委员的权利相同。一切重大问题都要由 7 名委员合议，并以委员会的名义执行决议。联邦委员会设 7 个部，7 名委员兼任各部部长。议会行使立法权，有权否决委员会的某项政策或提案，但议会否决委员会的某项政策或提案时，委员会不必因此而辞职。同时，联邦委员会是议会的执行机关，它无权解散议会，必须服从和执行联邦议会的决议。

2. 社会主义国家的政权组织形式

自俄国十月革命胜利之后，一系列社会主义国家相继建立，社会主义国家的基本特征是生产资料的公有制，广大人民群众掌握了政权，其性质是无产阶级专政或人民民主专政。这就在客观上决定了社会主义国家的政权组织形式必须与社会主义国家的这些基本特征相适应。因此，马克思主义认为，社会主义国家都只能采用共和制政权组织形式。

社会主义国家的共和制政权组织形式与资本主义国家的共和制政权组织形式有本质的不同。这主要表现在以下几个方面：

（1）赖以建立的经济基础不同。社会主义国家的共和制政权组织形式是建立在生产资料公有制基础之上，为社会主义经济制度服务的；而资本主义国家的共和制政权组织形式是建立在生产资料私有制基础之上，并为资本主义经济制度服务的。

（2）体现的阶级本质不同。社会主义国家的共和制政权组织形式与无产阶级专政或人民民主专政的国家本质相适应。它以工人阶级为领导，以工农联盟为基础，吸收广大人民群众参加国家管理，对人民实行民主，对敌人实行专政。而资本主义国家的共和制政权组织形式则与资产阶级专政的阶级本质相一致。它使垄断资产阶级掌握政权，对资产阶级实行民主，对广大人民实行专政。

（3）组织和活动原则不同。社会主义国家的共和制政权组织形式是按照民主集中制原则组织和活动的，实行的是人民代表制。人民代表机关代表人民集中行使国家权力，它在国家机关体系中居于首要地位，组织、领导和监督其他国家机关开展工作、行使职权，不受其他国家机关的牵制。资产阶级国家的共和制政权组织形式不论是议会制、总统制或委员会制，都根据“三权分立”的原则组织和活动，议会与行政机关、司法机关的关系是一种“制衡”关系，即议会、政府与法院三类国家机关之间互相牵制、互相平衡。

（4）民主的范围和形式不同。与社会主义国家的共和制政权组织形式相伴随的社会主义民主是一种新型的民主，即绝大多数人享有的民主。对生产资料的共同占有使人民不仅在形式上，而且在实质上都有可能平等地享有管理国家政治、经济、文化和教育等各项事务的权力，以及宪法和法律规定的各项权利和自由，这是国家一切权力属于人民原则的具体表现。而与资产阶级国家的共和制政权组织形式相伴随的资产阶级民主只是一种形式上的民主，只是对资产阶级等少数人实行的民主。从根本上说，对生产资料占有上的不平等使人民不可能真正平等地享有宪法和法律规定的政治、经济、文化、教育等各项权利和自由。

在实践中，各社会主义国家无一例外都根据马克思主义的国家学说，建立了自己的共和制政权组织形式。由于社会主义各国的具体历史条件存在着一定的差异，各社会主义国家的共和制政权组织形式的具体表现也不尽相同，如苏联实行苏维埃制，朝鲜实行人民会议制，中国实行人民代表大会制度。社会主义各国的共和制政权组织形式在具体表现上虽然有所不同，但在实质上并没有根本性区别。它们的共同特点主要体现在以下几个方面：第一，都以国家的一切权力属于人民为基础。人民是国家的主人，人民通过直接或间接选举的方式选举代表组成各级国家权力机关，行使管理国家和社会的一切权力。第二，都实行民主集中制原则。国家行政机关、监察机关、军事机关、检察机关、审判机关都由国家权力机关产生，向它负责并受它监督。第三，都坚持共产党在国家政权组织体制中的领导地位。虽然各社会主义国家的政党制度存在着一定的差别，但共产党是国家唯一的执政党，是社会主义国家的共同特点。各社会主义国家都坚持共产党在国家政权组织体制中的领导地位，共产党通过对国家政权组织实行政治上、思想上、组织上的领导，保证社会主义国家政权朝着正确的方向发展。

二、我国的政权组织形式是人民代表大会制度

（一）人民代表大会制度的概念及构成环节

1. 人民代表大会制度的概念

人民代表大会制度是我国人民在中国共产党的领导下，总结长期革命斗争中政权建设的历史经验而创设的具有中国特色的政权组织形式。它是指人民代表大会作为整个国家权力体系的核心，由人民代表大会依据民主集中制原则组织产生其他国家机关，其他国家机关对其负责、受其监督的政权体制。人民代表大会制度是我国的根本政治制度，其核心是国家的一切权力属于人民。

知识拓展

人民代表大会制度是经我国人民长期的政权建设实践，由第一次国内革命战争时期的“农民协会”“罢工工人代表大会”制度，第二次国内革命战争时期的“工农兵苏维埃代表大会”制度，抗日战争时期的“参议会”制度和第三次国内革命战争时期的“人民代表会议”制度等逐步发展而形成的一种政治制度。中华人民共和国成立时的《共同纲领》和我国后来的历部宪法都将它确定为我国的政权组织形式。

资料来源：人民代表大会制度.（2015－02－03）［2017－04－28］. http://study.ccln.gov.cn/fenke/faxue/fxxkct/156649.shtml.

以人民代表大会制度为代表的社会主义代议制民主共和政体具有以下显著的特征：

（1）国家的一切权力属于人民。这是社会主义民主共和政体的实质。虽然资本主义宪法也主张“主权导源于全国国民的公意”的主权在民原则，但其实质正如马克思、恩格斯、列宁所批判的一样，资产阶级议会只代表少数有产者的利益，而非代表民意，是虚假的、“清谈的”。而在人民代表大会制下，占社会绝大多数的全体人民以普选方式选举代表组成人民代表大会，真正有效行使国家权力。

（2）人民代表大会制度坚持民主集中制。马克思主义认为，权力集中于民意代表机关是民主的表现，体现了国家权力与人民权力的统一。行政权、司法权从属于立法权有利于提高效率，而“三权分立”则由于三权平衡，难免议行相悖，从而影响管理和决策的效率。而且立法权是源权利，行政、司法权是派生权力，将之置于同等地位，在理论上是有缺陷的。

（3）人民代表大会实行一院制，同时设立常设机关人民代表大会常务委员会，在人民代表大会闭会时行使国家权力，实现权力行使的“统一性”和“经常性”的兼顾。而资本主义国家多实行两院制，并不设常设机构，且两院之间是相互牵制的。

2. 人民代表大会制度的构成环节

人民代表大会制度作为我国的政权组织形式，其构成主要包括以下几个环节：

(1) 贯彻国家一切权力属于人民的政治原则，实现人民当家做主的民主权利。我国是社会主义国家，人民是国家的主人，国家的一切权力属于人民是我国宪法明文确立的政治原则，也是我国国家性质的基本体现。保障人民掌握国家权力，实现人民当家做主的政治地位，是我国人民奋斗的根本性目标之一。而要实现人民当家做主的主人翁地位，就必须建立一套行之有效的政治制度，使在文化素养、生活习惯、觉悟程度、思想素质和从事的职业及具体的利益要求等方面存在着极大差异的亿万人民能够形成统一意志，并能够通过可以操作的组织和方式来实现这种统一意志。在我国，能实现这一目标的最主要政治制度就是人民代表大会制度。贯彻国家一切权力属于人民的政治原则，实现人民当家做主的权利，是人民代表大会制度构成的出发点和归宿。“国家一切权力属于人民”涉及的本来是政权的归属问题——国体或国家性质问题，把贯彻国家一切权力属于人民的政治原则、实现人民当家做主的权利，作为人民代表大会制度构成的出发点和归宿，是为了遵循马克思主义国家学说，从国家本质角度来研究政权组织形式问题，以把人民代表大会制度这一社会主义国家的共和制政权组织形式，与资本主义国家的共和制政权组织形式区别开来。

(2) 民主选举人民代表组成各级人民代表大会。我国的政权组织形式必须以保证人民能够掌握和行使国家权力为出发点。虽然从理论上讲，国家一切权力属于人民的最好实现方式是实行直接民主，由全体人民直接掌握和行使国家权力，但在现代国家，国家权力的行使通常都是由普选产生的代表组成的代表机关来实现的。因此，我国宪法在规定国家权力属于人民的同时，又规定人民行使国家权力的机关是全国人民代表大会和地方各级人民代表大会。我国各级人民代表大会，依照宪法和法律的规定，由人民直接或间接选举的人民代表组成，依法在各自权限范围内行使国家权力。各级人民代表大会作为人民行使国家权力的机关，必须对人民负责，受人民监督。

在人民代表大会内部，人民代表大会常务委员会则要向本级人民代表大会负责，受本级人民代表大会监督。在实际生活中，人民对各级人民代表大会的监督主要通过依法定程序监督、罢免自己所选出的人民代表和对人民代表大会提出批评、建议等方式来体现。而人民代表大会对人民代表大会常务委员会的监督，则主要通过依法定程序监督、罢免本级人民代表大会常务委员会组成人员与撤销、改变本级人民代表大会常务委员会制定的不适当的决议和命令等形式来体现。由人民民主选举产生人民代表，组成各级人民代表大会，是全部国家机构体系得以构成的基础，因而也是人民代表大会制度的构成基础。

(3) 以人民代表大会为核心组织全部国家机构。人民代表大会作为国家权力机关，是全权性的国家机关，全国人民代表大会和地方各级人民代表大会代表人民行使的国家权力，从本质上说是统一而不可分割的。作为全权性国家机关负责组织本级其他国家机关，对它们行使法定职权的行为进行监督，以保证它们能够实现人民的意志，贯彻国家一切权力属于人民的原则。各级人民代表大会与由它们产生的其他国家机关共同构成我国国家机关体系，其他国家机关由各级人民代表大会产生，向产生它们的各级人民代表大会负责，受各级人民代表大会监督。

(4) 所有国家机关统一协调，共同实现国家权力。任何国家的统治阶级建立和完善政权组织形式，都是为了实现国家权力，贯彻国家职能，实现统治目的。我国以人民代表大会为核心建立起来的国家机关就是我国国家权力的共同直接行使者。

（二）人民代表大会制度的地位

知识拓展

如今全国人民代表大会会议都在人民大会堂举行。而中华人民共和国成立初期，全国人民代表大会会议是在北京中南海怀仁堂召开的。

1952 年，怀仁堂扩建工程开工，以迎接第一届全国人民代表大会会议的召开。1953 年，我国人口已超过 6 亿。限于会场的规模，出席第一届全国人民代表大会一次会议的代表仅 1 226 人。

1958 年 10 月，选址于天安门广场西侧的人民大会堂正式破土动工。时任全国人民代表大会常务委员会副委员长兼秘书长彭真向设计师提出要求：全国人民代表大会的正式代表人数在 3 000～3 500 人之间，全都要坐在头层的池座之中。

1959 年 9 月 9 日凌晨，毛泽东来到大礼堂工地视察。时任北京市副市长的万里提出："主席，这座建筑到现在还没有命名。过去周总理讲过，等建筑物盖好之后，需要请主席命名。"毛泽东问了问情况后思索了一下说："人家要问老百姓，你到哪里去了？老百姓一定说到人民大会堂去了。我看，就叫人民大会堂吧！"

1959 年 9 月 24 日，一座能容纳万人的大礼堂屹立在天安门广场上。1960 年 3 月 30 日至 4 月 10 日，第二届全国人民代表大会二次会议移师人民大会堂。从此，全国人民代表大会开全体会议的地点就定在了这里。

资料来源：60 年"小故事"映射大进程.（2014－09－15）［2017－04－18］. http://www.npc.gov.cn/npc/zt/qt/jndbdhcllszn/2014-09/17/content_1878848.htm.

人民代表大会制度作为我国的政权组织形式，在我国国家制度中占有非常重要的地位，是我国根本的政治制度。人民代表大会制度的根本政治制度地位，是由以下几个方面的原因所决定的。

1. 这一制度最能体现我国人民民主专政的国家性质

表现为：（1）由普选产生的各级人民代表大会在代表构成上既体现了工人阶级领导、以工农联盟为基础的人民民主专政的阶级基础，保证了工人、农民和知识分子的优势地位，又体现了代表来源的广泛性，吸收了社会其他阶层的代表、民主党派的代表、无党派人士的代表、少数民族的代表和华侨的代表等，保证了劳动者与爱国者的巩固联盟，保证了实现民族平等。（2）各级人民代表大会在组织国家行政机关、监察机关、审判机关和检察机关的时候，通过民主的法定程序，使德才兼备、有一定代表性、能够为人民服务的干部进入领导岗位，从而保证这些国家机关能够比较完善地实现人民民主专政职能。（3）在人民代表大会制度下，我国一切国家机关的活动都必须以符合人民的利益为根本准则，以表达人民意志的法律和政策为依据，向人民负责，受人民监督，充分反映我国人民民主专政的国家性质。

2. 这一制度最能体现我国社会主义民主政治的要求

在我国，实行民主政治的核心内容就是要在国家的生产和生活中使人民当家做主，使一切权力属于人民的宪法原则变为现实的制度。在实现社会主义民主政治的各种制度和形式中，人民代表大会制度是一种最根本的制度，它充分体现了社会主义民主政治的基本要求，为人民当家做主权利的实现创造了现实的基础和条件。这主要表现在：(1) 人民代表大会制度为充分反映广大人民的意志创造了基础和条件。通过人民代表在各级人民代表大会的活动，把人民群众的意见和建议充分收集并反映上来，使之系统化为国家法律或政策，成为人人必须遵守的行为规则。这是反映人民意志最重要的形式之一。(2) 人民代表大会制度为充分贯彻人民意志创造了基础和条件。在人民代表大会制度下，各级人民代表大会不仅要反映人民的意志，制定法律、法规和其他规范性文件，还要组织和监督其他国家机关认真贯彻各种规范性文件。行政机关、监察机关、检察机关和审判机关等国家机关履行各自的职能、行使各自的职权，要依法进行，受人民代表大会的监督，向人民代表大会负责。法律的充分贯彻，也就意味着人民意志的贯彻。(3) 人民代表大会制度也为人民直接参与国家管理的民主形式的发展创造了基础和条件。在人民代表大会制度下，人民群众参政、议政，直接参与国家管理的民主形式得到了不断发展。人民不仅可以选举、监督、罢免人民代表，以保证充分反映自己的意志，还有权对一切国家机关及其工作人员的工作提出批评和建议，对其违法失职行为提出申诉、控告或者检举。一切国家机关及其工作人员都必须向人民负责，受人民监督。人民群众参政、议政，直接参与国家管理的形式，突出地体现了人民代表大会制度对社会主义民主政治的反映。人民代表大会制度是人民行使国家权力、实现社会主义民主的最好途径和方式。

3. 这一制度最能体现我国政治生活的全貌

人民代表大会制度作为我国的政权组织形式，与国家政治生活息息相关，其本身的组织和运行就是国家政治生活最重要的组成部分之一。在国家政治制度中，它是最能体现国家政治生活的制度。它的这种地位可以从以下三个方面得到说明：(1) 人民代表大会制度是由人民革命直接创造出来的，是人民革命政权建设经验的总结，它的产生不以其他任何制度为依据，也不依靠既有的任何法律规定，而是人民革命政治斗争的直接产物。(2) 人民代表大会制度一经确立，即成为国家其他制度赖以建立的基础。无论是国家的军事制度、财政制度还是立法制度、行政制度、监察制度、审判制度和检察制度，无一不是人民代表大会制度的产物。(3) 无论是国家的军事制度、财政制度、外交制度还是立法制度、行政制度、监察制度、审判制度和检察制度，都只能体现我国政治生活的某一方面的制度，而人民代表大会制度才是把我国的一切国家政权机关的组织与活动都包括在内，涵盖我国政治生活各个主要方面的政治制度。

三、人民代表大会制度的改革与完善

知识拓展

2014 年 9 月 5 日，中共中央、全国人民代表大会常务委员会在人民大会堂隆重举行庆祝全国人民代表大会成立 60 周年大会。中共中央总书记、国家主席、中央军委主席习近平在大会上发表重要讲话。

怎样坚持和完善人民代表大会制度？习近平总书记在讲话中提出了“四个必须”的要求：必须毫不动摇坚持中国共产党的领导、必须保证和发展人民当家做主、必须全面推进依法治国、必须坚持民主集中制。

“人民代表大会制度是中国特色社会主义制度的重要组成部分，也是支撑中国国家治理体系和治理能力的根本政治制度。”习近平总书记的讲话，为人民代表大会制度与时俱进指明了前进方向。他强调，当前和今后一个时期，要着重抓好五个重要环节的工作：加强和改进立法工作、加强和改进法律实施工作、加强和改进监督工作、加强同人大代表和人民群众的联系、加强和改进人大工作。

习近平总书记在讲话中用“八个能否”来评价一个国家政治制度是不是民主的、有效的：国家领导层能否依法有序更替；全体人民能否依法管理国家事务和社会事务、管理经济和文化事业；人民群众能否畅通表达利益要求；社会各方面能否有效参与国家政治生活；国家决策能否实现科学化、民主化；各方面人才能否通过公平竞争进入国家领导和管理体系；执政党能否依照宪法法律规定实现对国家事务的领导；权力运用能否得到有效制约和监督。

习近平总书记在讲话中对发展社会主义民主政治，增加和扩大我们的优势和特点，而不是削弱和缩小这些优势和特点提出了“六个切实防止”：切实防止出现群龙无首、一盘散沙的现象；切实防止出现选举时漫天许诺、选举后无人过问的现象；切实防止出现党争纷沓、相互倾轧的现象；切实防止出现民族隔阂、民族冲突的现象；切实防止出现人民形式上有权、实际上无权的现象；切实防止出现相互掣肘、内耗严重的现象。

资料来源：习近平：设计和发展国家政治制度 要从国情出发从实际出发.（2014-04-05）[2017-04-28].http://news.xinhuanet.com/politics/2014—09/05/c_1112384483.htm.

人民代表大会制度作为我国的根本政治制度，在长期的革命和建设过程中得以确立和日益巩固，符合我国的革命斗争传统和基本国情，具有较大的适宜性。但我国的人民代表大会制度仍然是一个年轻的制度，它需要在实践中不断加以完善。因为制度的设计者往往囿于历史条件、认识水平和经验，而疏于某些具体环节。况且，即使是最伟大的政治家亦不能全部预见将来的情势变迁。所以人民代表大会制度既存在一个从不完善到逐步完善的改革和发展过程，同时也必然回应时代对它提出的新的要求。

中华人民共和国成立以来，尤其是 1982 年《宪法》颁布以来，通过修改宪法，完善组织法、选举法，不断完善和发展了人民代表大会制度，如在县、乡两级实行直接选举，县级以上地方人大设常委会，扩大全国人大常委会职权，加强各级人大组织机构建设等。但在社会主义市场经济条件下，人民代表大会制度应然状态下的优越性和实然状态下的表现还有较大差距，亟须加以改革和完善。

（一）改善党对人民代表大会的领导，协调人民代表大会与党之间的关系

人民代表大会制度下，作为国家的权力机关的人民代表大会虽在整个国家机关体系中处于核心地位，但中国共产党在同级各种组织中发挥领导核心作用也是我国独具特色的政治制度，正如我国 2018 年宪法修正案规定的那样，“中国共产党领导是中国特色社会主义最本质的特征”。为此，党的领导与人大关系的协调，是我国政治体制改革面临的首要问题。

习近平总书记在十九大报告中指出要坚持党对一切工作的领导。为有效实现党的领导，必须增强政治意识、大局意识、核心意识、看齐意识，自觉维护党中央权威和集中统一领导，自觉在思想上、政治上、行动上同党中央保持高度一致。中国共产党对人民代表大会的领导是把方向、谋大局、定政策、促改革；是总揽全局、协调各方；是通过制定正确的路线、方针、政策，通过人大的立法上升为国家意志；向人大推荐重要干部，通过人

大的任命而参加到国家政权机关中，去实现党对国家生活的领导。

党的领导是人民当家做主和依法治国的根本保证，人民当家做主是社会主义民主政治的本质特征，依法治国是党领导人民治理国家的基本方式，三者统一于我国社会主义民主政治的伟大实践。人民代表大会制度是坚持党的领导、人民当家做主、依法治国有机统一的根本政治制度安排。协调人民代表大会与党之间的关系就是要支持和保证人民通过人民代表大会行使国家权力。发挥人大及其常委会在立法工作中的主导作用，健全人大组织制度和工作制度，支持和保证人大依法行使立法权、监督权、决定权、任免权，更好发挥人大代表作用，使各级人大及其常委会成为全面担负起宪法法律赋予的各项职责的工作机关，成为同人民群众保持密切联系的代表机关。

（二）充分有效行使人民代表大会职权，强化人民代表大会监督权

人民代表大会作为国家权力机关，在人民代表大会制度的权力配置系统中处于中心地位，人民代表大会的职权能否有效充分行使是人民代表大会权力机关地位能否体现和维护的关键。宪法赋予人民代表大会以立法权、人事任免权、监督权、重大事务的决定权、宪法监督实施权等。这些权力对国家和社会生活具有重大影响，人民代表大会必须切实有效行使，不可放弃，更不容其他国家机关剥夺。人民代表大会在充分行使其固有职权的基础上，还应强化监督，理顺人民代表大会和行政、监察、司法、军事等机关的关系。

1. 人民代表大会和政府

在人民代表大会和政府的关系上，首先，要充分行使违宪审查权，维护法制的统一，着力审查政府的行政法规、部门规章、地方规章和其他行政规范性文件的合法性、合宪性。其次，人民代表大会要充分行使重大问题的决定权。众所周知“三峡工程”是由全国人民代表大会决定投资建设的，但这样的决定权的行使实在是凤毛麟角，实践中，国家和地方的重大项目投资的决定权往往是由政府来行使的。因此应以法律的形式廓清人民代表大会和政府决定权的范围，在一定行政区域，多大数额的标的投资应由人民代表大会决定，需要以制度化的方式确定下来。最后，权力机关要加强对政府的监督，尤其是对人事和财务的监督。

2. 人民代表大会和监察机关

监察机关是2018年我国通过宪法修改正式新增设的国家机关，按照《中华人民共和国监察法》第3条的规定，各级监察委员会是行使国家监察职能的专责机关，对所有行使公权力的公职人员进行监察，调查职务违法和职务犯罪，开展廉政建设和反腐败工作，维护宪法和法律的尊严。“所有行使公权力的公职人员”也包括各级人大代表。也就是说对于各级人大代表个人来说，也要按照监察法的规定，接受来自监察机关的监督和调查。但同时，监察制度作为由人民代表大会制度产生的制度、监察机关作为由各级人民代表大会选举产生的机关，其整体要接受各级人大的监督。我国宪法第3条规定，监察机关由人民代表大会产生，对它负责，受它监督。我国监察法第8条、第9条也分别规定了国家监察委员会对全国人民代表大会及其常务委员会、地方各级监察委员会对本级人民代表大会及其常务委员会负责，并接受其监督。具体来说，人大对监察机关的监督主要体现在各级人大有权选举或罢免本级监察委员会的主任，国家监察委员会副主任、委员由全国人大常委会根据提请任免等。

3. 人民代表大会和司法机关

在人民代表大会和司法机关（指人民法院和人民检察院）的关系上，既要实现人民代表大会对司法权的监督，同时又要保证司法独立。一般情况下，人民代表大会不应介入司法机关对具体案件的审理，人民代表大会对司法机关的监督主要是通过对司法机关执法的整体状况进行监督，并有效行使对两院组成人员的任免来实现的。同时人民代表大会要有效行使法律监督权和解释权，防止两院司法解释侵犯立法权。

知识拓展

《全国人民代表大会常务委员会关于加强法律解释工作的决议》规定："一、凡关于法律、法令条文本身需要进一步明确界限或作补充规定的，由全国人民代表大会常务委员会进行解释或用法令加以规定。二、凡属于法院审判工作中具体应用法律、法令的问题，由最高人民法院进行解释。凡属于检察院检察工作中具体应用法律、法令的问题，由最高人民检察院进行解释。"

思考：该决议的规定是否很好地解决了人民代表大会与司法机关就法律解释工作之间的关系问题?

4. 人民代表大会和中央军委

武装力量是国家机构的重要组成部分，《宪法》规定"中央军事委员会领导全国武装力量"。长期以来，由于考虑到党对军队的绝对领导和"国防秘密"因素而忽视了人民代表大会对军委的监督。宪法应要求中央军委主席向人民代表大会报告工作。因为军委是实行主席负责制的，主席应对军委工作负全责，即便是在涉及国家机密、国防安全的事项时可以不报告，但在其他方面亦应向人民代表大会报告，接受人民代表大会的监督，这和党对军队领导并不矛盾，因为人民代表大会也是在党的领导下的。

（三）提高人民代表大会代表的参政议政能力

人民代表大会制度是我国的根本政治制度，其实质在于保证国家一切权力属于人民。从政权组织的角度来看，首先在于人民代表权利的正确和充分行使。如果说国家民族的振兴依赖于高素质的国民，那么，人民代表大会权力机关角色的准确定位则依赖于高素质的人民代表。人民代表大会代表参政议政能力的状况，直接影响着人民代表大会的效能。

人民代表大会的参政议政能力是指人民代表在代表人民参与国家、社会事务时应具备的政治素质、文化素质、法律素质以及对社会生活的洞察力及远见等综合素质。客观而言，近年来我国人民代表大会代表的参政议政能力一届比一届高，但是也应该看到由于种种因素的影响，部分人民代表大会代表限于对法律、政策缺少深刻理解，亦缺乏分析问题、解决问题的能力，参政议政抓不住要害，选举和表决往往凭直觉、随大流。同时也因为人民代表大会运行机制的不完善，限制了人民代表大会代表参政议政能力的发挥。

要提高人民代表大会代表的参政议政能力，应在保证人民代表大会代表广泛性的前提下，提高人民代表大会代表的任职资格，强调代表素质的综合要求，优化人民代表大会代表的成员结构（包括年龄结构、文化结构、能力结构）。同时修改人民代表大会组织法及相关议事规则，让代表充分行使提案权、提名权，完善选举制度，强化竞选机制。

（四）加强人民代表大会自身建设

提高权力机关的工作效能，一方面要加强人民代表大会代表的参政、议政能力，另一方面人民代表大会自身的组织建设也至关重要。全国人民代表大会及其常务委员会制定了

《中华人民共和国全国人民代表大会议事规则》和《全国人民代表大会常务委员会议事规则》，扩大全国人民代表大会常务委员会的职权。各省人民代表大会也相应地制定了议事规则。这些都是加强人民代表大会组织建设的重要步骤。但当前各级人民代表大会及常务委员会在机构设置、编制、成员结构、人民代表大会组织的政治透明度等方面尚不能适应当前工作的需要。

总之，进一步完善人民代表大会制度，是政治体制改革和社会主义民主政治建设的重要内容，应从中国的实际出发，切实地推行。既要积极从事，防止停滞不前，又不可操之过急，指望一蹴而就。从根本上说，人民代表大会制度的完善，乃至整个社会主义民主政治的建设，都有赖于社会政治经济的全面发展，是一个逐步的渐进过程。

第四节　选举制度

一、选举、选举法、选举制度的概念

从辞源学上诠释，选举含有选择、挑选、择贤之意。公职人员的产生历来有世袭、任命、选举等方式。近现代意义上的选举是指公民根据自己的意志，按照法定的原则和形式，选出一定的公民担任国家代表机关代表或国家公职的行为。它是公民实现选举权的一种方式，也是国家组织各权力机关的一种活动。选举法是指规定选举国家代表机关的代表和某些国家公职人员的各项制度的法律规范总称。所谓选举制度是指关于选举国家代表机关代表与国家公职人员的原则、程序与具体方法的各项制度的总称。选举制度的具体内容由选举法规定。通常选举制度的概念可分为广义与狭义两种。广义选举制度的概念包括选举代表机关代表的选举与特定公职人员的选举，选举主体的范围比较广泛。狭义选举制度的概念是指选民根据选举法的规定选举代表机关代表的制度。选举制度是民主政治发展的必然结果与标志。资产阶级革命胜利以后，随着代议政体的出现，选举制度作为合理地分配与组织国家权力的有效而民主的形式普遍得到世界各国的重视。在现代社会中，选举制度已成为组织与调整国家权力活动的基本形式。

选举制度的性质决定于一个国家的国体。在不同的国家性质下，选举制度反映不同阶级的意志与利益，体现不同的权力分配要求。我国是实行人民民主专政的社会主义国家，选举制度产生与存在的目的是适应国体的要求，实现一切权力属于人民的宪法原则，为人民群众参与国家事务与社会事务提供广泛而有效的法律途径。

实例链接

一位参加了湖北潜江市第五届人民代表大会代表换届选举的自荐参选人说，在潜江举行的这次选举中，共有 32 位自荐参选人参选，其中包括知名人大代表姚立法。但是，这次选举却以 32 位自荐参选人全部落选告终。尽管如此，阵容如此庞大的自荐参选者群体在潜江这样一个地方同时出现，还是格外引人注目的。这些自荐参选者多把当地出现的这种现象归因于姚立法所起的示范作用。

姚立法，1958 年生于潜江农村，现在潜江市实验小学工作。从 1987 年开始，他先后四次以自荐参选人的身份竞选市人大代表，最终在 1998 年高票当选。报道说，姚立法是

中国自荐参选的先行者。在几次参选过程中，只有大专文化的他努力研读相关法律条文，数年下来，对《宪法》《全国人民代表大会和地方各级人民代表大会代表法》《选举法》《村委会组织法》之熟稔达到惊人程度。在参选的过程中，他非常看重自我宣传——自费编印参选材料，向选民广为发放，甚至在第四次参选时，还一间教室一间教室地向学生选民发表竞选演说，并印制竞选誓词。

对姚立法来说，“中华人民共和国的一切权力属于人民，人民行使国家权力的机关是全国人民代表大会和地方各级人民代表大会”，这句人们耳熟能详的话已成为他的现实行为。这个喜欢“较真”的人，当代表5年，提交议案多达187份。他为教师追讨亿元欠薪；调查出潜江619位村干部被非法撤换；捅破乡村选举假象；促成董滩村委会重新选举……每年，他都要分几次把所做的事情张贴出来，特别是把一府两院对他这位人民代表的回复张贴出来；他还每年一次把他当代表的书面汇报发到各家各户。姚立法关注潜江的每一次选举，特别是乡镇人大代表选举与村委会选举。每有选举，他都积极鼓动选民参选，并自费印制普法材料，向选民免费发放。

姚立法在潜江的出现，搅动了那里的政治空气，使民主的政治气氛空前活跃起来。他让人们切实地意识到：按照选民个人意志行使选举权选出的代表就是不一样，而宪法赋予人民手中的权力若能真正地被运用，是何其强大的一种力量。

2003年11月，又是一届市人大代表换届选举，史无前例地，包括姚立法在内共有32位自荐参选人出现。而初时，共有41人有意自荐参选，这41人都是当地颇具威望的人。其中，在职和退休教师11人，村主任5人，法律工作者4人，工人9人，农民12人。11月2日，姚立法组织这41人开了一次学习会，学习《选举法》《村委会组织法》《全国人民代表大会和地方各级人民代表大会代表法》等，后来，这41人中有32人成为初步候选人。

潜江泽口镇自荐参选人严清金亦以敢为民言而闻名潜江，他说：“我以前没有认识到人大代表会有那么大的权力与力量，是姚代表使我认识到了这一点，为了更有力量地为农民办事，我决定参选。”

效法姚立法，2003年这些自荐参选者也编印、发放了竞选材料，向选民积极宣传自己，《竞选承诺书》上多写着：若当选，定代表民意严格监督一府两院，无情打击腐败现象。而与此同时，在潜江，一个不可回避的事实是：敢说真话、爱给为官者“挑刺”的姚立法也与当地一些部门之间的矛盾日趋尖锐。这次，姚立法与其他参选者明显感觉到了竞选的阻力。姚立法所在的教育选区，学生选民是其主要票源，2003年市选举委员会却规定“在校学生中的选民在户口所在地登记”，一下子使他失去了大批支持者；甚至一些人被打了招呼：不能投票给姚立法……

姚立法说：“今天出现的这种局面使选民认识到，实现真正的民主仍然非常不易。”

资料来源：刘志明．姚立法潜江之醒．中国新闻周刊，2003（47）．

二、我国选举制度的变迁

（一）1953年选举法

1953年2月11日，中央人民政府委员会第二十二次会议通过了《中华人民共和国全国人民代表大会及地方各级人民代表大会选举法》。这是中华人民共和国的第一部选举法，对全国与地方人民代表大会代表的选举程序和原则作出了具体的规定。以这部选举法为基

础，我国在地方进行了普选，选举产生了全国和地方人民代表大会代表。1953 年选举法的基本特点是：体现选举权的普遍性原则，扩大了选民的范围；实行直接选举与间接选举并用原则，提高选举制度的民主性；根据当时的实际情况，采取无记名投票与举手表决并用原则等。1953 年选举法尽管存在一些不完善之处，但作为中华人民共和国第一部选举法在发展民主政治、发挥人民群众政治参与的积极性方面发挥了重要作用。中华人民共和国的选举制度一方面吸收了以前各革命根据地民主选举制度的合理经验，另一方面根据中国的国情吸收了苏联等其他社会主义国家选举制度的有益经验。在革命根据地与苏联经验的基础上建立起来的选举制度，奠定了中华人民共和国政治体制的基本框架与体系。

根据 1953 年选举法，1953 年 3 月到 1954 年 8 月进行了中国历史上的第一次普选，全国进行直接选举的基层单位共 214 798 个，共有 571 434 511 人，登记选民 323 809 684 人，超过选举地区 18 周岁以上的人口总数的 97%，实际参加投票的有 278 093 100 人，参选率为 86%。① 但由于受“左”的思潮的影响，1958 年以后直接选举工作实际上被中断，间接选举工作在“文化大革命”正式结束以前一直处于停止状态。

（二）1979 年选举法

1979 年 7 月 1 日，第五届全国人民代表大会第二次会议对 1953 年选举法进行了重大修改，反映了社会主义民主与法制建设的新要求，通过了新的《中华人民共和国全国人民代表大会和地方各级人民代表大会选举法》（以下简称《选举法》）。它同 1953 年选举法相比有两点重大变化：一是将直接选举的范围扩大到县级，二是将原来的等额选举改为实行代表候选人名额多于应选代表名额的差额选举制。除此之外，1979 年选举法还有如下几处的主要变动：第一，各省、自治区、直辖市人民代表大会常务委员会按照法律规定的原则并根据当地的实际情况自行决定地方各级人民代表大会的代表名额；第二，明确规定各个少数民族至少应有一名代表参加全国人民代表大会；第三，一律实行无记名投票；第四，划分选区改为按照生产单位、事业单位、工作单位和居住状况划分；第五，规定候选人提名过多时，可以进行预选，根据较多数选民的意见确定正式代表候选人名单；第六，各党派、团体和选民，都可以用各种形式宣传代表候选人；第七，代表候选人必须获得选区全体选民或者选举单位全体代表的过半数选票始得当选。根据新的《选举法》的规定，到 1981 年年底全国县、乡两级进行了换届选举。

（三）对 1979 年选举法的修改

1982 年宪法颁布实施以后，根据国家政治生活的发展变化，对《选举法》进行了六次修改。1982 年 12 月 10 日，第五届全国人民代表大会第五次会议作出《关于修改〈中华人民共和国全国人民代表大会和地方各级人民代表大会选举法〉的若干规定的决议》，对 1979 年选举法进行了首次修改，其主要内容是：完善介绍代表候选人的程序，规定选举委员会应向选民介绍代表候选人的情况；对少数民族每一代表所代表的人口数，作了进一步有利于民族平等的规定等。1983 年 3 月 5 日，第五届全国人民代表大会常务委员会第二十六次会议根据各地进行县级以下直接选举的实践经验，通过了《关于县级以下人民代表大会代表直接选举的若干规定》，对县级以下人民代表大会代表的直接选举作出了补充规定，进一步完善了选举权主体行使选举权的程序与条件。

① 张明树. 中华人民共和国政治制度概要［M］. 银川：宁夏人民出版社，1993：374.

1986年12月2日，第六届全国人民代表大会常务委员会第十八次会议对1979年选举法进行了修改与补充，完善了选举制度，主要表现是：确定省、自治区、直辖市、设区的市、自治州的人民代表大会常务委员会指导本行政区域内县级以下人民代表大会代表的选举工作，乡镇的选举委员会受县、不设区的市和市辖区的选举委员会的领导，确定了新的选举工作领导关系；规定少数民族每一代表所代表的人口数的新比例；确定比较灵活的选区划分原则，实行新的选民登记方法等。可以按居住状况划分，也可以按生产单位、学习单位、工作单位划分。

1995年2月28日，第八届全国人民代表大会常务委员会第十二次会议对《选举法》进行了重大修改，主要内容有：进一步体现选举制度的平等性原则，将原来规定的省级人民代表大会与全国人民代表大会农村每一代表所代表的人口数5倍于、8倍于城市每一代表所代表的人口数一律改为4倍，进一步缩小了城乡之间的差别；具体规定了地方各级人民代表大会代表的名额，逐步提高妇女代表的比例；规定乡镇的选举委员会接受上一级人民代表大会常务委员会的领导；规定香港特别行政区和澳门特别行政区应选全国人民代表大会代表的名额及产生方法，由全国人民代表大会另行规定；进一步完善了差额选举制度；规定了代表当选与罢免代表的具体程序，强化选举制度的监督功能。

2004年10月27日，第十届全国人民代表大会常务委员会第十二次会议对《选举法》又进行了修改，其主要内容是：直接选举增加预选程序，规定对正式代表候选人不能形成较为一致意见的，进行预选，根据预选时得票多少的顺序，确定正式代表候选人名单；加大贿选处罚力度；完善代表候选人与选民见面的程序，规定选举委员会可以组织代表候选人与选民见面，回答选民的问题；原选区选民30人以上或50人以上联名可提出罢免代表的要求。

为贯彻落实党的十七大的要求，经过中共中央批准，选举法修改被列入全国人民代表大会常务委员会的立法规划。2008年开始全国人民代表大会法制工作委员会开始着手选举法修改的研究，2009年底形成选举法修改草案，2010年3月，第十一届全国人民代表大会第三次会议审议并最终高票通过了《中华人民共和国全国人民代表大会和地方各级人民代表大会选举法修正案》。本次修改涉及条文比较多，主要的修改内容是：实行城乡平等选举权；确保应有适量基层代表；增设“选举机构”专章规定；乡镇代表总名额上限增加；禁止同时两地担任代表；增强候选人“透明度”；保障选民和代表的选举权；规定秘密写票处等。最重要的一个修改内容是打破以往城市居民和农村居民的选举权在票值上的不平等，不仅要求一人一票，而且规定同票同值。实行城乡按相同人口比例选举人民代表大会代表，以增强人民代表大会代表选举的普遍性和平等性，无疑是中国民主政治发展进程中的重要一步。这次修改还设专门规定选举委员会的任命和职责功能，这是选举组织从政治运作走向专业运作的重要一步。

2015年8月29日，第十二届全国人民代表大会常务委员会第十六次会议通过了《关于修改〈中华人民共和国地方各级人民代表大会和地方各级人民政府组织法〉〈中华人民共和国全国人民代表大会和地方各级人民代表大会选举法〉〈中华人民共和国全国人民代表大会和地方各级人民代表大会代表法〉的决定》。根据此决定，选举法进行了第六次修订。其主要内容是：第一，增加规定公民参加各级人民代表大会代表的选举，不得直接或者间接接受境外机构、组织、个人提供的与选举有关的任何形式的资助；第二，增加规定当选代表名单

由选举委员会或者人民代表大会主席团予以公布；第三，增加了对当选代表的资格审查程序，规定代表资格审查委员会有权依法对当选代表进行审查、提出意见并向本级人民代表大会常务委员会或人民代表大会主席团报告，进而由人民代表大会常务委员会或人民代表大会主席团确认代表资格或确定当选无效。

三、我国选举制度的基本原则

选举制度的基本原则是贯穿在选举制度运作过程中的、反映选举制度基本价值和功能的原理与指导思想。

实例链接

材料一：一个“微信红包”，一场“贿选风暴”？多家香港媒体在2016年11月初跟踪报道港大的“微信红包”风波，起因是一名内地学生在港大内部选举时发了微信红包。据香港《星岛日报》报道，香港大学校务委员会研究生代表选举10月底举行，内地研究生朱科以654票成功连任，击败获得410票的巫堃泰及另外两人。巫堃泰指控朱科在微信群组派发红包拉票，涉嫌贿选。港大校委会开会讨论后，以9票赞成7票反对驳回巫堃泰的投诉。据悉，有委员认为，朱科派出的红包是80元人民币，分给100人，每人最多不过两元，金额微不足道，不足以左右他人投票意向。

有香港媒体称，香港人对于“微信红包”的看法不同，有人认为这是不可忍受的贿选，有人认为这是“习惯、娱乐”，香港和内地文化的差异和矛盾再次被掀起。

资料来源：一个微信红包引发的贿选风暴 香港大学朱科贿选调查结果.（2016-11-02）[2017-04-28]. http://fj.people.com.cn/n2/2016/1102/c181466－29243476.html.

材料二：浙江省天台县村级组织换届选举工作领导小组于2017年2月6日查处一起在村级组织换届选举中利用微信红包进行拉票贿选的案件。洪畴镇福丁村村委会主任自荐人戴某通过微信拉票，发放微信红包（总金额100元，红包个数60个），此行为存在拉票贿选情形。公安局对戴某作出行政拘留7日并处500元罚款的处罚。

资料来源：一元钱的微信红包，触及了“零容忍”底线.（2017-02-22）[2017-04-28]. http://news.xinhuanet.com/yuqing/2017-02/22/c_129489248.htm.

思考： 1. 什么是贿选？

2. 对如此小额的贿选行为采取严厉的打击措施，你的观点是怎样的？

（一）选举的普遍性原则

我国《宪法》和《选举法》规定，除依照法律被剥夺政治权利的人外，凡年满18周岁的公民，不分民族、种族、性别、职业、家庭出身、宗教信仰、教育程度、财产状况、居住期限，都有选举权与被选举权。目前，我国选举权主体的范围是十分广泛的，享有选举权的公民占适龄人口的97%以上，居于绝大多数。依法被限制选举权的范围是极其有限的。在理解选举权普遍性原则时应注意掌握以下三个问题：（1）精神病患者选举权的规定。精神病患者不能行使选举权的，经选举委员会确认，不列入选民名单。精神病患者是选举权的主体，但其由于患病失去行为能力时，不具备行使政治权利的实际能力，可暂不行使选举权。（2）因危害国家安全罪或者其他严重刑事犯罪案件被羁押，正在接受侦查、起诉、审判的人，经人民检察院或者人民法院决定，在羁押期间停止行使、选举权利。（3）根据1983年3月5日第五届全国人民代表大会常务委员会第二十六次会议通过的《关于县级以下人民代表大会代表直接选举的若干规定》，下列人员准予行使选举权：被判处有期徒刑、拘役、管制而没有附加剥夺政治权利的；被羁押、正在受侦查、起诉、审判，人民检察院或者人民法院没有决定停止行使选举权的；正在取保候审或者被监视居住的；正在被劳动教养的；正在受拘留处罚的。上述人员参加选举，由选举委员会和执行监禁、羁押、拘留或者劳动教养的机关共同决定，可以在流动票箱投票，或者委托有选举权的亲属或其他选民代为投票。被判处拘役、受拘留处罚或者被劳动教养的人也可以在选举日回原选区参加选举。保护上述人员依法享有选举权具有重要的理论与实践意义：一方面，体现了我国选举权的普遍性原则，使依法享有选举权的人能够实际行使选举权；另一方面，扩大了社会主义民主的范围，有利于改造和教育犯人，发挥社会各方面的积极性。

根据《选举法》第6条的规定，旅居国外的中华人民共和国公民在县级以下人民代表大会代表选举期间在国内的，可以参加原籍地或者出国前居住地的选举。旅居国外的华侨同居住在国内的公民一样享有平等的选举权，但因他们居住在国外，具体行使选举权存在实际困难，为保障华侨的选举权，《选举法》根据华侨的实际情况，规定华侨在选举期间在国内时，可以参加出国前原籍地或居住地的县、乡两级选举。

（二）选举权的平等性原则

选举权平等性原则是指在选举中，一切选民具有相同法律地位，其所投选票具有同等法律效力的一项选举原则。平等意味着排除不合理的差别对待，首先意味着程序意义上的资格平等。所有享有选举权的每个人在选举中都享有一个投票权；每个投票权具有同等的价值，法律要尽可能排斥因种族、户籍、财产等因素导致的选票价值的不平等。选举权的平等性原则主要表现在：（1）除法律规定当选人应具备的条件外，选民平等地享有选举权和被选举权；（2）在一次选举中选民平等地拥有相同的投票权，一般表现为只有一个投票权；（3）每一代表所代表的选民数相同；（4）一切代表在代议机关中具有平等的法律地位，也在一定程度上体现选举权的平等性；（5）对在选举中处于弱势地位的选民给予特殊保护，也是选举权平等性原则的表现。

我国《选举法》第4条规定："每一选民在一次选举中只有一个投票权。"这表明了我国已经实行了一人一票的平等原则。但对平等性原则的另一体现即"相同票值"的问题在《选举法》中未明确规定。

在2010年以前，我国《选举法》在"同票同值"的选举平等权的实现方面最突出的问题在于城市选民的复数选权问题。该问题已在2010年的《选举法》的修订中加以解决。城市居民和农村居民所代表的人口数问题主要涉及代表名额的分配问题。由于国家的法律规范多由人民代表多数决定，而人民代表又从多数选民的表决中产生，所以代表名额的分配也是选举的关键点。在区域代表制下，代表名额分配制度会直接影响本地区选民之利益。我国自1953年选举法颁布时起，在全国人民代表大会和地方各级人民代表大会的选举中，每一代表所代表的人口数，一度在农村和城市之间分别保持八倍、五倍和四倍的不同比例。2010年以前在城镇与农村选区每一代表所代表的人口数方面，我国很长时间一直保持1∶4。2010年修改《选举法》，实行城乡按相同人口比例选举人民代表大会代表。

在现实中，我国主要存在以下几种复值选权的情形。

1. 少数民族的复值选权问题

《选举法》第五章专门规定了少数民族的选举办法，给予少数民族以特别照顾。比如在全国人民代表大会代表中，我国 55 个少数民族都有适当名额，即使人口特别少的聚居区民族，至少也有一名代表。这些照顾性的规定，一方面是出于民族政策的考虑；另一方面，从法理上说更为重要的是对弱势群体实现选举权的保护性措施。类似的规定还有，《选举法》第 6 条对妇女、归侨以及旅居国外的中国公民的选举作出了专门规定。对少数民族、女性等在选举权上设定的纠偏措施是差别对待的合理考虑，因而不违反平等原则。

2. 职业军人的复值选权问题

《选举法》规定人民解放军的全国人民代表大会代表实行单独选举，其选举办法由军队自行规定。从历届全国人民代表大会代表的组成看，解放军代表占相当比例。比如，第十届全国人民代表大会代表中，军人代表为 268 名，占全体代表总数的 8.98%。军队代表不是按人口比例平等原则产生的。

3. 其他复值选权问题

其他选举具体制度的设置上的缺陷也会带来实际上的复值选权的问题。比如，由于我国《选举法》对选区划分的规定极其简单，现实中选区划分的随意性非常严重。有些地方纯粹是为了保证当地领导人当选而划分选区。选区划分是否适当，直接关系到选举权平等性能否实现。

2010 年选举法修订中，为改变此种情形作出了一些努力，《选举法》第 25 条规定："本行政区域内各选区每一代表所代表的人口数应当大体相等。"

（三）直接选举和间接选举并用原则

直接选举与间接选举是一对对称概念。凡人民代表（或议员）、官员的选举，不由选民直接选定，而由选民选出的代表选定，为间接选举；反之，为直接选举。直接选举相对间接选举来说在形式上更为民主，在西方国家多采用直接选举，且间接选举往往被设计来限制某些公职人员滥用公众支持，而不将其作为国家权力产生的主要方法。从理论上说，间接选举并不是由选民普遍直接地选择，其选举的结果未必能完全同选民的本意吻合，加之它是由少数选举人投票产生当选人，对选举权的普遍性和平等性来说，也有一点背离。同时，间接选举，特别是多层次间接选举所产生的代表同选民之间无直接联系、直接接触，这样最终选出的代表对选民的负责不免是间接的，代表的行为就可能更容易背离选民的意愿，因此直接选举要优于间接选举。但如果经济、文化、交通、通信等条件较差，尤其在地域广阔、人口稠密的国家，人民缺乏大规模选举的经验，直接选举比间接选举更易产生盲目性，另外，选举费用和其他社会支出直接选举也比间接选举大。

究竟采用何种选举方式取决于一个国家的实际需要与具体条件。我国《选举法》规定：全国人民代表大会的代表，省、自治区、直辖市、设区的市、自治州的人民代表大会的代表，由下一级人民代表大会选举；不设区的市、市辖区、县、自治县、乡、民族乡、镇的人民代表大会的代表，由选民直接选举。直接选举与间接选举并用原则主要是根据国家的经济、政治与文化发展的实际情况确定的，具有现实的客观基础。在我国，县级政权是国家政权的基础，其活动直接与基层人民群众的生活有关，把直接选举的范围扩大到县级，有利于发展基层人民民主，发挥人民群众的积极性；有利于强化对政权活动的监督。随着社会的发展与进步，直接选举的范围将会不断得到扩大。

（四）秘密投票原则

知识拓展

从鼓掌、举手表决到电子表决器

1954 年到 1966 年，鼓掌、举手表决和无记名投票表决并用。

1966 年“文化大革命”开始后，鼓掌基本代替了举手和无记名投票。

1979 年至 1990 年，恢复鼓掌、举手和无记名投票表决的同时，出现电子表决。1990 年，第七届全国人民代表大会第三次会议首次使用电子表决器。

1990 年末至今，是电子表决和无记名投票的推广期。自全国人民代表大会 1990 年开始使用电子表决器后，地方各级人民代表大会也开始尝试并推广使用电子表决器。

从鼓掌、举手表决到电子表决器，人民代表大会表决方式的演进记录了我国民主的进步。真可谓：科技引进一小步，民主前进一大步。

我国《选举法》第 39 条规定：“全国和地方各级人民代表大会代表的选举，一律采用无记名投票的方法。”由此可见，秘密投票也是我国选举制度的原则之一。

2002 年 8 月，北京市北新桥九道湾社区居民直选社区居委会，设置了五个鲜红的秘密划票间，选民在此划票保障了民意的准确表达，被人称为“了不起的突破”。如今，秘密划票间又被引入人民代表大会换届选举，它使得秘密投票原则在形式上得以保证，体现了对选民意见的尊重。

资料来源：谢文英. 50 年·民主.（2006-09-13）[2017-04-28]. http://www.jcrb.com/n1/jcrb568/ca295860.htm.

秘密投票通常包括秘密写票和无记名投票两个程序。无记名投票是指选举人在选举时采用不公开的投票方法，无须在选票上签署投票人的姓名，选票填好后选举人亲手投入票箱的选举方法。同无记名投票相对的是记名投票，凡选举人在选票上必须签署自己的姓名，或者不用书面投票而是在公众场合以口头、举手方式表示自己愿意选举的人的，叫作公开投票，亦称记名投票。无记名投票使选举人的意思表示不公开，保证选举的自由抉择，他人无权干涉也无从干涉，因此不至于作违心决定，所以它不仅是一种选举方法，也是一项重要的选举制度的原则。2010 年修改的《选举法》规定全国和地方各级人民代表大会代表的选举，一律采用无记名投票的方法。选举时应当设有秘密写票处。

同时，选民因文盲、残疾而不能写选票或者在选举期间外出经选举委员会同意，可以他人代写或代为投票。《选举法》规定：选民如果是文盲或者因残疾不能写选票的，可以委托他信任的人代写。又规定：选民如果在选举期间外出，经选举委员会同意，可以书面委托其他选民代为投票。每一选民接受的委托不得超过三人，并应当按照委托人的意愿代为投票。

（五）差额选举原则

因代表候选人提名方式不同，选举制度可分为等额选举制和差额选举制。等额选举是指候选人人数与应选人人数相同。差额选举制则是指候选人的人数多于应选人的人数。差额选举是较为民主的一种选举方式，因为它给予选民以选择的机会。差额选举一般被认为是竞选制的最低要求或底线规则。我国《选举法》规定：全国和地方各级人民代表大会候选人的名额，应多于应选代表的名额。直接选举的代表候选人名额应多于应选代表名额的

1/3 至 1 倍，间接选举的代表候选人名额应多于应选名额的 1/5 至 1/2。

四、我国选举的基本程序

实例链接

南充拉票贿选案

2011 年 10 月 19 日南充市委五届一次全会前，时任仪陇县委书记杨建华用公款 80 万元，自己出面或安排下属，向部分可能成为市委委员的人员送钱拉票，通过拉票贿选当选为市委常委。在查清上述事实的基础上，四川省委根据有关线索进一步组织深入调查，彻底查清了此次党代会之前在南充市有关干部民主推荐中存在的送钱拉票问题，以及时任南充市委书记刘宏建和市纪委、市委组织部相关负责人的失职渎职问题。上述问题共涉及人员 477 人，其中组织送钱拉票的 16 人，帮助送钱拉票的 227 人，接受拉票钱款的 230 人，失职渎职的 4 人；涉案金额 1 671.9 万元。

根据案件事实和有关党纪政纪、法律法规，四川省对涉案人员全部作出严肃处理。其中，给予开除党籍、开除公职处分并移送司法机关处理的 33 人，给予撤销党内外职务以上处分的 77 人，给予严重警告并免职、严重警告、警告或行政记大过、记过处分以及免职处理的 267 人，诫勉谈话、批评教育 100 人，移送司法机关处理人员均被判处相应刑罚；杨建华犯行贿罪、受贿罪、滥用职权罪，被判处有期徒刑 20 年，时任南充市委书记刘宏建犯玩忽职守罪，被判处有期徒刑 3 年。

资料来源：四川严查南充拉票贿选案　贿选县委书记获刑 20 年.（2015－09－16）［2017－04－28］. http://politics.people.com.cn/n/2015/0916/c1001－27590544.html.

衡阳破坏选举案

2012 年 12 月 28 日至 2013 年 1 月 3 日，衡阳市召开第十四届人民代表大会第一次会议，共有 527 名市人民代表大会代表出席会议，在差额选举湖南省人民代表大会代表的过程中，发生了严重以贿赂手段破坏选举的违纪违法案件。

中纪委专案组查明：衡阳破坏选举案共有 56 名当选的省人民代表大会代表存在送钱拉票的行为，涉案金额 1.1 亿余元，有 518 名衡阳市人民代表大会代表和 68 名大会工作人员收受钱物。

56 名存在送钱拉票行为的省人民代表大会代表，有党员和国家工作人员 32 人，占总数的 57.1%；518 名收受钱物的市人民代表大会代表，有党员和国家工作人员 383 人，占总数的 73.9%；76 名收受钱物的大会随团工作人员，有党员和国家工作人员 46 人，占总数的 60.5%。选举结束后，一名送出 60 余万元的农村基层代表候选人得知落选后当场晕倒。

根据湖南省委的最新通报，衡阳贿选案目前已依法终止 596 人（含具有县人民代表大会代表资格的大会工作人员）、749 名省、市、县（市区）人民代表大会代表资格，分两批给予 466 人党纪政纪处分。第一批 409 人已下达处分决定，其中涉及厅级干部 18 人、处级干部 139 人，第二批也于 6 月底处理到位。此外，湖南省检察机关立案侦查 68 人，其中 50 人已侦查终结移送起诉。最高人民检察院检察长曹建明对外透露，已严肃查办衡阳贿选案背后的破坏选举罪和玩忽职守罪疑犯 69 人，其中湖南省衡阳市人民代表大会常务委员会原主任胡国初（正厅级）、湖南省衡阳市人民代表大会常务委员会原副主任廖解生（副厅级）被以涉嫌玩忽职守罪，原副主任左慧玲（副厅级）被以受贿罪提起公诉。

资料来源：衡阳贿选案三名原人大官员被公诉.（2014-07-31）[2017-04-28]. http://politics.people.com.cn/n/2014/0731/c70731-25373220.html.

（一）选举的组织机构

《选举法》专设第二章“选举机构”。实行间接选举的全国、省、自治区、直辖市、设区的市、自治州的人民代表大会代表选举工作由本级人民代表大会常务委员会主持，实行直接选举的不设区的市、市辖区、县、自治县、乡、民族乡、镇设立选举委员会主持本级人民代表大会代表的选举。选举委员会的组成人员由各县级人民代表大会常务委员会任命，受其领导。第 8 条第 3 款规定省、自治区、直辖市、设区的市、自治州的人民代表大会常务委员会指导本行政区域内县级以下人民代表大会代表的选举工作。修订的《选举法》强调选举委员会的组成人员为代表候选人的，应当辞去选举委员会的职务。《选举法》第 10 条规定选举委员会的职责：划分选举本级人民代表大会代表的选区，分配各选区应选代表的名额；进行选民登记，审查选民资格，公布选民名单，受理对于选民名单不同意见的申诉，并作出决定；确定选举日期；了解核实并组织介绍代表候选人的情况；根据较多数选民的意见，确定和公布正式代表候选人名单；主持投票选举；确定选举结果是否有效，公布当选代表名单；法律规定的其他职责。《选举法》强调选举委员会应当及时公布选举信息。

（二）选区划分

在地域代表制的选举中，划分选区是代表选举的第一个步骤。选区是以一定数量的人口为基础划分的区域，是选民选举产生人民代表的基本单位。凡直接选举前，都必须划分选区，使选民能在一定选区内进行选举活动。在我国，除军人代表采用职业代表制外，其他实行地域代表制。根据《选举法》的规定，不设区的市、市辖区、县、自治县、乡、民族乡、镇的人民代表大会的代表名额分配到选区，按选区进行选举。选区可以按居住状况划分，也可以按生产单位、事业单位、工作单位划分。在划分选区时，一般按照每一选区选 1 名至 3 名代表划分。为了确实保障选举权价值的平等，《选举法》第 25 条规定：本行政区域内各选区每一代表所代表的人口数应当大体相等。如果选区之间的人口数的差距过大，有可能导致选民之间投票效力的不平等，不利于实现选举权的平等性原则。

根据《选举法》的基本精神，划分选区的基本原则是：（1）便于选民参加选举活动，便于选举组织工作的进行。选举是选民参加国家政治生活的基本形式与行使选举权的基本形式，因此，选区的划分要充分考虑选民的实际情况，应从最大限度地维护选民利益的角度出发确定选区的大小与具体范围。既要考虑人口居住状况，也要考虑选民的分布、民族成分、历史传统等因素。选举工作是各个环节相结合的有机整体，选举的具体组织工作直接关系到选民积极性的发挥。因此选区的划分，同时要考虑行政区域的划分、政权机关的设置、企事业单位的具体分布等情况。我国选举制度的民主性决定了选区划分的方法与原则不能考虑任何党派与特定团体的利益，更不允许利用选区划分追求与满足个人不正当的利益。（2）便于选民了解代表候选人，便于代表联系选民。如前所述，选举制度是人民代

表大会制度的基础，表明政治体制运行的程序正义。选举制度的基本价值是选民根据自己的自由意志选举人民代表与国家机关领导人，选民与代表候选人之间的相互了解是选举制度获得合法性的重要前提。由于我国选举制度体制下的人民代表实行非职业化，代表的活动不脱离居住地区、生产单位、事业单位或工作单位，这些地区或单位是选民了解代表候选人的基本场所。合理地划分选区，有利于选民在自己的工作或生活区域了解代表候选人，发挥其政治参与的积极性。如果选区之间人口数比例不协调，有可能侵犯选民的平等权。(3）选区划分要充分考虑选民行使监督和罢免权。根据《选举法》的规定，选民有权监督与罢免自己选出的代表。为了有效地行使这一权利，选民应在选区内及时了解代表是否遵守宪法与法律，是否履行了其职权。合理的选区划分便于选民了解代表的活动，有效地发挥监督与罢免权。

（三）选民登记

选民登记是选举工作的重要环节，是公民取得选民资格的基本程序。根据《选举法》的规定，选民登记按选区进行，它是依法对选民资格进行的法律认可。凡年满 18 周岁、未被剥夺政治权利的公民都应列入选民名单。根据《选举法》的规定，行使选举权的主体是选民，选民是指依照宪法和法律规定，享有选举权，并经过选民登记，领取选民证的公民。选民成为选举权主体应具备如下要件：(1）实质要件。实质要件分积极要件与消极要件：积极要件包括国籍要件与年龄要件。我国《选举法》规定的选举权主体必须是中国公民；行使选举权的年龄规定是年满 18 周岁。消极要件包括身体要件与具有政治权利，依法被剥夺政治权利的人不能行使选举权。(2）形式要件。除具备实质要件外，成为选民还必须经过选民登记。选民登记是国家依法对每个选民行使选举权的一种法律上的确认。

我国的选民登记采用一次性登记的方法。经登记确认的选民资格长期有效。每次选举前，主要是对上次登记以来的变更情况进行重新确认。具体包括：对新满 18 周岁的、被剥夺政治权利期满后恢复政治权利的选民进行登记；上次登记后，迁出本选区的，列入新迁入选区的选民名单；对死亡的和依法被剥夺政治权利的公民从选民名单上除名；对因患精神病不能行使选举权的公民，经确认后不列入选民名单。选民名单是具有法律效力的文件。选民名单应在选举日 20 日以前公布，并向选民发选民证。对于公布的选民名单有不同意见的，选民可以向选举委员会提出申诉。选举委员会对申诉意见，应在 3 日内作出处理决定。申诉人对处理决定不服时，可以在选举日 5 日以前向人民法院起诉，人民法院应在选举日以前作出判决，其判决为最后决定。

（四）代表候选人的提名和正式确定

在整个选举的过程中，代表候选人提名制度是保证选举制度民主性的重要环节。《选举法》对代表候选人提名过程的各个环节作出了具体的规定。

1. 推荐代表候选人

《选举法》规定，全国和地方各级人民代表大会代表候选人，按选区或者选举单位提名产生。各政党、各人民团体可以联合或单独推荐代表候选人。选民或者代表 10 名以上联名，也可以推荐代表候选人。

在被推举人的范围上，《选举法》作出了一些确认和限定。(1）规定县级以上地方各级人民代表大会在选举上一级人民代表大会代表时，代表候选人不限于本级人民代表大会的代表。(2) 候选人人数按差额选举原则提名。(3) 为了更好地保证选民或者代表联名提出候选人权利的实现，《选举法》对提名推荐代表候选人进行了限额，规定“各政党、各人民团体联合或者单独推荐的代表候选人的人数，每一选民或者代表参加联名推荐的代表候选人的人数，均不得超过本选区或者选举单位应选代表的名额”。

2. 正式候选人的确定和预选制度

根据《选举法》的规定，候选人人数不超过关于差额选举的界定范围时，正式代表候选人名单及代表候选人的基本情况应当在选举日的 7 日以前公布。

在选举时，由于存在多种候选人的提名方式，被提名的候选人总量可能超过《选举法》所规定的最大差额比例。因而，如何在众多的候选人中确定正式的候选人就成为选举制度设计中的一个重要问题。《选举法》规定如果所提候选人的人数超过法定的最高差额比例，由选举委员会交各该选区的选民小组讨论、协商，根据较多数选民的意见，确定正式代表候选人名单；对正式代表候选人不能形成较为一致意见的，进行预选，根据预选时得票多少顺序，按照本级人民代表大会的选举办法根据法定的具体差额比例，确定正式代表候选人名单。

3. 介绍代表候选人

代表候选人制度中建立完善的代表候选人介绍制度是发挥选民积极性的重要内容。为了保障选民民主权利的实现，《选举法》规定，选举委员会或者人民代表大会主席团应当向选民或者代表介绍代表候选人的情况；推荐人可以在选民小组或者代表小组会议上介绍所推荐的代表候选人的情况。选举委员会根据选民的要求，组织代表候选人与选民见面，由代表候选人介绍本人的情况，回答选民的问题。但选举日必须停止对代表候选人的介绍。

（五）选举投票和资格审查

选举投票是选举程序的重要环节，是选民行使选举权的集中体现。在选民直接选举人民代表大会代表时，各选区应该设立投票站或者召开选举大会进行投票，由选举委员会主持。间接选举的投票由该级人民代表大会主席团主持。投票结束以后，进入选举结果的确定程序，其内容包括：(1) 确定选举是否有效。在直接选举中，选区全体选民过半数参加投票的选举有效，每次选举所投的票数多于投票人数的无效，等于或者少于投票人数的有效。(2) 代表候选人当选的确定。在直接选举中，选区全体选民的过半数参加投票的选举有效，代表候选人获得参加投票的选民过半数选票即可当选。在间接选举时，代表候选人须获得全体代表的过半数选票才能当选。(3) 复选。第一，获得过半数选票的代表候选人的人数超过应选代表名额时，以得票多的当选。如遇票数相等不能确定当选人时，应当就票数相等的候选人再次投票，以得票多的当选。第二，获得过半数选票的当选代表的人数少于应选代表的名额时，不足的名额另行选举。另行选举时，根据在第一次投票时得票多少的顺序，按照《选举法》规定的差额比例，确定候选人名单。如果只选一人，候选人应为两人。(4) 宣布选举结果。选举结果由选举委员会或者人民代表大会主席团根据《选举法》的规定确定是否有效，并予以宣布。

知识拓展

1988 年 3 月，全国人民代表大会代表资格审查委员会对各省、自治区、直辖市和人

民解放军选出的2 975名（应选2 978名）第七届全国人民代表大会代表的资格进行了审查，认为有2 970名代表的选举符合法律规定，代表资格有效；宁夏人民代表大会在选举全国人民代表大会代表中有5名候选人得票数不足法定票数，当选无效。这5人之所以得票数不足法定票数，是因为宁夏人民代表大会把《选举法》适用于直接选举的规定适用于间接选举，认为得票不少于选票的1/3即可当选。

在历史上还有过这样的情况：1978年2月，各省、自治区、直辖市和人民解放军共选出出席第五届全国人民代表大会的代表3 500名，但提交全国人民代表大会代表资格审查委员会审查的代表只有3 497名。原因是北京市、河北省、辽宁省在代表选出后代表资格尚未确认，就分别自行撤销了本选举单位选出的一名代表的代表职务（当时表述为“资格”）。

资料来源：http://www.npc.gov.cn/npc/zgrdzz/2015－09/11/content_1946448.htm.

一般来说，代表依法选出后，其代表资格应即告有效。在我国，代表选出后即具有了代表身份，在人民代表大会换届时，新一届人民代表大会代表当选后马上可以参加为出席本级人民代表大会会议做准备的调研、视察等活动，但要在人民代表大会会议上行使权利，比如参加审议、投票、提出建议，必须是在其代表资格确认之后。《选举法》规定：代表资格审查委员会依法对当选代表是否符合宪法、法律规定的代表的基本条件，选举是否符合法律规定的程序，以及是否存在破坏选举和其他当选无效的违法行为进行审查，提出代表当选是否有效的意见，向本级人民代表大会常务委员会或者乡、民族乡、镇的人民代表大会主席团报告。县级以上的各级人民代表大会常务委员会或者乡、民族乡、镇的人民代表大会主席团根据代表资格审查委员会提出的报告，确认代表的资格或者确定代表的当选无效，在每届人民代表大会第一次会议前公布代表名单。

（六）代表的辞职、罢免和补选

根据《选举法》的规定，代表可以提出辞职。其具体程序是：（1）全国人民代表大会代表，省、自治区、直辖市、设区的市、自治州的人民代表大会代表，可以向选举他的人民代表大会常务委员会书面提出辞职。常务委员会接受辞职，须经常务委员会组成人员的过半数通过。接受辞职的决议，须报送上一级人民代表大会常务委员会备案、公告。（2）县级的人民代表大会代表可以向本级人民代表大会常务委员会书面提出辞职，乡级的人民代表大会代表可以向本级人民代表大会书面提出辞职。县级的人民代表大会常务委员会接受辞职，须经常务委员会组成人员的过半数通过。乡级的人民代表大会接受辞职，须经人民代表大会过半数的代表通过。接受辞职的，应当予以公告。

知识拓展

法律由“撤换”代表到“罢免”代表规定的演变

1954年《宪法》第38条规定：“全国人民代表大会代表受原选举单位的监督。原选举单位有权依照法律规定的程序随时撤换本单位选出的代表。”对宪法草案关于“随时撤换代表”的规定，宪法起草小组解释说，人民代表大会实行民主集中制，人民代表大会代表由选民产生，并受选民监督。这与资本主义国家不同，他们的代表产生后，不受选民的监督，我们的代表受选民的监督，选民可以随时撤换自己选出的代表。

在 1954 年《宪法》、1954 年《全国人民代表大会组织法》、1954 年《地方各级人民代表大会和地方各级人民委员会组织法》中，都有“随时撤换代表”的规定。1979 年、1982 年、1986 年三次修改《地方各级人民代表大会和地方各级人民委员会组织法》，对这一规定没有修改。1982 年《宪法》、1982 年《全国人民代表大会组织法》将“随时撤换”修改为“罢免”，这里在“罢免”二字前没有保留“随时”二字。对宪法的这一修改，曾参与 1982 年宪法修改委员会秘书处工作的北京大学肖蔚云教授说，把“撤换”修改为“罢免”，这样更通俗一些。1992 年制定的《全国人民代表大会和地方各级人民代表大会代表法》规定，选民或者选举单位有权依法罢免自己选出的代表。1995 年修改《地方各级人民代表大会和地方各级人民委员会组织法》，将“随时撤换”修改为“随时罢免”，这里保留了“随时”二字，并一直保留至今。从上述我国立法的历史看，1954 年规定“随时撤换代表”还是有专门考虑的。

资料来源：http://www.npc.gov.cn/npc/rdgl/rdsh/2014-10/21/content_1881657.htm.

我国《选举法》规定，全国和地方各级人民代表大会的代表受选民与原选举单位的监督。选民或者选举单位都有权罢免自己选出的代表。代表受选民和原选举单位的监督与罢免是选举制度得到落实的一项有力举措。对代表的罢免程序是：（1）对于县级的人民代表大会代表，原选区选民 50 人以上联名，对于乡级的人民代表大会代表，原选区选民 30 人以上联名，可以向县级的人民代表大会常务委员会书面提出罢免要求。县级以上的地方各级人民代表大会举行会议的时候，主席团或者 1/10 以上代表联名，可以提出对由该级人民代表大会选出的上一级人民代表大会代表的罢免案。在人民代表大会闭会期间，县级以上的地方各级人民代表大会常务委员会主任会议或者常务委员会 1/5 以上组成人员联名，可以向常务委员会提出对由该级人民代表大会选出的上一级人民代表大会代表的罢免案。（2）提出罢免案时，应当写明罢免理由，其内容包括被罢免者违法乱纪、不履行代表义务、代表工作不称职等事实情况及有关材料、涉及的法律条文等。（3）被提出罢免的代表有权提出申辩意见，也可以书面提出申辩意见。（4）罢免代表采用无记名投票的表决方式。罢免县级和乡级的人民代表大会代表，须经原选区过半数的选民通过；罢免县级以上的地方各级人民代表大会选出的代表，须经各该级人民代表大会过半数的代表通过；在人民代表大会闭会期间，须经常务委员会组成人员的过半数通过。（5）罢免由县级以上的地方各级人民代表大会选出的代表的决议，须报送上一级人民代表大会常务委员会备案、公告。（6）县级以上的各级人民代表大会常务委员会组成人员，全国人民代表大会和省、自治区、直辖市、设区的市、自治州的人民代表大会专门委员会成员的代表职务被罢免的，其常务委员会组成人员或者专门委员会成员的职务相应被撤销。乡、民族乡、镇的人民代表大会主席、副主席的代表职务被罢免的，其主席、副主席的职务相应被撤销。

当出现由于在任期内调任、死亡、丧失行为能力、被罢免、辞职等原因代表资格终止的情况时，就产生代表缺额必须另行补选的问题。我国《选举法》规定，补选代表由原选区或原选举单位进行；在补选时，可以实行差额选举，也可以等额选举；选举的程序和方式，由省、自治区、直辖市的人民代表大会常务委员会规定。对补选产生的代表，同样要依照规定进行代表资格审查。

第五节　国家结构形式

一、国家结构形式的概念和种类

（一）国家结构形式的概念

国家结构形式也是国家制度的重要内容之一。它指的是特定国家统治阶级根据什么原则，采取何种形式划分国家内部的组成以及调整国家整体与组成部分之间的相互关系。简言之，是指国家整体和部分之间，中央机关和地方机关之间的相互关系，是国家权力的纵向配置。国家结构形式所要解决的问题，就是统治阶级对国家的领土如何划分以及如何处理国家整体和组成部分之间的关系，关键在于中央和地方或组成单位之间的权限划分问题。

国家结构形式与国家政权组织形式同属国家形式，两者有着密切的联系。国家结构形式侧重解决的是国家领土整体与组成部分之间的关系，即体现政权体系纵向的权力分配。政权组织形式侧重解决的是权力机关同行政机关、司法机关以及其他国家机关之间的相互关系，权力机关同人民之间的关系，即体现权力横向的分配。国家政权就是这样体现出来的，这两种形式是实现国家政权职能必要的、不可缺少的表现形式。如果没有这两种形式，国家政权的职能就不能实现。

国家结构形式决定于并反映着国家的阶级本质、为统治阶级专政服务；同时国家结构形式也取决于民族问题，世界上许多联邦制国家都是基于多民族、多种族以及不同的政治、经济和文化因素而建立的。因此，历史上不同类型的国家都很重视国家结构形式。

（二）国家结构形式的分类

现代国家基本上有以下两种国家结构形式。

1. 单一制

单一制是指由若干个不具有独立性的普通行政单位（省、县、乡等）或自治单位等组成的统一的国家。它在形式上比较简单，是一个统一完整的政治实体，其主要特点如下：

（1）从国家机构的组成上看，国家设有统一的中央立法机关、统一的中央政府和统一的司法机关。

（2）从法律体系上看，全国只有一部统一的宪法，由统一的中央立法机关根据宪法制定法律。

（3）从国籍上看，公民只有一个统一的国籍。

（4）从中央与地方关系看，各行政单位和自治单位都受中央的统一领导，没有脱离中央而独立的权力。

（5）在对外关系中，只有国家才能作为国际法的主体。地方权力受中央的统一领导和监督，其权力完全取决于中央的授予。在它的领土上没有其他任何类似的国家组织存在。法国、意大利、日本、挪威、瑞典等是单一制国家。

2. 联邦制

联邦制是指由两个或两个以上有相对独立权的州、邦或成员国组成的统一的国家。它在形式上较单一制国家复杂，其主要特点如下：

（1）从国家机构的组成上看，除有联邦立法机关、联邦政府和司法机关外，各成员国有自己的立法机关、政府和司法机关。

（2）从法律体系上看，联邦有联邦的宪法、法律，各成员国有自己的宪法和法律。

（3）从国籍上看，每个公民既有联邦的国籍又有所在成员国的国籍。

（4）从中央与地方关系看，联邦与成员国之间的权限严格按照宪法分权。

（5）在对外关系上，一般联邦是国际法主体，个别情况下成员国也具有一定的国际法主体资格，如苏联的乌克兰和白俄罗斯。当今世界上除了中国以外的主要大国，如印度、俄罗斯、美国、巴西等国家都实行联邦制。

二、我国是单一制的国家结构形式

（一）我国采取单一制国家结构形式的依据

中国共产党根据马列主义关于民族问题和无产阶级专政的国家结构问题的理论，结合我国实际情况，采取单一制的国家结构形式，我国是多民族的国家，又是统一的国家。这充分反映了我国各族人民的共同愿望。

我国为什么要采取单一制的国家结构形式呢？

1. 理论因素

马列主义认为，在无产阶级夺取政权后，确定国家结构形式时，首先要考虑到无产阶级和各族人民的根本利益。因此，根据马列主义这一原理，结合我国的具体情况，确立了单一制的国家结构形式。

2. 历史关系因素

我国从秦汉以来一直是中央集权的国家，各民族始终在一个统一的国家内生活着，互相交往，共同斗争，彼此结下了深厚的情谊，共同创造了伟大祖国的光辉历史与灿烂文化。几千年间，虽有民族压迫和分裂的历史，但主流是彼此始终合作。近百年来，特别是中国共产党诞生以来，在反帝、反封建和反对国民党反动统治的斗争中，各民族共同的命运使他们联系在一起，形成了不可分离的关系。因此，按照各族人民的意愿组成统一的多民族国家是历史的发展趋势。

3. 民族分布与构成因素

我国有56个民族，汉族人口占总人口的91.02%，其他55个少数民族占总人口的8.98%。但是少数民族分布的地区很广，占全国土地面积的60%左右；从居住状况看，呈现出“大杂居，小聚居”的特点。这种人口少而分布面积广的状况，必然产生一种民族大杂居和小聚居的局面，从而使各民族之间发生政治、经济、文化联系，互相影响、互相融合，建立了团结互助的关系。这样一种局面必须建立统一的国家。

4. 经济发展和现代化建设因素

宪法确认的国家的根本任务，只有在统一的国家里、在民族团结的基础上，才能完成。

5. 主权完整、国家安全因素

从我国所处的国际环境和国际阶级斗争形势来看，帝国主义、霸权主义仍然威胁着我国。在这种情况下，只有加强祖国的统一和各民族人民的团结，才能巩固和发展革命和建设的成果。因此，在我国煽动、挑拨民族分裂，破坏民族团结，都是不能允许的。

（二）我国单一制国家结构形式的发展

我国的单一制结合中国的实际情况，创造了一些独特的制度，但这些制度也仍然是在我国单一制结构形式之下的发展和补充，不仅没改变我国的单一制结构，反而加强巩固了单一制，是我国对单一制理论的丰富和发展。

为解决民族问题，我国建立了单一制下的民族区域自治制度，并制定和修改了民族区域自治法，使各少数民族的民族自治权得以实现。为解决历史遗留问题，我国又创造性地运用“一国两制”建立了特别行政区制度，这是对单一制国家结构形式构成的重大突破，引起了世界的瞩目，很好地解决了香港、澳门两地和平回归祖国，我们坚信总有一天，台湾也会回到祖国的怀抱。

知识拓展

我国从地理环境上来说，东部和南部是大海，西部是帕米尔高原，北部是寒冷的西伯利亚地区。这些地区在古代生产力水平低下的情况下被视作难以逾越的障碍，因此我国的人口流动、经济交流被限制在了“中原”地带，进而形成了一种说着一样的语言、“书同文，车同轨”的中华民族的意识。同时，我国“以农耕经济为主的中原文化具有很强烈的向心力和辐射力”，使周边民族在与汉族的交往中，逐渐地受到了中原文明的影响，即便是外族入侵后执政的元、清时期，在执政之时也在追求着“传统意义上的中国国家利益”。在政治制度设置上，我国也建立了一套相应的制度来保障中央集权，如建立中央管辖的行政机构、屯垦戍边、和亲、设置管理少数民族事务的机构等来维持中央集权。因此实行单一制，我国是有一定的制度基础和良好经验的。自鸦片战争以来，内忧外患一直是我国重点关注的问题，建立独立自主的多民族国家是当前我国发展的主要目标。19 世纪末 20 世纪初，我国洋务运动、维新变法等失败之后，由孙中山领导的辛亥革命推翻了中华两千多年的封建帝制，解放了人们的思想，并建立了中华民国。由于经历了两千多年的政体突然改变，必然会给整个国家的结构形式带来巨大的变化。当时，中华民国究竟应该采取怎样的国家结构成了人们关注的问题，在未建立国家结构之前，人们将孙中山推行的联邦制作为国家结构。19 世纪 90 年代，在创立兴中会时，孙中山提出了“驱除鞑虏、恢复中华、创立合众政府”的口号，而这一口号中所提出的合众政府恰好与美国联邦制相类似。然而当时的国民迫切希望统一，袁世凯利用了这一点窃取了革命果实，建立了中央集权的“中华帝国”。历史的实践证明，我国并不适合单一制以外的国家结构。综上所述，一个国家的结构形式并不能“一刀切”地分为单一制或者是联邦制。规律是在总结现实存在的事物之后提出的，而并不是完全按照规律发展的。我国虽然是单一制的国家结构，但是在实际上，在不动摇单一制的基础上可以吸收部分联邦制的思想，使得我国的国家结构更为科学。

资料来源：刘瑛达. 中美国家结构形式对比——简论美国联邦制对我国单一制的借鉴意义. 科技与企业，2013（23）.

三、我国的行政区划

（一）行政区划的概念

行政区划即行政区域划分，是指国家按照经济发展和行政管理的需要，把全国的领土划分为大小不同、层级不同的部分，并设立相应的地方国家机关，以便进行管理。行政区划属于国家结构的范围，也是国家领土结构。

每个国家都必须有一定的领土作为其行使权力的空间；同时也必须把领土划分成若干部分和层级，分别组织国家机关，以实现国家的职能，行政区划是人为的，不是自然形成的。在具体划分行政区域时，要考虑民族构成、历史传统、人口分布、地理交通条件和有无政治、经济中心以及政权机构设置等因素，同时也要考虑便于国家机关和人民群众的联系等因素，以利于社会主义事业的发展。行政区划如何划分同国家性质有一定的关系。由于国家性质不同，不同类型的国家划分行政区划的原则是不同的。

（二）我国行政区划的种类

根据区域自治程度的大小，我国现行的行政区划包括：普通行政区域，即除自治地方和特别行政区以外的区域都属于普通行政区域；民族自治地方区域，相对于普通行政区域享有宪法和法律规定的自治权；特别行政区域，享有宪法和法律规定的高度自治权。

（三）我国现行行政区划

根据《宪法》的规定，我国目前的行政区划如下：一般行政区域单位为省、直辖市、县、市、市辖区；民族自治地方为自治区、自治州、自治县；特别行政区，国家在必要时设立特别行政区。

《宪法》规定的行政区划基本上是三级制，即省（自治区、直辖市），县（自治县、县级市），乡（民族乡、镇）。有的省、自治区下设自治州、市，而州、市下属的自治县、县或区又设乡、民族乡、镇的，属于四级制。

我国目前行政区划现状：截至1999年底，我国共有34个省（自治区、直辖市，含台湾地区）。

目前我国民族自治体制已经基本适应了少数民族地域分布状况。在行政区划上，设置少数民族自治地方的任务已经基本完成。全国民族自治地方共有自治区5个，自治州30个，自治县117个，自治旗3个。

根据《宪法》第31条的规定设立的特别行政区，是中央人民政府领导下的一级地方行政单位，它和省、自治区、直辖市属于同一等级，是我国新的行政区划形式。1997年7月1日香港回归，香港成为我国第一个特别行政区。1999年12月20日澳门成为我国的第二个特别行政区。有些省、自治区所设的行政公署，是省、自治区人民政府的派出机关，不是一级政权，截至2017年10月，我国行政公署仅剩10个。现有10个行政公署分别为：黑龙江省大兴安岭地区，西藏自治区阿里地区，新疆维吾尔自治区阿克苏、喀什、和田、塔城、阿勒泰地区，内蒙古自治区锡林郭勒盟、兴安盟、阿拉善盟。县、自治县人民政府经省、自治区、直辖市人民政府批准设立的区公所，市辖区、不设区的市人民政府经上一级人民政府批准设立的街道办事处也是派出机构。

在我国，为了加速现代化建设进程，实行改革开放的经济政策，经全国人民代表大会批准在广东、福建等省划分一定区域设立了经济特区。现有的四个经济持区是：深圳、珠海、厦门、汕头。与此同时还开放了港口城市。经济特区是在一定区域内划出一定范围，在对外经济活动中，实行特殊的经济政策。因此国家设立的经济特区和开放港口城市不属于行政区域划分。

四、我国的民族区域自治制度

（一）民族区域自治制度的概念、特点

民族区域自治制度是指在统一的祖国大家庭内，在国家统一领导下，按照宪法规定，以少数民族聚居区为基础，建立相应的自治地方，设立自治机关，行使自治权，由实行民族区域自治的民族公民当家做主，管理本民族内部地方性事务。各民族自治地方都是中华人民共和国不可分离的组成部分。

我国实行民族区域自治制度，既符合马列主义关于民族问题的基本原理，也符合我国民族历史发展的客观规律和民族关系的具体特点。

第一，民族区域自治制度保证了祖国的统一和各民族的团结。它有利于促进各民族间的团结合作，巩固人民民主专政，保证社会主义建设事业的顺利进行。随着中华人民共和国的建立，我国各族人民获得了解放，实现了政治、法律上的平等。这就有利于各民族之间的互相交流和优势互补，加强各民族之间经济、文化的联系，促进各民族经济、文化的共同发展，为消除历史上遗留下来的各民族之间的矛盾、隔阂和不信任心理创造了条件，保障了国家的统一，促进了各民族的平等、团结、互助、和谐。

第二，民族区域自治制度保障了少数民族的平等权利和当家做主、管理本民族内部事务的权利。它有助于调动少数民族人民管理国家各项事务，特别是本民族事务的积极性，体现少数民族人民在自治地方的当家做主权利，从而保障了少数民族人民的政治地位和平等权利。我国民族区域自治是地方自治和民族自治的有机结合。民族自治机关除了享有一般地方国家机关权力外，还享有广泛的自治权。这就为民族地区立足于本民族地区特点，在政治、经济、文化等方面更快、更好地发展开拓了广阔的空间，并且有利于国家从立法、行政、组织等方面来保障少数民族民主权利和自治权利的切实实现。

第三，民族区域自治制度促进了少数民族的进步和发展。它便于发挥少数民族人民建设社会主义现代化强国的创造性、智慧和才能，促进本民族地区的经济、文化的繁荣和发展，为消灭民族差别打下物质基础。由于历史的原因，我国各少数民族之间还存在着事实上的不平等。民族区域自治在国家的统一领导下，以先进地区的发展经验和技术来支援、帮助落后的少数民族地区。与此同时，国家还赋予民族地区广泛的自治权，在财政、税收等方面给予民族地区大量的优惠政策，使民族地区可以结合自身的资源、地理优势，充分利用外在的有利条件，以赶上、超过先进地区。从这个意义上讲，民族区域自治制度是一种有利于少数民族进步和发展的先进的政治制度，特别是随着社会主义市场经济体制的建立和发展，它必将极大地调动民族地区人民的积极性、创造性和主动性，最终实现各民族的共同繁荣。

第四，民族区域自治制度有助于国家统一，实现中央统一领导，确保国家的独立和领土完整，反对分裂祖国的活动，使民族自治地方自治机关的全部活动都符合宪法原则精神。

（二）民族区域自治地方建立的原则与类型

1. 建立民族区域自治地方的基本原则

我国《宪法》和《中华人民共和国民族区域自治法》（以下简称《民族区域自治法》）在总结历史经验的基础上，规定了以下建立民族区域自治地方的基本原则：

（1）以少数民族聚居区为基础。所谓以少数民族聚居区为基础，有两层含义：其一是

建立民族自治地方以少数民族聚居为基础，而不是以少数民族所占当地人口的一定比例为基础。我国法律没有对实行自治的民族所占人口比例作出具体规定，也就是说，民族人口比例不是建立民族自治地方的前提条件；其二是建立民族自治地方以少数民族聚居的地区为基础，而不是单纯以民族成分为基础。由于民族区域自治是民族在一定地区范围内的自治，离开一定地域基础就会变成空中楼阁；同时，民族区域自治是民族在一定地区的自治，离开实行自治的主体——民族，民族自治就是一句空话，所以，我国的民族区域自治既不是单纯的民族自治，也不是单纯的区域自治，而是两者的有机结合。根据我国《宪法》和《民族区域自治法》的规定，依据各民族聚居的具体情况，我国建立了以一个少数民族聚居区为基础的自治地方，以两个或两个以上的少数民族聚居区为基础的联合自治地方，以及以一个较多的少数民族聚居区为基础、包括其他一个或几个人口较少的少数民族聚居区的自治地方。同时，依据聚居的情况一个少数民族可以建立多个自治地方；在一个民族自治地方内有其他少数民族聚居的地方，可以建立相应的其他少数民族的自治地方；在一个民族自治地方内依据本地方的实际情况，可以建立包括汉族或者其他民族的聚居区和城镇。例如，回族不仅建立了宁夏回族自治区，在其他省、区还有两个自治州、11 个自治县；蒙古族不仅建立了内蒙古自治区，在其他省、区还有 3 个自治州、7 个自治县。

（2）尊重历史传统。在长期的历史发展中，我国各民族人民互相杂居，在政治、经济、文化、社会生活各方面已经形成了密不可分的亲密关系。各民族共同开拓了祖国的疆域，共同创造了悠久的历史和灿烂的文化，形成了汉族离不开少数民族、少数民族也离不开汉族的经济社会格局。因此，建立民族自治地方必须考虑历史因素，以便加强民族团结，促进各民族共同繁荣。

（3）各民族共同协商。建立什么样的自治地方，直接关系到当地有关民族人民的切身利益。因此，在自治地方的建立、区域界限的划分、名称的组成等一系列问题上，必须同当地有关民族的代表充分协商后，按照法律规定的程序报请批准。自治区的建置由全国人民代表大会批准，自治州、自治县的建置由国务院批准，自治区、自治州、自治县的区域划分由国务院批准。

2. 我国的民族自治地方

（1）以一个少数民族聚居区为基础建立的自治地方，如宁夏回族自治区、延边朝鲜族自治州。

（2）以一个人口较多的少数民族聚居区为基础，包括其他一个或几个较少的少数民族聚居区建立的自治地方，如新疆维吾尔自治区、广西壮族自治区。

（3）以两个或两个以上少数民族聚居区为基础联合建立的自治地方，如湘西土家族苗族自治州、黔东南苗族侗族自治州。

在上述各民族自治地方内，通常都包括一定数量的汉族居民。到 1998 年，我国建立的民族自治地方达 155 个，其中有 5 个自治区、30 个自治州、120 个自治县（旗），实行自治的民族有 45 个，6 000 多万人，占少数民族总人口的 80%以上。

此外，凡是相当于乡的少数民族聚居的地方，应当建立民族乡。民族乡有权依照法律和有关规定，结合本民族的具体情况和民族特点，因地制宜地发展经济、文化、教育和卫生事业。但民族乡不是一级民族自治地方。

五、我国的特别行政区

（一）"一国两制"与特别行政区的设立

1."一国两制"的概念与主要内容

"一国两制"是"一个国家，两种制度"的简称，是指中华人民共和国这个统一的社会主义国家里，在相当长的时期内，大陆实行社会主义制度，允许台湾、香港、澳门这三个地区实行资本主义制度。"一国两制"是在我国的现实历史条件下，为解决香港、澳门和台湾问题而提出的一个伟大构想，根据这一构想，香港、澳门和台湾不实行社会主义制度和政策，保持原有的资本主义制度和生活方式。

"一国两制"是史无前例的创举，内容非常丰富，归纳起来，主要有以下几点：

（1）坚持国家的统一，维护国家主权和领土完整。香港、澳门、台湾自古以来就是中国的领土，因为历史的原因，香港曾被英国所占，澳门曾被葡萄牙所占，台湾至今为国民党所统治，其间民进党统治过几年。完成祖国统一大业是中华民族人民的共同愿望，实现"一国两制"的一个重要目的是完成国家的统一大业。

（2）特别行政区实行高度自治。国家授予特别行政区以高度自治权，中央不去干预这些属于自治范围内的事务。这些自治权包括行政管理权、立法权、独立的司法权和终审权。

（3）在特别行政区，原有的社会、经济制度不变；生活方式不变；法律基本不变。香港、澳门特别行政区不实行社会主义制度和政策，保持原有的资本主义制度和生活方式，50年不变。这是"一国两制"方针中体现"两制"的最主要内容。

（4）特别行政区的行政机关和立法机关由当地人组成。这里所说的当地人，是指香港或澳门的本地人。香港、澳门特别行政区的行政机关和立法机关都由本地人组成，中央不派人去香港、澳门参与行政和立法工作。这就是通常所说的"港人治港""澳人治澳"。

综观"一国两制"的内容，它贯穿了实事求是、从实际出发的原则。讲"一国两制"，首先是"一国"，是解决国家的主权和统一问题，这是前提。其次是"两制"，是在中华人民共和国的主权范围内，社会主义和资本主义两种制度并存。"两制"并不是平行的两种社会制度，而是以社会主义制度为主体，以我国宪法为保证，社会主义和资本主义两种制度相互促进，共同发展。"一国两制"从时代发展的高度正确处理两种制度的辩证关系，因而是积极可行的。如今它已在香港、澳门获得了成功实践。

2.特别行政区的设立

特别行政区是指在我国版图内，根据我国《宪法》和法律的规定专门设立的具有特殊的法律地位，实行特别的社会、经济制度，直辖于中央人民政府的行政区域。特别行政区是统一的中华人民共和国境内的一级行政区域，是为了通过和平方式解决历史遗留的香港、澳门、台湾问题而设立的特殊的地方行政区域。它是"一国两制"方针的具体体现，是把马克思主义国家学说结合中国具体情况的创造性运用。

我国《宪法》第31条规定："国家在必要时得设立特别行政区。在特别行政区内实行的制度按照具体情况由全国人民代表大会以法律规定。"《宪法》第62条又规定，全国人民代表大会有权"决定特别行政区的设立及其制度"。这些规定为在我国设立特别行政区提供了宪法依据和具体程序。

1990年4月4日第七届全国人民代表大会第三次会议通过的《中华人民共和国香港特别行政区基本法》（以下简称《香港基本法》）和1993年3月31日第八届全国人民代

表大会第一次会议通过的《中华人民共和国澳门特别行政区基本法》（以下简称《澳门基本法》），分别在序言中宣布：为了维护国家的统一和领土完整，保持香港、澳门的稳定和繁荣，考虑到香港、澳门的历史和现实情况，国家决定，在对香港、澳门恢复行使主权时，根据我国《宪法》第31条的规定，在香港、澳门分别设立特别行政区，并按照“一国两制”的方针，不在香港、澳门实行社会主义制度和政策。香港和澳门分别于1997年7月1日和1999年12月20日按照“一国两制”的构想顺利地回归，建立了两个以往人类历史上从没有出现过的新型地方类型。

（二）特别行政区的法律地位

第一，特别行政区是我国单一制国家不可分离的部分。

第二，特别行政区是我国的一个地方行政区域，与中央的关系是一个主权国家内部地方与中央的关系，接受中央的领导。

第三，特别行政区是直辖于中央人民政府的一级地方行政区域。特别行政区受中央人民政府直接管辖，没有任何中间层次；全国人民代表大会及其常务委员会对特别行政区有授权和监督关系；特别行政区下不再设任何政权单位。

第四，特别行政区是实行高度自治的地方区域。

（三）中央与特别行政区的关系

中央与特别行政区的关系是指中央对特别行政区实行管辖和特别行政区在中央监督下实行高度自治而产生的相互关系。中央和特别行政区的关系的核心是权力划分和行使，即中央对特别行政区行使哪些权力，特别行政区被授予哪些权力以及中央对特别行政区行使权力的监督等。

1. 中央管理的有关特别行政区的事务

在《香港基本法》《澳门基本法》中，“中央”不是我们通常所说的“中共中央”，而是指与特别行政区发生领导与被领导、监督与被监督、授权与被授权关系的中央国家机关，包括全国人民代表大会及其常务委员会、国务院和中央军事委员会。根据《香港基本法》和《澳门基本法》的规定，凡是主权范围内的事务均应由中央负责管理。中央对特别行政区行使一些必不可少的权力，就是行使国家主权。这些权力包括：

（1）负责管理与特别行政区有关的外交事务和防务。香港、澳门特别行政区作为非主权的地方行政区域，其本身并没有外交事务，只是在我国的整体外交工作中，有一些涉及香港和澳门特别行政区的外交事务。香港和澳门驻军的职责是，维护国家的主权、统一、领土完整及香港和澳门的安全。

知识拓展

对驻军这个问题，邓小平同志的态度是十分坚定的。1984年4月，他在审阅外交部《关于同英国外交大臣就香港问题会谈方案的请示》报告时，就在关于驻军问题的一条下亲批：“在港驻军一条必须坚持，不能让步。”

思考：“在港驻军一条必须坚持，不能让步。”为什么？

（2）任命行政长官和主要官员。中央人民政府有权任免香港与澳门特别行政区的行政长官和主要官员。所谓“主要官员”，根据《香港基本法》第48条的规定，是指各司司

长、副司长、各局局长、廉政专员、审计署长、警务处处长、入境事务处处长、海关关长。根据《澳门基本法》第50条的规定，是指各司司长、廉政专员、审计长、警察部门主要负责人和海关主要负责人。

（3）决定特别行政区进入紧急状态。全国人民代表大会常务委员会决定宣布战争状态或因特别行政区内发生特别行政区政府不能控制的涉及国家统一和安全的动乱而决定特别行政区进入紧急状态，中央人民政府可发布命令将有关全国性法律在特别行政区实施。特别行政区进入紧急状态的决定，应由全国人民代表大会常务委员会作出。负责组织实施全国人民代表大会常务委员会决定的机关是国务院。这里所说的“有关全国性法律”，是指同紧急状态有关的全国性法律，并不是指所有的全国性法律都在特别行政区实施。

（4）解释特别行政区基本法。基本法的解释权属于全国人民代表大会常务委员会。根据《宪法》的规定，全国人民代表大会常务委员会拥有基本法的解释权，是指凡须对基本法有关条文的具体含义予以明确界定的，应由全国人民代表大会常务委员会作出解释。

知识拓展

《香港基本法》在香港实施以来，全国人民代表大会常务委员会进行了四次释法，成功化解了香港回归以来的四次危机。

第一次释法。在1999年6月26日，全国人民代表大会常务委员会对《香港基本法》第22条第4款和第24条第2款有关香港居港权的问题作出了解释。当时，香港终审法院对居港权案作出的判决引起两地法律界人士哗然。此案的焦点之一首先是香港终审法院是否有权审查全国人民代表大会及其常务委员会的立法行为，其次是什么样的人才具有居港权。后来，终审法院在特区政府的要求下作出澄清，并以此化解了危机。

在居港权问题的释法上，该负责人指出，首先，终审法院在解释《香港基本法》涉及中央与地方关系的条款中，没有提请全国人民代表大会常务委员会作出解释，在程序上是有瑕疵的。其次，终审法院在居港权问题的解释上只从保证人权的角度出发，但明显不符合立法原意，甚至有可能导致大量内地人士获得居港权而蜂拥至香港，使香港承受巨大的人口压力。国务院向全国人民代表大会常务委员会提出释法请求，全国人民代表大会常务委员会于是作出释法。

第二次释法。在2004年4月6日，全国人民代表大会常务委员会对《香港基本法》附件一第2条和第3条作出了解释。当时香港正在进行政制检讨。2004年3月“两会”期间，港区全国人民代表大会代表强烈要求人民代表大会释法。在这个背景下，全国人民代表大会常务委员会委员长会议提出释法。

人民代表大会常务委员会的解释明确了中央对香港政制发展的主导权，即“两个产生办法”是否需要修改，由全国人民代表大会常务委员会决定，人民代表大会常务委员会要根据行政长官在向社会各界征求意见后提交的报告，以及香港的实际情况和循序渐进的原则作出决定。

第三次释法。在2005年4月27日全国人民代表大会常务委员会就“二五之争”作出解释。当时，董建华在3月12日提出辞职，被国务院接受，并当选全国政协副主席。按照《香港基本法》的规定，行政长官缺位以后要在六个月内选举产生新的行政长官，问题在于产生新的行政长官的任期是五年还是两年？人民代表大会常务委员会最终作出两年任期的解释。

人民代表大会常务委员会有关人员与香港法律界进行了接触。乔晓阳当时讲，《香港基本法》条文有歧义很正常，内地是中国特色的社会主义成文法，香港是普通法。面对《香港基本法》这样一部成文的宪制性的法律，有不同认识很正常。即使在同一法律制度下，对一部法律也会有争议。要用正常的心态来看待不同意见，不要政治化，不要简单化，不要情绪化。

所谓不要政治化，是指法律问题就是法律问题，要以法律的眼光、法律的方式来解决问题，不要在政治上看问题。所谓不要简单化，是指回归以后，宪制发生了变化，要以新的思维学会换位思考，加强沟通，不要死抱着普通法的那一套，要互相谅解，多磨合。所谓不要情绪化，是指要以理服人。①

第四次释法。在2016年11月7日，全国人民代表大会常务委员会关于《香港基本法》第104条的解释。《香港基本法》第104条规定相关公职人员“就职时必须依法宣誓”，具有以下含义：（1）宣誓是该条所列公职人员就职的法定条件和必经程序。（2）宣誓必须符合法定的形式和内容要求。（3）宣誓人拒绝宣誓，即丧失就任该条所列相应公职的资格。（4）宣誓必须在法律规定的监誓人面前进行。近年来，香港社会出现了一股“港独”思潮，一些人打出“港独”旗号，成立“港独”组织，甚至进行非法暴力活动。在不久前进行的香港特区第六届立法会议员就职宣誓仪式上，少数候任议员故意违反宣誓要求，公开宣扬“港独”，侮辱国家和民族，被裁定宣誓无效后，仍然强闯立法会，致使立法会无法正常开会。这些言行公然挑战《香港基本法》，阻碍了香港特区政权机构的正常运作，破坏了香港的法治，冲击了“一国两制”的原则底线，对国家主权、安全造成了严重威胁。这类状况持续下去，必然损害香港特区广大居民的切身利益和国家发展利益，中央不能坐视不管。②

思考：在什么情况下，需要全国人民代表大会常务委员会解释《香港基本法》?

（5）修改特别行政区基本法。《香港基本法》《澳门基本法》的修改权属于全国人民代表大会。

2. 特别行政区行使高度自治权

特别行政区享有的高度自治权，是特别行政区区别于我国民族区域自治地方和普通地方行政区域的主要标志，是特别行政区法律地位独特性的重要表现。按照《香港基本法》《澳门基本法》的规定，特别行政区享有的高度自治权主要包括：行政管理权、立法权、独立的司法权和终审权、中央人民政府授权特别行政区依照基本法自行处理对外事务权、其他权力。

第六节　国家标志

国家的标志即国家的象征，主要包括国旗、国歌和首都，是一个主权国家的代表和

① 王德军. 全国人大常委会三次解释基本法　化解香港危机. 中国新闻网，2007-05-27.

② 全国人民代表大会常务委员会关于《中华人民共和国香港特别行政区基本法》第一百零四条的解释.（2016-11-07）[2017-04-28]. http://www.545600.com/thread-410398-1-1.html.

象征，在国际交往中起着国家标识的作用，代表着国家的主权、独立和尊严，并且往往反映了一个国家的历史传统、民族精神以及文化意识等。每个国家都有自己的国家标志。我国的国家标志是中华人民共和国成立初期由第一届中国人民政治协商会议确定的。

一、国旗

国旗是一个主权国家的象征和标志，它通过一定的式样、色彩和图案来反映一个国家的政治特点和历史文化传统。因此，各国往往以宪法或专门的法律来规定国旗的名称、图案以及使用方法。1990 年 6 月 28 日，我国第七届全国人民代表大会常务委员会第十四次会议通过的《中华人民共和国国旗法》（以下简称《国旗法》）系统地规定了国旗的构成、制作、升挂以及使用办法。

我国的国旗是五星红旗。红色的旗面象征着革命，大五角星代表中国共产党，四颗小五角星代表中华人民共和国成立时的工人阶级、农民阶级、城市小资产阶级和民族资产阶级；四颗小五角星呈椭圆状围绕在大五角星右侧，各有一个角尖正对着大星的中心，表示紧密团结在中国共产党的周围；大五角星的一个角尖正向上方，象征党的领导坚强有力；黄色五角星象征人民内部的团结。

尊重和爱护国旗是每个公民和组织的义务。《国旗法》第 17 条规定："不得升挂破损、污损、褪色或者不合规格的国旗。"第 18 条规定："国旗及其图案不得用作商标和广告，不得用于私人丧事活动。"《中华人民共和国刑法》（以下简称《刑法》）也规定，在公众场合故意以焚烧、毁损、涂划、玷污、践踏等方式侮辱中华人民共和国国旗的，处 3 年以下有期徒刑、拘役、管制或者剥夺政治权利。

二、国歌

知识拓展

"起来！不愿做奴隶的人们！把我们的血肉筑成我们新的长城！中华民族到了最危险的时候。每个人被迫着发出最后的吼声。起来！起来！起来！我们万众一心，冒着敌人的炮火，前进！冒着敌人的炮火，前进！前进！前进！进！"

尽人皆知，这是中华人民共和国国歌歌词。国歌原名为《义勇军进行曲》，是著名戏剧家田汉于 1935 年 2 月创作的电影剧本《风云儿女》的主题歌，由人民音乐家聂耳谱曲。

1949 年 9 月，在北平召开了第一届中国人民政治协商会议，准备成立中华人民共和国中央人民政府。在讨论国歌时，马叙伦提议用早已在群众中流传的《义勇军进行曲》作为国歌，与会者一致表示赞同。

1966 年 2 月，江青及其同伙抓住田汉编的京剧《谢瑶环》中的个别词句，断章取义，上纲为"反党反社会主义"的大毒草。1966 年 12 月，田汉被捕入狱。1968 年 12 月 10 日，田汉含冤惨死于狱中。

田汉被打倒之后，他的作品也就成为"毒草"而遭到批判和禁止。可是国歌要在各种庄严的场合演奏，于是就出现了一种奇特的现象：当时的国歌只有曲没有词；只能演奏不能唱。这也是“史无前例”的怪事。

1976 年 10 月，“四人帮”被粉碎。但许多冤假错案没有得到及时平反昭雪，田汉的冤案也不例外。当时的有关领导为了填补国歌歌词的“空白”，决定由国家文化部牵头，成立了一个“国歌歌词征集办公室”。经过几个月的发动和征集，终于确定了一首新的国歌歌词。内容如下：

“前进！各民族英雄的人民，伟大的共产党领导我们继续长征。万众一心奔向共产主义明天，建设祖国保卫祖国英勇地斗争。前进！前进！前进！我们千秋万代高举毛泽东旗帜前进！高举毛泽东旗帜前进！前进！前进！进！”

新国歌歌词被提交全国人民代表大会讨论，于 1978 年 3 月 5 日下午在第五届全国人民代表大会全体会议上通过。

党的十一届三中全会以后，大批冤假错案得到平反昭雪。1979 年 3 月 1 日，《人民日报》发表文章，宣布根本不存在一条所谓“文艺黑线”和所谓以“四条汉子”周扬、夏衍、田汉、阳翰笙为代表的黑线人物。田汉的冤案终于得到彻底平反昭雪。

1982 年 12 月 4 日，在第五届全国人民代表大会第五次会议上，许多代表提出，鉴于田汉的历史冤案已经彻底平反，恢复了名誉，他所作的国歌歌词也应予以恢复。

第五届全国人民代表大会第五次会议于 1982 年 12 月 4 日通过了恢复《义勇军进行曲》为中华人民共和国国歌，撤销本届人民代表大会第一次会议 1978 年 3 月 5 日通过的关于中华人民共和国国歌的决定。

资料来源：雷生宏. 党史博览，2008（5）.

国歌是体现民族精神的歌曲，我国的国歌是《义勇军进行曲》，由田汉作词、聂耳作曲。1949 年 9 月 27 日中国人民政治协商会议第一届全体会议通过了关于国歌的决议，决定在中华人民共和国国歌未正式制定以前，以《义勇军进行曲》为国歌。

2004 年《宪法修正案》里，将《宪法》第四章的名称改为“国旗、国歌、国徽、首都”，并在这一章的第 136 条中增加 1 款，作为第 2 款：“中华人民共和国国歌是《义勇军进行曲》。”将国歌正式写入宪法，有利于维护国歌的权威性和稳定性，增强全国各族人民的国家认同感和国家荣誉感。

三、国徽

国徽是国家的象征和标志，它通过特定的图案来表现国家的历史文化传统、政治体制和民族精神。我国《宪法》规定：“中华人民共和国国徽，中间是五星照耀下的天安门，周围是谷穗和齿轮。”国徽用天安门作图案，表示中华人民共和国的诞生；五个五角星象征着中国共产党领导下的人民大团结；齿轮和谷穗表明我国是工人阶级领导下的工农联盟为基础的人民民主国家。

《中华人民共和国国徽法》规定，一切组织和公民都应当尊重和爱护国徽。国徽及其图案不得用于商标、广告、日常生活的陈设布置、私人庆祝活动以及国务院规定不得使用国徽及其图案的其他场合。不得悬挂破损、污损或者不合规格的国徽。《刑法》规定，在公众场合故意以焚烧、毁损、涂划、玷污、践踏等方式侮辱中华人民共和国国徽的，处 3 年以下有期徒刑、拘役、管制或者剥夺政治权利。

四、首都

首都是一个国家法定的中央国家机关所在地，是这个国家的政治中心。我国《宪法》规定："中华人民共和国首都是北京。"北京作为我国的首都是由 1949 年 9 月 27 日中国人民政治协商会议第一届全体会议确定的。

【课后训练】

一、名词解释

国家性质 经济制度 统一战线 非公有制经济 国有经济 社会主义文明 政治文明 精神文明 生态文明 政权组织形式 人民代表大会制度 共和制 选举 选举制度 选举法 直接选举 秘密投票 差额选举 选区 行政区划 民族区域自治 特别行政区

二、单项选择题

1. 国家的基本社会制度是国家制度体系中的重要内容。根据我国宪法规定，关于国家基本社会制度，下列哪一表述正确的是（　　）。

A. 国家基本社会制度包括发展社会科学事业的内容

B. 社会人才培养制度是我国的基本社会制度之一

C. 关于社会弱势群体和特殊群体的社会保障的规定是对平等原则的突破

D. 社会保障制度的建立健全同我国政治、经济、文化和生态建设水平相适应

2. 关于经济制度与宪法关系，下列选项错误的是（　　）。

A. 自德国魏玛宪法以来，经济制度便成为现代宪法的重要内容之一

B. 宪法对经济关系特别是生产关系的确认与调整构成一国的基本经济制度

C. 我国宪法修正案第十六条规定，法律范围内的非公有制经济是社会主义市场经济的重要组成部分

D. 私有财产神圣不可侵犯是我国宪法的一项基本原则

3. 近代意义的宪法产生以来，文化制度便是宪法的内容。关于两者的关系，下列选项不正确的是（　　）。

A. 1787 年美国宪法规定了公民广泛的文化权利和国家的文化政策

B. 1919 年德国魏玛宪法规定了公民的文化权利

C. 我国现行宪法对文化制度的原则、内容等做了比较全面的规定

D. 公民的文化教育权、国家机关的文化教育管理职权和文化政策，是宪法文化制度的主要内容

4. 根据宪法和法律的规定，下列选项错误的是（　　）。

A. 2004 年宪法修正案明确规定"非公有制经济的从业人员"是"我国社会主义事业的建设者"

B. 1999 年宪法修正案明确规定非公有制经济是社会主义市场经济的重要组成部分

C. 1999 年宪法修正案将国家保障公民的合法的私有财产神圣不可侵犯写进宪法

D. 1988 年宪法修正案明确规定集体土地所有权可以依法出租或者转让

5. 根据《宪法》和法律规定，关于人民代表大会制度，下列选项不正确的是（　　）。

A. 人民代表大会制度体现了一切权力属于人民的原则
B. 地方各级人民代表大会是地方各级国家权力机关
C. 全国人民代表大会是最高国家权力机关
D. 地方各级国家权力机关对最高国家权力机关负责，并接受其监督

6. 我国的根本政治制度是（　　）。
A. 社会主义制度
B. 人民代表大会制度
C. 中国共产党领导的多党合作和政治协商制度
D. 民族区域自治制度

7. 人民代表大会制度的核心内容是（　　）。
A. 民主集中制　　B. 国家的一切权力属于人民
C. 坚持中国共产党的领导　　D. 广泛的人民参与

8. 我国人民代表大会制度的逻辑起点是（　　）。
A. 选民民主选举代表　　B. 国家的一切权力属于人民
C. 对人民负责、受人民监督　　D. 人民主权

9. 中国特色社会主义最本质特征是（　　）。
A. 社会主义制度　　B. 人民代表大会制度
C. 中国共产党的领导　　D. 生产资料公有制

10. 某选区选举地方人民代表，代表名额 2 人，第一次投票结果，候选人按得票多少排序为甲、乙、丙、丁，其中仅甲获得过半数选票。对此情况的下列处理意见哪一项符合法律的规定？（　　）
A. 宣布甲、乙当选
B. 宣布甲当选，同时以乙为候选人另行选举
C. 宣布甲当选，同时以乙、丙为候选人另行选举
D. 宣布无人当选，以甲、乙、丙为候选人另行选举

11. 某选区共有选民 13 679 人，高先生是数位候选人之一。请问根据现行宪法和选举法律，在下列何种情况下，高先生可以当选？（　　）
A. 参加投票的人数为 13 663 人，高先生获得选票 6 831 张
B. 参加投票的人数为 6 841 人，高先生获得选票 3 421 张
C. 参加投票的人数为 13 643 人，高先生获得选票 6 749 张
D. 参加投票的人数为 13 685 人，高先生获得选票 13 073 张

12. 下列哪个是 2018 年修宪的内容？
国家的根本任务是，沿着中国特色社会主义道路，集中力量进行社会主义现代化建设，把我国建设成为富强民主文明和谐美丽的社会主义现代化强国，实现中华民族伟大复兴。（　　）
A. 富强　　B．民主　　C. 文明　　D. 美丽和谐

13. 根据我国现行宪法的规定，下列关于行政区划的表述，正确的是（　　）。
A. 海南省三沙市的设立由国务院批准
B. 澳门特别行政区的设立由全国人大常委会批准

C. 北京市东城区和崇文区的合并由北京市人大批准
D. 沈阳市东陵区和浑南新区的合并由辽宁省人大批准
14. 下列哪些机关不向人大负责（　　）。
A. 监察委员会　　B. 政协　　C. 政府　　D. 法院

三、多项选择题

1. 根据《宪法》规定，关于我国基本经济制度的说法，下列选项正确的是（　　）。
A. 国家实行社会主义市场经济
B. 国有企业在法律规定范围内和政府统一安排下，开展管理经营
C. 集体经济组织实行家庭承包经营为基础、统分结合的双层经营体制
D. 土地的使用权可以依照法律的规定转让
2. 关于国家文化制度，下列哪些表述是正确的？（　　）
A. 我国宪法所规定的文化制度包含了爱国统一战线的内容
B. 国家鼓励自学成才，鼓励社会力量依照法律规定举办各种教育事业
C. 是否较为系统地规定文化制度，是社会主义宪法区别于资本主义宪法的重要标志之一
D. 公民道德教育的目的在于培养有理想、有道德、有文化、有纪律的社会主义公民
3. 根据我国宪法的规定，下列选项正确的是（　　）。
A. 中国人民政治协商会议是我国统一战线的组织形式
B. 中国人民政治协商会议是我国国家机构体系的重要组成部分
C. 1993 年我国通过的宪法修正案将“中国共产党领导的多党合作和政治协商将长期存在和发展”写进了宪法
D. 中国人民政治协商会议有权审议政府工作报告
4. 下列关于政权组织形式与国体关系的表述，正确的有（　　）。
A. 政权组织形式与国体之间是形式与内容的关系
B. 任何国体均有与之相适应的政权组织形式
C. 国体从属于政权组织形式
D. 只有借助于政权组织形式，国体才能外化出来
5. 资本主义国家的政体一般包括（　　）。
A. 君主立宪制　　B. 共和制
C. 单一制　　D. 联邦制
6. 根据《宪法》和法律的规定，关于选举程序，下列哪些选项是正确的？（　　）
A. 乡级人大接受代表辞职，须经本级人民代表大会过半数的代表通过
B. 经原选区选民 30 人以上联名，可以向县级的人民代表大会常务委员会书面提出罢免乡级人大代表的要求
C. 罢免县级人民代表大会代表，须经原选区三分之二以上的选民通过
D. 补选出缺的代表时，代表候选人的名额必须多于应选代表的名额
7. 根据《选举法》的规定，关于选举机构，下列哪一选项是不正确的？（　　）
A. 特别行政区全国人大代表的选举由全国人大常委会主持
B. 省、自治区、直辖市、设区的市、自治州的人大常委会领导本行政区域内县级以

下人大代表的选举工作

C. 乡、民族乡、镇的选举委员会受不设区的市、市辖区、县、自治县人大常委会的领导

D. 选举委员会对依法提出的有关选民名单的申诉意见，应在 3 日内作出处理决定

8. 关于地方人大代表名额，下列说法正确的是（　　）。

A. 省、自治区、直辖市的代表总名额不超过一千名

B. 设区的市、自治州的代表总名额不得超过六百五十名

C. 不设区的市、县、自治县人口不足五万的，代表总名额可以少于一百二十名

D. 乡、镇、民族乡人口不足二千的，代表总名额可以少于四十名

9. 根据《宪法》和《选举法》规定，下列选项不正确的是（　　）。

A. 选民登记按选区进行，每次选举前选民资格都要进行重新登记

B. 选民名单应在选举日的十五日以前公布

C. 对于公布的选民名单有不同意见的，可以向选举委员会申诉或者直接向法院起诉

D. 法院对于选民名单意见的起诉应在选举日以前作出判决

10.《选举法》以专章规定了对代表的监督、罢免和补选的措施。关于代表的罢免，下列哪些选项符合《选举法》的规定？（　　）

A. 罢免直接选举产生的代表，须经原选区过半数的选民通过

B. 罢免直接选举产生的代表，须将决议报送上一级人大常委会备案

C. 罢免间接选举产生的代表，须经原选举单位过半数的代表通过

D. 罢免间接选举产生的代表，在代表大会闭会期间，须经常委会成员 2/3 多数通过

11. 乡、民族乡、镇设立选举委员会主持本级人民代表大会的选举。根据选举法，该委员会不受下列哪些机构的领导？（　　）

A. 乡、民族乡、镇的人民代表大会

B. 不设区的市、市辖区、县、自治县的人大常委会

C. 乡、民族乡、镇的人民代表大会主席团

D. 不设区的市、市辖区、县、自治县的选举委员会

12. 根据我国《宪法》和《选举法》的规定，下列哪些选项是正确的？（　　）

A. 全国人民代表大会常务委员会主持全国人民代表大会代表的选举工作

B. 县级以上地方各级人民代表大会常务委员会主持本级人民代表大会代表的选举工作

C. 乡、民族乡、镇设立选举委员会主持本级人民代表大会代表的选举工作

D. 乡、民族乡、镇设立的选举委员会受不设区的市、市辖区、县、自治县的人民代表大会常务委员会的领导

13. 选民王某，35 岁，外出打工期间本村进行乡人民代表的选举。王某因路途遥远和工作繁忙不能回村参加选举，于是打电话嘱咐 14 岁的儿子帮他投本村李叔 1 票。根据上述情形，下列哪些说法是正确的？（　　）

A. 王某仅以电话通知受托人的方式，尚不能发生有效的委托投票授权

B. 王某必须同时以电话通知受托人和村民委员会，才能发生有效的委托投票授权

C. 王某以电话委托他人投票，必须征得选举委员会的同意

D. 王某不能电话委托儿子投票，因为儿子还没有选举权

14. 我国选举法规定，由选民直接选举的人大代表候选人，由下列哪些方式提名推荐？(　　)

A. 选民 10 人以上联名推荐

B. 各政党、各人民团体单独提名推荐

C. 人民代表 5 人以上联名推荐

D. 各政党、各人民团体联合提名推荐

15. 根据《宪法》规定，关于行政建置和行政区划，下列选项正确的是（　　）。

A. 全国人大批准省、自治区、直辖市的建置

B. 全国人大常委会批准省、自治区、直辖市的区域划分

C. 国务院批准自治州、自治县的建置和区域划分

D. 省、直辖市、地级市的人民政府决定乡、民族乡、镇的建置和区域划分

四、思考题

1. 当前我国的基本经济制度和分配制度是什么？

2. “天价乌木案”：2012 年 2 月，四川省一名普通的货运司机吴某，在家门口河道边发现自家承包地边上的河滩底下埋藏有乌木，挖出了迄今为止世界上最大的乌木，价值 1 000 万～2 000 万元。当地政府知悉后认为乌木属于国有财产，将其全部运到镇政府指定地点安放。而吴某坚持认为挖出的乌木属于自己所有。7 月，吴某一纸诉状将镇政府告上法庭。本案核心争议为乌木的归属问题。

请思考：乌木究竟属于《宪法》与《物权法》上规定的自然资源，还是《物权法》上的无主物？或是埋藏物或隐藏物？抑或是《物权法》上的孳息？或者是特别法上的物，如文物、矿物、野生的动植物化石等。

3. 如何理解物质文明、精神文明、政治文明的关系？

4. 精神文明的主要内容有哪些？

5. 借鉴西方的政治文明与坚持中国特色社会主义的关系是什么？

6. 什么是人民代表大会制度？为什么说人民代表大会制度是我国的根本政治制度？

7. 社会主义国家共和政体与资本主义国家共和政体的区别有哪些？

8. 我国的直接选举程序是什么？

9. 人大代表的罢免程序是什么？

10. 简述直接选举和间接选举的代表的当选的确定。

五、讨论题

1. 物质文明给人类带来的是快乐、痛苦、幸福还是灾难？

2. 为什么物质文明的发展有时与精神文明的跌落并存？

3. 2008 年四川汶川发生大地震，我国国家政府作出的快速有效反应，新闻的公开透明，民众高昂的赈灾捐助热情，庞大的志愿者队伍，灾民重建家园的坚强决心和昂扬斗志，以及国际社会对中国的高度重视说明了什么？

4. 在新形势下如何完善人民代表大会制度？

六、案例辨析

1. 个案监督是近年来地方各级人民代表大会及其常务委员会创立的行使监督权的一

种新方式，然而宪法学界对于人民代表大会能否进行个案监督存在相当大的分歧，曾一度成为一个热点问题。赞成个案监督的学者从以下几个方面阐述进行个案监督的必要性：

人民代表大会及其常务委员会应当开展对司法机关的个案监督。这是行使宪法和法律所赋予的监督职权的重要体现，是督促、支持司法机关依法办案、公正司法的重要保证。进行个案监督，必须处理好上下级人民代表大会之间的关系、人民代表大会内部的关系。同时，还要明确个案监督的主体、客体、原则、程序和方式，使其走上规范化、制度化的轨道。个案监督工作目前存在着监督手段运用不足、监督力度不够等这样或那样的问题。根据监督工作的实际，应注意正确确定监督的个案范围及重点案件；正确确定监督工作部门在个案监督工作中的地位；确定在监督不办案的前提下，开展个案监督的方式；在个案监督中，摆正监督与支持的关系；正确确定个案所追求的目标。

与上述观点相反，也有学者认为，个案监督不仅会损害司法独立、导致权力失衡，而且还可能出现以下难以克服的困难和障碍：人民代表大会对法院的个案监督将导致法律之间的相互冲突、法律体系内部法律制度的冲突；人民代表大会对法院的个案监督成本过大；地方人民代表大会的一些代表容易滋生地方保护主义的思想，从而经法院的独立审判权和公正性带来负面影响；人民代表大会的个案监督，实际上是人民代表大会负有司法职能，可能造成人民代表大会滥用职权；即使人民代表大会及其常务委员会廉洁自律，也可能出现被人操纵、利用以达到个人目的的现象。因此应慎用个案监督。

对此问题，你是怎么看的呢？

2. 某地进行乡人民代表大会选举，一选区应选举代表 3 名。在各政党、各人民团体和本选区选民提名的基础上，乡选举委员会分别征询有关方面意见，最后确定正式候选人 3 人。经过投票选举，获得参加投票选民过半数选票的候选人中，只有 1 人系原确定的正式候选人，另 2 人系选民自发投票选出的独立候选人。乡选举委员会认为，独立候选人非正式确定的候选人，因而不予确认其当选结果，决定进行第二轮投票另行选举。

试问在整个选举过程中，乡选举委员会的行为违反了我国《宪法》和《选举法》的哪些规定？为什么？

第三章　公民基本权利与义务

【学习目标】

知识目标：掌握公民、国籍、公民基本权利与义务等基本概念；全面掌握我国公民基本权利与义务的内容；了解我国公民基本权利与义务的特点；掌握我国公民基本权利与义务的行驶边界。

能力目标：通过本章的学习和训练，使学生能够深刻领悟公民基本权利的内在价值取向，学会从宪法的角度审视自己和他人的权利是否受到侵犯，以及如何依法捍卫权利。同时，一个合格的公民对国家和社会是负有责任的，权利的觉醒与义务的自觉履行是相辅相成的，规则意识的养成也是本章要达到的能力目标。

【本章导引】

宪法的核心是人权保障。公民基本权利与义务的内容是宪法的重要内容，其权利内容的广泛程度与实现程度，与国家的民主法治状态、社会文明程度紧密关联。公民基本权利的确认与保障，既是公权力合法性的来源，也是公权力行使的终极目的。伴随着社会的快速发展和信息网络的发达，我国公民的权利意识不断觉醒，但基本权利的保障却面临着严峻的挑战。如何应对新问题，切实保障公民的基本权利，使宪法真正发挥出最高法律效力，宪法能否在公民权利救济中司法化，都是我们亟须研究解决的问题。

【实例导引】

由最高人民法院、最高人民检察院、公安部联合印发的《关于办理刑事案件收集提取和审查判断电子数据若干问题的规定》于2016年10月1日起正式实施。该规定旨在规范电子数据的收集提取和审查判断，提高刑事案件办理质量。该规定指出，电子数据是案件发生过程中形成的，以数字化形式存储、处理、传输的，能够证明案件事实的数据。网页、博客、微博客、朋友圈、贴吧、网盘等网络平台发布的信息，以及手机短信、电子邮件、即时通信、通讯群组等网络应用服务的通信信息等均属于电子数据。

根据该规定，人民法院、人民检察院和公安机关有权依法向有关单位和个人收集、调取电子数据。有关单位和个人应当如实提供。而收集、提取电子数据，应当由两名以上侦查人员进行。取证方法应当符合相关技术标准。

思考： 1. 该规定涉及了公民的哪些权利？

2. 试运用《宪法》《立法法》的规定对该规定进行评析。

第一节 公民基本权利与义务的概述

一、公民基本权利和义务的地位

公民基本权利和义务是宪法的核心内容。这是“主权在民”原则的应有之意。一切权力属于人民，国家主权以及为实现国家主权而设立国家机关所享有的权力都来自人民的授予，那么，人民究竟有哪些本原权利是宪法应予明确的？这样明确了国家权力是派生权力，其宪法地位的确定便于国家权力自觉服务民权。同时，宪法必须规定公民权利，以赋予公民一定的手段得以对抗政府可能的侵犯。国家权力依靠国家强制力实现，即本身具有扩张、侵犯的性质，为此，宪法在规定国家权力的同时必须保障公民以一定的手段去对抗国家权力。“权利制约权力是人民主权对宪法关系的必然要求。”“约束国家权力，保护公民权利，乃宪法之核心问题。”

二、公民与国籍

（一）公民

公民是宪法学的一个基本范畴，一般是指具有一个国家国籍的自然人。我国《宪法》第33条规定：“凡具有中华人民共和国国籍的人都是中华人民共和国公民。”公民作为法律术语具有特殊内涵，它在法律上与具体的权利和义务相联系。

在我国，“公民”与“人民”是不同的。

1. 范畴不同

公民是法律概念，人民是与敌人相对应的政治概念。

2. 判断标准不同

公民以是否具有国籍为标准，人民的判断标准则随政治内容的变化而改变。

3. 性质不同

公民是个体概念，人民是集合概念。

4. 范围不同

公民的范围大于人民的范围，公民包括人民和敌人。

5. 地位不同

人民是国家的主人，一切权力属于人民，公民则不是。

（二）国籍

国籍是指一个人属于某个国家的一种法律上的身份。现代国籍概念在外延上已经从自然人扩大到法人、船舶、航空器以及一般财产。如图3-1所示。

在我国，对于自然人因出生取得国籍的，采取混合主义即血统主义为主、出生地主义为辅的原则。对于因申请加入取得国籍的，我国规定了两个前提：申请人必须愿意遵守中

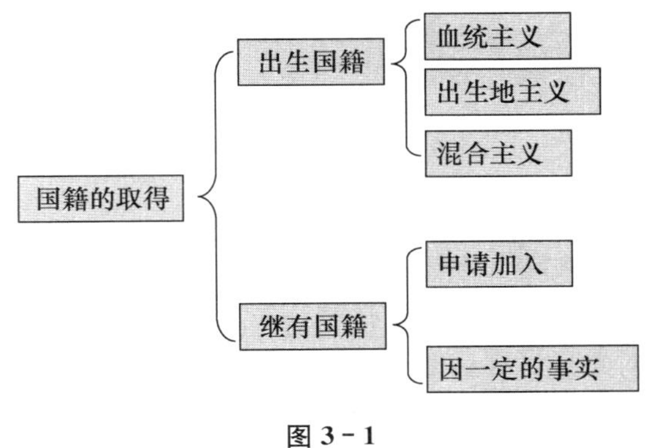

图 3-1

国宪法和法律；申请是出于本人自愿。

申请加入我国国籍的条件：申请人是中国公民的近亲属；定居在中国；有其他正当理由（三个条件具备其一即可）。最终批准权在公安部。我国采取一人一个国籍原则，即加入中国国籍的公民不再保留外国国籍；中国公民取得外国国籍就不再保留中国国籍。

三、人权、公民权、公民基本权利、公民基本义务

人权是指作为自然的和社会的人所固有的权利，包括生存权、发展权及公民在人身、政治、经济、社会、文化等各方面享有的权利。天赋的人权是法律权利的基础和来源。

公民权就是公民依据宪法法律所享有的一切权利。实在法要去发现自然法，公民权也是要去实现人权。

公民的基本权利是指宪法规定的公民最主要的、必不可少的和最低限度的权利，在公民权利体系中处于核心和基础地位，是普通法律规定公民权利的基础和依据。公民权早于公民基本权利。

公民基本义务是指宪法规定的公民应当履行的最基本的责任，否则招致相应的法律制裁。行为包括作为和不作为两种形式。

四、民主法治社会公民应具备的素养

（一）价值追求方面

公民的价值追求是个人尊严、平等、公平和正义等。虽然每个公民对具体价值的含义和相对重要性的理解不同，但它以符合社会主流价值判断为标准。

（二）行为准则方面

公民的行为准则表现为对法律规则的自觉遵守，公民义务积极履行，权利与自由的行使符合民主政治国家界定的必要限度。如我国《宪法》第 51 条规定："中华人民共和国公民在行使自由和权利的时候，不得损害国家的、社会的、集体的利益和其他公民的合法的自由和权利。"

（三）基本素质方面

公民应具备基本的智力能力、解决问题的分析能力，为陈述自己观点和理解他人观点服务的交流技能，以及建立在容忍、公平、尊重他人言论和坚持真理基础之上的文化理念。

第二节　我国公民的基本权利

一、平等权

（一）平等权的概念与含义

所谓平等权是指公民在政治、经济和社会一切领域内依法享有同其他公民同等待遇，不因任何外在差别而予以区别对待的一种权利。平等权包括两方面的含义：一是法律面前人人平等，这是平等权的固有含义；二是对弱者给予特别保护，这是平等权的引申含义。

实例链接

北大毕业生卖猪肉

“北京大学毕业生去卖猪肉”的消息自曝光后一直争议不断。说起北京大学，人人都向往；说起北京大学毕业生，人人都羡慕。只不过，忽然有一天，社会上出现了北京大学毕业生卖猪肉的消息时，很多人惋叹这是“大材小用”。

资料来源：西坡．社会多元，“北大学子卖猪肉”就不必惊诧了．（2016-09-21）［2017-04-28］．http://money.163.com/16/0921/13/C1G6DOEB002580S6.html.

思考：1．从标题中你读出了什么？

2．北京大学学子卖猪肉为什么会引发社会争议？

从宪法理论上看，平等权上述两个方面的含义具体表现为以下几个方面的要求：第一，公民平等地享有宪法和法律规定的权利。凡是宪法和法律规定公民应享有的权利，每个公民都平等地享有，并在行使权利时受到同样的待遇。第二，所有公民都平等地履行宪法和法律规定的义务。第三，国家机关在适用法律时，对于所有的公民的保护或惩罚一视同仁，不得因人而异。第四，任何组织或者个人都不得有超越宪法和法律的特权。第五，对弱者给予特别的法律保护。如我国《宪法》第 45 条、第 48 条和第 49 条关于妇女、老人、儿童及残疾人等的特别保护规定。

我国宪法对平等权的规定反映了公民对平等权的要求。《宪法》第 33 条第 2 款规定：“中华人民共和国公民在法律面前一律平等。”这是平等权的一般性规定。除了该一般性的规定之外，《宪法》还有其他一些相关的具体性规定，主要有：（1）第 33 条第 5 款规定：“任何公民享有宪法和法律规定的权利，同时必须履行宪法和法律规定的义务。”（2）第 5 条第 5 款规定：“任何组织或者个人都不得有超越宪法和法律的特权。”（3）第 4 条第 1 款中规定：中华人民共和国各民族一律平等。禁止对任何民族的歧视和压迫。（4）第 48 条第 1 款规定：“中华人民共和国妇女在政治的、经济的、文化的、社会的和家庭的生活等各方面享有同男子平等的权利。”其第 2 款又进一步规定：“国家保护妇女的权利和利益，实行男女同工同酬，培养和选拔妇女干部。”（5）第 34 条规定：“中华人民共和国年满十八周岁的公民，不分民族、种族、性别、职业、家庭出身、宗教信仰、教育程度、财产状况、居住期限，都有选举权和被选举权；但是依照法律被剥夺政治权利的人除外。”（6）第36 条第 2 款规定：不得歧视信仰宗教的公民和不信仰宗教的公民。

平等权是国家对公民平等愿望的承认，由于不同社会成员平等愿望的差异，国家通过法律保护的平等愿望也有差异，如封建社会不同社会成员处于不同的社会地位，分别享有不同的权利义务，这被认为是平等，现代社会人与人之间自由、独立被认为是平等。因此，不同年代、不同国家、不同地区的法律对平等的规定并不完全相同。平等权实质上是讲国家如何对待社会成员的平等愿望，特别是认同众多平等观中哪一种平等愿望的问题。

（二）平等权的历史发展

平等观念与法是同时产生的，平等是法的基本属性，同时也是法追求与维护的目标。人类社会的发展是不断地发现平等价值、扩大平等范围的过程。平等从思想到原则，从理论到法律，从一般的法律权利到宪法权利的过程反映了人类治理国家经验的不断成熟。平等观念在近代国家具有两个方面的内容：一是参政平等的要求，即公民参与国家机关组成与统治过程；二是法适用平等的要求，即国家机关平等地保护公民，不得差别对待。1789年的法国《人权宣言》最早以法的形式确定了平等权，其第6条规定：法律是公共意识的表现。全国公民都有权亲身或经由其代表去参与法律的制定。法律对于所有的人，无论是施行保护或处罚都是一样的。在法律面前，所有公民都是平等的，故他们都能平等地按其能力担任一切官职、公共职位和职务，除德行和才能上的差别外不得有其他差别。由于受历史条件的限制，18世纪、19世纪的平等观主要是一种形式平等、注重机会的平等、出发的平等，还没有体现实质的平等与结果的平等。1919年德国《魏玛宪法》规定财产权的受制约性，规定了劳动权、生存权等社会基本权，其目的是克服形式意义上的平等，以实现实质意义的平等。之后，平等权作为一项基本权利成为宪法权利的重要组成部分。现代各国宪法普遍规定"法律面前人人平等"原则，赋予平等权以基本权利的性质。

我国《宪法》第33条第2款规定："中华人民共和国公民在法律面前一律平等。"《宪法》这一规定既确立了一项重要的法制原则，也确认了公民的平等权。我国《宪法》规定的公民平等权有重要意义。从理论上讲，平等权是其他权利的基础，离开了平等权，其他任何权利都是没有意义的；从实践上讲，宪法对平等权的规定有利于对公民权利的平等保护，也有利于公民平等地行使自己的权利。应该说明的是，现行《宪法》的规定与1954年宪法的有关规定在表述上有所不同，1954年宪法的规定是"中华人民共和国公民在法律上一律平等"。我国宪法学一般认为，"在法律面前一律平等"只包括执行法律的平等、守法的平等和适用法律的平等，而不包含立法的平等；而"在法律上一律平等"则不能反映出这种区别。我们认为，"在法律面前一律平等"与"在法律上一律平等"就字面意义而言并不存在这种区别，现行《宪法》用"在法律面前一律平等"取代"在法律上一律平等"的表述，其意义主要在于与各国立法的用语相一致。立法平等是其他一切平等的法律前提和法律基础，在我国当前的社会条件下，不应该再强调立法上的不平等，甚至应该改变立法上不平等的观念。

（三）平等权的性质

平等权不像其他基本权利那样具有特定而具体的内容，在学术界围绕平等权的这一特殊性质主要有三种观点：第一种观点认为，平等权是公民的一项基本权利，具有权利性。它是人类不可缺少的、与生命权和自由权等基本权利具有同等价值的权利。第二种观点认为，平等权是法制的原则或宪法原则。第三种观点认为，平等权具有双重性质，它既是宪法的一般原则，同时又是人们所享有的一种基本权利。

在我国目前的宪法学界，第三种观点居于通说的地位。但尚未论及作为一项宪法原则的平等权与作为一种基本权利的平等权两者之间的关系。其实，平等权在宪法上主要是作为一种基本权利而存在的，但它与其他基本权利不同，在整个宪法的基本权利体系中具有一定的超越地位。它不但通过民族平等、男女平等，而且还广泛地通过政治平等权、社会经济平等权以及其他具体的基本权利来体现其作为一种基本权利的具体内容。为此平等权是一种原理（原则）性、概括性的基本权利。

（四）平等权的分类

平等权类型的划分主要有以下几种。

1. 从平等权的本质上划分

平等权的本质含义在于禁止差别，宪法关于禁止差别的规定实质上也是关于平等权的规定。根据平等权禁止差别对待的内容的不同，可以区分为三种：禁止差别的理由；禁止差别的领域；禁止差别的理由与领域。这与宪法关于禁止差别的规定相适应。在宪法中规定禁止差别的方式有三种：第一种是宪法中只列举禁止差别的理由；第二种是只列举禁止差别的领域；第三种是同时规定禁止差别的理由与领域。男女平等原则的规定属于第一种类型，有关教育机会平等内容的规定属于第二种类型，它明示了教育领域的平等。我国《宪法》第 34 条的规定属于第三种类型，它规定了在行使选举权领域不能以民族、种族、性别、职业、家庭出身、宗教信仰、教育程度、财产状况、居住期限为由进行差别对待。

实例链接

27 岁的阿明入职已有 3 年多，是广州某事业单位的合同制工作人员，负责食品检验工作，与单位签订的劳动合同期限至 2016 年 8 月 31 日。2015 年 10 月，他参加了单位组织的招录事业单位编制人员考试，取得了优异的成绩。但在随后的体检中，他被查出“HIV 抗体阳性”。单位以此为由，要求他从 2015 年 12 月 21 日起“离岗休息”，阿明对单位作出的决定不予接受，并与单位数次协商无果。

2016 年 4 月 28 日，阿明向广州市劳动人事争议仲裁院提出了仲裁申请，要求单位恢复自己的原岗位工作。单位要求阿明提供相关医疗保健机构证明其不具有传染性的材料，还指出，《中华人民共和国传染病防治法实施办法》第 18 条规定，对患有艾滋病的病人或者病原携带者应予以必要的隔离治疗，直至医疗保健机构证明其不具有传染性时，方可恢复工作。

资料来源：邢丙银．广东艾滋病就业歧视案开庭．（2016-01-12）［2017-02-23］．http://www.thepaper.cn/newsDetail_forward_1482373.

思考： 1. 单位拒绝录用阿明是否合法？

2.《中华人民共和国传染病防治法实施办法》是否合法？

根据平等权适用的具体领域，平等权可分为政治生活领域平等权、经济生活领域平等权、社会生活领域平等权与文化生活领域平等权等。不同领域的平等尽管表现不同，但都反映了平等权的要求，是平等权的具体反映。

实例链接

2005 年 9 月 28 日广西南宁市青秀区人民法院审结了一起“报考公务员被拒”案件。原告刘某因超过人事部门设定的报考年龄一年，未获得报考资格。刘某认为，被告广西壮族自治区人事厅与广西壮族自治区党委组织部设定强制性限制条件违反了职权法定、

依法行政的原则，要求法院确认被告的具体行政行为违法。法院经过审理，驳回了刘某的诉讼请求。

思考：本案涉及公民的什么权利？

2. 从平等权的主体上划分

根据享有平等权主体的不同，平等权可分为以公民为主体的平等权、以法人为主体的平等权与以特定对象为主体的平等权。公民是平等权的一般主体，在特定条件下法人可成为平等权主体。在现代宪法制度中，平等权主体中包括社会生活中的特定主体，如妇女、儿童、残疾人、难民、犯人等。这些主体享有的平等权是平等权在特定领域中的体现，是以禁止差别为义务的权利形态或法律原则。由于先天条件的影响，某些主体的平等权需要以特殊规定加以保护，这种“特殊”并不违反平等原则。

（五）如何正确理解“法律面前一律平等”

如前所述，公民的平等权是指法律权利平等、法律适用上的平等（包括守法上的平等），是一种相对平等，而不是事实上完全平等的绝对平等。“法律面前一律平等”是对这种平等权的宪法确认。正确理解这一原则，对于公民平等权的行使和保障都有极其重要的意义。因此，对于这一原则，应当把握以下几方面的含义。

1. 要正确区分“平等”与“平均主义”

公民的平等权与平均主义是完全不同的两个概念。公民的平等权是以法律为衡量尺度的。法律面前的平等是指法律赋予公民权利能力的平等，即在同等条件下公民具有获得相同权利的资格。按照宪法和法律的规定，公民在社会上处于同等地位，在政治、经济、文化等各方面都依法享有平等权利。但由于每一个人都有自身的特点，其能力、思想意识及所处环境等方面必然会形成差别，而这种差别必然会在不同程度上影响到权利的实现。但我们必须承认，这种差别是客观存在的。宪法和法律所保障的，是以这种差别的存在为前提的法律面前的平等，而不是完全平均的绝对平均主义。平均主义表面上是要抹杀一切差别，在各方面实行绝对的均等，而抹杀差别的结果，又只能造成更大的差别和新的、更加严重的不平等。因此，承认差别是为了更好地保障公民平等权的实现。

2. 要正确区分“法律平等”与“事实平等”

宪法确认的公民的平等权，是宪法和法律规定范围内的平等，而不是事实上的平等。在我国现阶段，还存在着各种不平等，如男女之间、民族之间存在的历史和文化传统所遗留的不平等；城乡之间、工农之间、落后地区与发达地区之间等各方面也存在着事实上的不平等现象。要消除这些事实存在的不平等，仅仅依靠宪法和法律的规定是远远不够的，根本的途径只能是发展社会生产力。只有集中精力进行社会主义经济和文化建设，提高人民生活水平，促进社会的全面繁荣和进步，才能逐步消除各种事实上的不平等，从而真正保证公民平等权的完全实现。

3. 要正确处理平等与“合理的差别”的关系

公民平等权的保障是建立在承认差别的前提之上的，但这种差别本身又有不合理的差别与合理的差别之分。对不合理的差别，要逐步消除；而对于合理的差别，则应当在现有的基础上予以肯定并加以确认，这本身也是公民平等权保障的题中之义。当然，值得指出的是，合理的差别除了需要合理的依据之外，还必须限定于合理的程度之内。没有合理依据的差别即属于不合理的差别，而超过合理程度的差别同样会造成平等权原则所不能允许的不平等形态，从而产生新的不平等。

二、公民的政治权利和自由

政治权利和自由是公民参加国家政治生活所享有的权利和自由。它表现为两种形式：一种是公民参与国家、社会组织与管理的活动，以选举权与被选举权的行使为基础；另一种是公民在国家政治生活中自由地发表意见，表达意愿的自由。通常表现为言论、出版、集会、结社、游行、示威自由，简称为政治自由。公民政治权利的享有反映公民在国家生活中的地位。公民行使政治权利越充分，表明公民主人翁地位越真实，也说明国家越民主，因此，公民政治权利的实现程度反映一个国家政权性质，是衡量国家民主政治发展进程的重要标志。公民政治权利的充分行使是保障国家权力属于人民的前提和基础，只有国家权力属于人民，国家机关及其工作人员才能维护人民的利益，因此，政治权利在整个公民权利体系中具有保障性作用。

（一）选举权和被选举权

在宪法学上，选举权有广义和狭义之分。当选举权和被选举权并用时，选举权一般是在狭义上使用。《宪法》第 34 条规定："中华人民共和国年满十八周岁的公民，不分民族、种族、性别、职业、家庭出身、宗教信仰、教育程度、财产状况、居住期限，都有选举权和被选举权；但是依照法律被剥夺政治权利的人除外。"这里的选举权，就是狭义的选举权。所谓选举权，是指按照法律规定，公民享有参加选举国家权力机关代表或者某些国家公职人员的权利。所谓被选举权，则是指公民享有被选举为代表机关代表和某些国家公职人员的权利。选举权和被选举权是保证人民当家做主，管理国家事务的基本政治权利。

根据宪法和有关法律、法规的规定，享有选举权应同时具备三个条件：（1）必须是中华人民共和国的公民；（2）必须年满 18 周岁；（3）没有被剥夺政治权利。我国是人民民主专政的社会主义国家，公民依法享有的选举权具有普遍性和平等性的特点。

公民的选举权和被选举权包括三个方面内容：第一，公民有依照法律规定，按自己的意愿选举他人为国家权力机关代表或公职人员的权利；第二，公民有被选举为国家权力机关或公职人员的权利；第三，公民有罢免权，即享有选举权的公民根据法律规定的条件和程序，可以罢免不称职或违法乱纪的代表的权利。我国《宪法》和《选举法》对公民的选举权作出了必要的限制：（1）凡是依法被剥夺政治权利的公民没有选举权和被选举权，如危害国家安全的犯罪、判处死刑和无期徒刑的犯罪分子都会被判处附加剥夺政治权利，而没有选举权和被选举权；（2）凡是未满 18 周岁的公民没有选举权和被选举权。此外，按照《选举法》的规定不能行使选举权利的精神病患者，经选举委员会确认，不列入选民名单。"拥有"和"行使"是不同的概念。

实例链接

2004 年 4 月 6 日，塔市驿镇召开人民代表大会拟补选一名副镇长。现年 34 岁的邹某某得知后，便通知邹某、柴某共同商议如何竞选副镇长。邹某某决定拿出 3 000 元人民币，由邹某、柴某对各自熟悉的人民代表大会代表行贿，共贿赂 27 名人民代表大会代表。

邹某某还利用自己是镇人民代表大会第四代表团团长的身份，跟镇人民代表大会代表打招呼，从而在选举会上顺利当选。

思考：1. 邹某某的行为是什么行为？

2. 邹某某的行为依法应如何处理？

（二）公民的政治自由

政治自由是指公民自由发表意见，进行正当社会活动和政治活动以及参与国家管理的必不可少的一种政治权利。《宪法》第35条规定："中华人民共和国公民有言论、出版、集会、结社、游行、示威的自由。"这一自由是公民最基本的民主权利，是公民参与国家民主政治生活最经常的手段。自由属于消极权利，侧重于国家尽可能少的干涉和限制。

1. 言论自由

言论自由是指公民有权通过各种语言形式（不含正式出版物）表达自己的政治思想和观点的自由。言论自由有广义和狭义之分，我国宪法所指的言论自由是使用狭义的言论自由概念。从广义上讲，言论自由应包括出版自由，出版自由是言论自由的一种形式。以性质和功能为标准，言论自由可分为政治言论自由与非政治言论自由。政治言论自由是言论自由的核心与基础。宪法规定的言论自由实际上是指政治言论自由，它构成政治权利的实体内容。出版自由是指公民有权通过出版物表达和宣传自己的各种观点和思想的自由，它和其他言论自由的区别主要是表现形式的不同。

言论自由包含丰富的内容：（1）公民作为基本权利主体，有以言论方式表达思想和见解的权利，其内容十分广泛；（2）通过言论自由表达的内容受法律保护，不受非法干涉；（3）言论自由表现形式多种多样，既可以采取口头的，又可以采取书面的，必要时依照法律规定，还可利用广播、新闻、电视、网络等传播媒介；（4）言论自由作为一项法定权利，其权利的享受者不应由于某种言论而带来不利后果，合法权益应受法律保护；（5）言论自由存在法定界限，受到合理的限制。

我国确定言论自由合理界限的依据是《宪法》第51条，即行使言论自由不得损害国家、社会、集体的利益和他人的合法权利。合理界限的言论自由应当是主观上善意的和客观上无害的行为，有害于国家和社会利益、侵犯他人权利或侮辱他人人格的各种言论均属于禁止之列。与言论自由的合理界限相联系的另外一个问题是言论自由与错误的区别问题。宪法保障的言论自由中也包括公民对某一问题所发表的错误的言论，只要不是出于主观上的恶意，不是危害社会的言论，应该允许错误的言论存在。作为一种有限性的权利，言论自由主要来自以下几方面的限制：（1）言论自由不得颠覆政府、危害国家安全；（2）行使言论自由不能侵犯他人的名誉权，否则就可能构成侮辱或诽谤；（3）行使言论自由不能侵犯他人的隐私权，否则就可能构成侵权行为；（4）一定限度内和一定方式上的猥亵性、淫秽性的言论必然受到限制或禁止；（5）行使言论自由不能煽动或教唆他人实施违法或犯罪行为。

网络言论自由的法律风险：随着自媒体时代的到来，人们表达思想、观点的自由有了快捷便利的平台，一些网络公众人物为了博眼球和吸金，不惜歪曲事实，混淆视听，扰乱人们的判断，2013年9月最高人民法院和最高人民检察院发布了《关于办理利用信息网络实施诽谤等刑事案件适用法律若干问题的解释》，对网络言论涉及的刑事责任给予了明确的界定，其中第2条规定：利用信息网络诽谤他人，同一诽谤信息实际被点击、浏览次数达到五千次以上，或者被转发次数达到五百次以上的，构成诽谤罪。

实例链接

据悉网络推手“立二拆四”炮制了多起网络新闻事件，这其中就包括网络上流传甚广的“干爹888万带我包机伦敦看奥运”“僧人后海船震门”等事件，而最为人熟知的是“推红郭美美事件”。这些曾在网上引起强烈反响的新闻事件，最终被证实都是“纯人工”炒作而起。被告人杨秀宇，网名“立二拆四”，一审获刑4年，并处罚金15万元。

资料来源：朱峰.“立二拆四”案一审宣判 杨秀宇获刑4年罚金15万.（2014-11-18）［2017-04-28］. http://www.chinanews.com/fz/2014/11—18/6786995.shtml.

实例链接

2017年12月19日，广州医生谭秦东在网上发帖称鸿茅药酒是“来自天堂的毒药”。药酒方以损害商誉报案，2018年1月10日，谭秦东在自家楼下被内蒙古自治区乌兰察布市凉城县警方带走。4月15日，警方称对谭秦东采取刑事拘留强制措施，系因其行为“损害商业信誉、商品声誉”。根据警方的《起诉意见书》，谭秦东2017年12月在美篇APP上发布了该文，微信群、朋友圈和网站点击等加起来有三四千点击量，转发（分享）一百多次。鸿茅药酒声称，受此文影响，有两家医药公司、7名市民要求退货，涉及货款近400万元，造成利润损失约142万元。这应是谭秦东被抓捕、刑拘并准备被起诉的原因。另据人民日报社主办的《健康时报》报道，不完全统计的结果显示，鸿茅药酒广告曾被江苏、辽宁、山西、湖北等25个省市级食药监部门通报违法，违法次数达2 630次，被暂停销售数十次。这其中，不少是因为厂家存在夸张宣传、夸大疗效等行为。

资料来源：鲲贝科技.“鸿茅药酒，你怎么了!”.（2018-04-17）［2018-04-18］. http://mini.eastday.com/a/180417174902177.html.

思考：1. 谭秦东的帖子是否属于公民的言论自由权范畴？为什么？
2. 立二拆四与谭秦东案的区别是什么？

2. 出版自由

出版自由一般包括两个方面：一是著作自由，即公民有权自由地在出版物上发表作品；二是出版单位，即报社、期刊社、图书出版社、音像出版社和电子出版社的设立与管理应遵循国家宪法和法律的规定。

为了发展和繁荣有中国特色的社会主义出版事业，保障公民依法行使出版自由的权利，促进精神文明建设，国务院颁布并修订《出版管理条例》，其中第5条第1款规定：“公民依法行使出版自由的权利，各级人民政府应当予以保障。”第23条第1款规定：“公民可以依照本条例规定，在出版物上自由表达自己对国家事务、经济和文化事业、社会事务的见解和意愿，自由发表自己从事科学研究、文学艺术创作和其他文化活动的成果。”

我国《出版管理条例》第25条规定，任何出版物不得含有下列内容：（1）反对宪法确立的基本原则的；（2）危害国家统一、主权和领土完整的；（3）泄露国家秘密、危害国家安全或者损害国家荣誉和利益的；（4）煽动民族仇恨、民族歧视，破坏民族团结，或者侵害民族风俗、习惯的；（5）宣扬邪教、迷信的；（6）扰乱社会秩序、破坏社会稳定的；（7）宣传淫秽、赌博、暴力或者教唆犯罪的；（8）侮辱或者诽谤他人，侵害他人合法权益的；(9) 危害社会公德或者民族优秀文化传统的；(10) 有法律、行政法规和国家规定禁止的其他内容的。

3. 结社自由

结社自由是指公民为达到某一目的，依照法定程序结成某种社会团体的自由。因目的不同，公民的结社自由可分为两种：一种是以营利为目的的结社，如成立有限责任公司、股份有限公司等，此类结社通常由民法和商法来调整；另一种是不以营利为目的的结社，包括政治结社和非政治结社。政治结社包括组织政党和政治团体等。非政治结社包括组织宗教、学术、文化艺术、慈善等团体。各国的政治结社往往受到法律的严格限制。国务院于2016年2月修订了《社会团体登记管理条例》，在充分保护公民享有结社自由的同时，规定公民结社时应向有关政府机关登记，将成立社团的名称、目的、地址、章程、活动范围、负责人履历、组织情况以及社团成员人数、附属机构等情况，如实登记备案，以取得国家的保护。

目前，我国拥有全国性社团1 800多个，地方性社团20多万个。全国性社团中，学术性社团688个，行业性社团416个，专业性社团525个，群众性社团181个。在全国性社团中，使用行政编制或事业编制、需要国家财政拨款的约200多个，其中由中央机构编制管理部门直接确定其主要工作任务、机构编制和领导职数的有19个，如中华全国总工会、中国共产主义青年团、中华全国妇女联合会、中华科学技术协会、中国作家协会、中国法学会、中华全国新闻工作者协会、中国人民外交协会等。这些社会团体尽管具有非政府的组织性质，但在国家政治生活中发挥着重要的作用。

知识拓展

2016年4月28日，在第十二届全国人民代表大会常务委员会第二十次会议上表决通过的《中华人民共和国境外非政府组织境内活动管理法》规定：中国公安部门有对境外非政府组织（NGO）进行约谈负责人、停止活动、列入黑名单这三项权力。

思考： 1. 非政府组织的性质是什么？

2. 如何看待我国公安部门的这三项权力？

4. 集会、游行、示威自由

集会、游行、示威自由是指公民按照法律规定，享有通过集会、游行、示威等活动发表意见，表达某种共同意愿的政治自由。集会是指聚集于露天公共场所，表达共同意愿的活动；示威是指在露天公共场所或者公共道路上以集会、游行、静坐等方式，表达强烈要求、抗议或者支持、声援等共同意愿的活动。

(1) 集会游行的特点。根据我国《宪法》和《中华人民共和国集会游行示威法》的规定，集会、游行和示威具有以下特点：集会、游行和示威是公民组织和参与的活动；集会、游行和示威是在露天公共场所进行的活动；集会、游行和示威的目的是表达某种政治意愿和诉求的活动。

(2) 集会游行的保障与限制。1989年10月，我国制定了《中华人民共和国集会游行示威法》，具体规定了对集会、游行、示威的保障与限制措施，明确了合法与非法的界限。

一是关于集会、游行、示威的申请与许可制度。根据法律规定，集会、游行、示威的主管机关是集会、游行、示威地的市、县公安局，游行、示威路线经过两个以上区、县的主管机关为所经过区、县的公安局的共同上级公安机关。在申请书上应写明以下内容：集会、游行、示威的目的、方式、标语、口号、人数、车辆数、使用音响的种类数量、起止时间、地址、路线和负责人的姓名、职业、住址。主管机关接到申请书后，应当在举行日期的两日前，将许可或者不许可的决定书面通知其负责人，不许可的，应当说明理由。逾期不通知的，视为许可。值得注意的是，对公民中的一些特定主体，我国法律作出了限制规定：国家机关工作人员不得组织或者参加的违背有关法律、法规规定的国家机关工作人员职责、义务的集会、游行、示威；以国家机关、社会团体、企事业单位名义组织或者参加的集会、游行、示威必须经过本单位负责人批准。

二是集会、游行、示威的管理制度。经主管机关许可后，公民可以集会、游行、示威，但必须遵守有关规定。主要包括：集会、游行、示威应当和平进行，不得携带武器、管制刀具和爆炸物，不得使用武力或者煽动使用武力。集会、游行、示威在国家机关、军事机关、广播电台、电视台、外国驻华使、领馆等单位所在地举行或者经过的，主管机关为了维持秩序，可以在附近设置临时警戒线，未经人民警察许可，不得逾越。一些重要的国家机关，如全国人民代表大会常务委员会、国务院、中央军事委员会、最高人民法院、最高人民检察院、国宾下榻处、重要军事设施、航空港等周边距离 10 米至 300 米内，不得举行集会、游行、示威。集会、游行、示威应按照许可的目的、方式、标语、口号、起止时间、地点、路线及其他事项进行，不得违反治安管理法规，不得进行犯罪活动或者煽动犯罪。

三、宗教信仰自由

宗教信仰自由，是指对具有超自然的超人格性质的存在（如造物主、绝对者、至高的存在，其中尤其是神、佛、先灵）的确信、敬畏或崇拜的心情和行为。它是公民的一种精神自由，反映人们内心信念，构成人权的重要组成部分。《世界人权宣言》第 18 条规定：人人有思想、良心和宗教自由的权利；此项权利包括改变他的宗教或者信仰的自由，以及单独或集体、公开或秘密地以教义、实践、礼拜和戒律表示他的宗教和信仰的自由。1981 年 11 月联合国大会通过了《消除基于宗教或信仰原因的一切形式的不容忍和歧视宣言》，其目的在于采取一切适当的措施反对基于宗教或其他信仰原因产生的不容忍现象，它具体是指公民既有信仰宗教的自由，也有不信仰宗教的自由；有信仰这种宗教的自由，也有信仰那种宗教的自由；在同一宗教里，有信仰这个教派的自由，也有信仰那个教派的自由；有过去信教而现在不信教的自由，也有过去不信教而现在信教的自由；有按照宗教信仰参加或不参加宗教仪式的自由。在世界范围内而言，60％以上的人是信仰宗教的，宗教是信徒们寄托灵魂的场所，而且合法的宗教其宗教教义几乎都是建立在积善行德、关爱生灵的基础上，对构建和谐社会有益无害，也就更没有必要限制了。

宗教信仰自由的内容可概括为两个方面：一是“信”的自由；二是“不信”的自由。具体包括三个方面内容：第一，内心的信仰自由。其中又包含信仰特定的宗教的自由、改变特定的信仰的自由以及不信仰任何宗教的自由。内心的信仰纯粹属于内心的精神作用，是宗教信仰的起点与归宿。第二，宗教上的行为自由。主要是指礼拜、祷告以及举行或参加宗教典礼、宗教仪式等宗教上的行为自由。第三，宗教上的结社自由。包括设立宗教团体（如教会、教派）并举行团体活动、加入特定的宗教团体以及不加入特定的宗教团体等方面的自由。

我国《宪法》第 36 条第 1 款规定："中华人民共和国公民有宗教信仰自由。"该条款是对宗教信仰自由的一般规定。第 2 款又进一步规定："任何国家机关、社会团体和个人不得强制公民信仰宗教或者不信仰宗教，不得歧视信仰宗教的公民和不信仰宗教的公民。"第 3 款还规定："国家保护正常的宗教活动。"但宗教信仰往往并不仅仅停留于内心的信仰，通常还伴随着一定的活动，通过一定的外部行为表现出来。当这种行为与他人的权利或利益发生冲突或是对社会构成具体危害时，就可能成为国家权力限制的对象。正是基于这一点，我国《宪法》第 36 条第 3 款规定："任何人不得利用宗教进行破坏社会秩序、损害公民身体健康、妨碍国家教育制度的活动。"此外，我国《宪法》第 36 条第 4 款还规定："宗教团体和宗教事务不受外国势力的支配。"宗教团体可以与国外宗教界进行学术文化交流，但应当独立自主地发展我国的宗教事务。宗教不得干预政治和教育。

在保障宗教信仰自由的同时，还应当将宗教与邪教区分开来。

实例链接

2004 年 5 月 28 日，广东佛山某搬家公司给钟先生搬家，双方签好协议，上午 8 时全部搬完，9 时要入住，意味着长久，博个好彩头。但是，在搬家路上遇到交通拥堵，错过了"吉时"。钟先生拒不支付 300 元的车费，并且向搬家公司提出索赔。

资料来源：一起违约官司因搬家误"吉时"而起.（2009-05-04）[2017-04-28]. http://www.87561095.cn/bj20.asp.

思考：宗教信仰自由与封建迷信是否一样？

四、人身自由

人身自由是指公民个人的身体和行为以及相关方面不受非法侵害和限制的自由，是公民参加各种社会活动和实际享受其他权利的前提，也是保持和发展公民个性的必要条件。人身自由有广义和狭义两个方面。狭义的人身自由主要是指公民的身体不受非法侵犯。广义的人身自由包括与狭义人身自由相关联的人格尊严、住宅安全、通信自由等与公民个人私生活有关的权利和自由。

实例链接

一名孕妇难产，因其丈夫拒绝在剖宫产手术单上签字，导致延误治疗。北京朝阳医院在抢救了 3 个小时后，宣布该孕妇死亡。由此，引发了一场争论。

在现实中，法理和伦理发生冲突并不罕见，即合法的不合理，合理的不合法。2007 年 4 月，内蒙古包头市某村就发生过类似的悲剧：一名产妇在手术台上急需输血，可医院却没有血库，家属提出自己献血应急，但医院却以"私自采血违反制度"为由，拒绝了家属的请求，产妇最终死于大出血。

资料来源：生命尊严高于一切 见死不救医生丧德.（2007-11-27）[2017-04-28]. http://news.xinhuanet.com/newmedia/2007-11/27/content_7152132.htm.

思考：在制度与生命间我们必须坚守的底线是什么？

（一）身体自由不受侵犯

公民的身体自由不受侵犯是指公民享有不受任何非法搜查、拘禁、剥夺、限制的权利，也即狭义的人身自由。身体自由是人的一项最基本、最重要的自由权利。公民如果没有身体自由权利，其他权利也就无从谈起。

具体法律中，对侵犯人身自由的犯罪进行处罚，如非法拘禁罪、绑架罪、刑讯逼供罪等；为了侦查和惩罚罪犯可以剥夺人身自由，但要依法律规定的严格程序（批准机关、权限、执行机关、执行程序）收容审查、双规。

实例链接

一名西安残疾人到兰州去讨债，自称携带了爆炸装置，声称如果债务人不还债就要同归于尽。接到报警后，兰州警方迅速展开行动，疏散了附近居民，当讨债成功的犯罪嫌疑人走出房间后，警方将该犯罪嫌疑人击毙，并声称是在两次“鸣枪示警无效”后才将讨债人果断击毙的。

资料来源：一个人什么情况下可被击毙?.（2010-07-24）[2017-04-28]. http://www.110.com/falv/falvlunwen/xianfalunwen/2010/0724/171998.html.

思考： 1. 宪法是否保护公民的生命权？
2. 该公民的生命权能否被剥夺了？

（二）人格尊严不受侵犯

人格是指公民作为人必须具有的资格。从法律上讲，公民的人格是指作为权利义务主体的自主资格。人格尊严是指公民作为一个人所应当享有的最起码的社会地位，并应受到社会和他人的最起码的尊重。人格尊严是公民对自己和他人的人格价值的认识和尊重，它要求公民尊重他人的价值，同时也要求他人尊重自己的价值从而使公民能够作为与他人平等的社会成员与他人发生交往。① 马克思认为，尊严最能使人高尚起来，使他的活动和他的一切努力具有高尚的品质。②

保护人格尊严就是保护了人的起码权利。1982 年《宪法》第 38 条对人格尊严作出了专门规定：“中华人民共和国公民的人格尊严不受侵犯。禁止用任何方法对公民进行侮辱、诽谤和诬告陷害。”对人格尊严是绝对的保护，不容任何侵犯，因为没有任何理由可以剥夺“人”固有的尊严，如果一个人丧失了人格也就丧失了作为人的基本要件。人类文明不断进步的一个重要标志，就是不仅人的生命和身体自由要受到保护，而且人格尊严也要受到承认和尊重。

实例链接

讨薪无果　挟持警察扰乱秩序

据某媒体报道，2015 年 8 月 29 日，百余名民工聚集在阆中市某商品房项目部索要拖欠的工资无果后，在张某、戚某的煽动下，前往阆中市著名景区南津关古镇，并堵住景区大门，不准游客进出，希望以此方式向政府施压，达到索要工资的目的。江南派出所民警赶到现场，民警代某劝解在场民工曹某、欧某等人要依法维权，让开通道，方便游客通行，并向其指出正确维权途径。在此过程中，大量民工不听劝阻，张某、戚某趁乱起哄，

① 李步云. 比较宪法研究. 北京：法律出版社，1998：479.

② 马克思. 马克思恩格斯全集：第 1 卷. 北京：人民出版社，1995：458.

谎称“警察打人”，并煽动曹某、欧某等人将民警代某围住、抓扯、推搡，并强制将其扶持至市政府，以此迫使政府向开发商施压。沿途引来大量市民围观，导致交通要道堵塞，秩序混乱。事后8名被告人以妨碍公务罪被依法从轻处罚，判处6至8个月不等有期徒刑，2016年3月16日四川阆中市人民法院在阆中市江南镇举行公开宣判大会。

思考： 1. 公开审判与公开宣判大会有什么区别？

2. 在广场公开宣判是否合宪？为什么？

从我国《宪法》和法律的规定来看，人格权的基本内容包括以下几方面。

1. 姓名权

公民有权决定、使用和依照法律规定改变自己的姓名，禁止他人干涉、盗用、假冒、侮辱。对公民姓名权的侵犯就是对公民人格尊严的侵犯。

2. 肖像权

肖像是人的形象通过造型艺术或其他形式在客观上的再现。肖像权是指以自己的肖像所体现出来的利益为内容的权利，即公民对自己的肖像在制作和使用上所享有的专属和排他权。公民享有肖像权，未经本人同意，不得以营利为目的使用公民的肖像；公民的肖像不受侮辱。

3. 名誉权

名誉是对特定人的品德、情操、才干、声望和形象等方面的社会评价。名誉权是公民享有的就其社会价值获得公正评价的权利。

4. 荣誉权

荣誉权是指公民对社会给予的褒扬享有的不可侵犯的权利，如由于对社会的贡献而得到的荣誉称号、奖章、奖品及奖金等。

5. 隐私权

隐私权又叫个人生活秘密权或私生活秘密权。从法律上讲，它是指一种与公共利益、群体利益无关的，公民不愿他人知道或不愿他人干涉的个人生活秘密、个人生活自由。隐私权的特征包括两方面：一是“私”，即纯个人的与公共利益、群体利益无关的事情；二是“隐”，即不愿为他人所知、干涉或侵犯。隐私权的内容包括个人生活秘密不受侵犯、个人私生活自由不受侵犯、个人信息不为他人知悉等。

对隐私权的保障程度反映该国政治文明和法律文明的高低。我国《宪法》规定的公民享有家庭权利、住宅不受侵犯权利、通信自由和通信秘密权等都属于隐私权范畴的内容，因此，从宪法对公民人格权保障的完善角度来看，宪法应明确将隐私权规定进来。随着互联网的发展，大数据时代的到来，在数据面前，每个人几乎成了“玻璃人”，个人隐私极易被暴露，网络诈骗的迅速攀升与个人信息的泄露密切相关，公民的渴求私人信息受保护的需求越发强烈。2012年12月28日，第十一届全国人民代表大会常务委员会通过了《全国人民代表大会常务委员会关于加强网络信息保护的决定》，对个人电子信息进行立法保护，这是对公民宪法隐私权保护的必然要求。

6. 知情权

知情权又称知悉权、信息权或了解权，是指公民知悉、获取信息的自由与权利。它包括知政权、社会知情权、个人信息知情权。

实例链接

2016 年 9 月，罗一笑被确诊患有白血病。2016 年 11 月 25 日，罗尔的《罗一笑，你给我站住》的文章中发自肺腑的性情文字动人心念。网络被罗一笑的故事刷爆了，数以万计的人通过各种方式进行捐赠，希望为这个悲伤的家庭送去温暖。几天时间各种方式的捐赠高达 260 万元人民币。2016 年 11 月 30 日，剧情翻转，与罗尔同在《深圳女报》工作的知情人爆出真相：罗尔家底深厚，拥有三套房、一辆车，此事背后涉及营销（营销人是小铜人，即罗尔的下属公司）。罗尔的文章在小铜人的公众号“P2P 观察”里推送，读者每转发一次，小铜人公司向罗尔定向捐赠 1 元；保底捐赠 2 万元，上限 50 万元；截至 11 月 30 日零时，文章同时开设赞赏功能。

资料来源：廖保平. 罗尔的慈善套路营销，你给我站住!. (2016-11-30) [2017-04-28]. http://news.sina.com.cn/pl/2016-11-30/doc-ifxyawmp0656395.shtml.

思考： 1. 该事件涉及公民的什么宪法权利？
2. 罗尔的言论自由权的底线是什么？

（三）住宅不受侵犯

住宅不受侵犯即公民的住宅权或住宅安全权，是指公民居住和生活的场所不受非法侵害、搜查，任何机关、团体或者个人，未经法律许可或未经户主等居住者的同意，不得随意进入、搜查或查封公民的住宅。住宅是公民日常生活、工作、学习、保有个人隐私、获得休息以及人身和财产安全的地点，它构成了公民赖以生存的基本条件。保护公民的住宅不受侵犯，就是保护人身自由和财产权利。因此，住宅权是公民人身权的自然延伸。《宪法》第 39 条规定：“中华人民共和国公民的住宅不受侵犯。禁止非法搜查或者非法侵入公民的住宅。”

为切实保障公民的宪法权利不受侵犯，我国《刑法》第 245 条规定：“非法搜查他人身体、住宅，或者非法侵入他人住宅的，处三年以下有期徒刑或者拘役。”同时为了侦查犯罪或国家安全的需要，按照法律规定的严格程序可以加以限制，但必须合法。公安机关或检察机关，出示搜查证，必须有被搜查人或其亲属、邻居或其他人在场、签字。

实例链接

五名拆迁公司员工强行闯入拆迁户徐某家中，对徐某等二人进行殴打、辱骂，强迫二人对拆迁事宜进行谈判，致徐某颈部、四肢等多处挫伤（后经鉴定属轻微伤），故而引起徐某强烈反抗，并导致两名拆迁公司员工受伤，后徐某妻子郝某报警。

资料来源：杨琳. 拆迁人员闯民宅挨刀又获刑. (2015-04-22) [2017-04-28]. http://epaper.ynet.com/html/2015-04/22/content_122475.htm? div=-1.

思考： 拆迁公司员工的行为是否违法？为什么？

实例链接

2003 年 9 月 1 日晚 11 时许，四川省泸州市市民李某在家中洗澡，发现对面楼房有红点闪烁，并有人影晃动。于是李某与哥哥冲下楼，将偷拍者张某当场拿下。在派出所，张某供出指使者为李某的妻子陈某。录像带中偷拍的是李某一家洗澡的镜头。20 日，李某将张某和陈某以侵犯隐私权的诉求告上法庭。陈某答辩称，李某在婚姻存续期间与其他女

子交往，偷拍是为离婚诉讼收集李某不忠的证据。偷拍自己的家人，侵权不成立。原来在7月25日陈某在与李某的离婚案一审中，因主张李某有婚外情未能提供足够的证据，未获法院的支持。上诉期间，陈某在家中偷拍到李某与其他女人在床上勾肩搭背的镜头。后又请张某为其偷拍。9月24日，泸州中院对二人离婚案作出终审判决称，陈某在自己家中拍摄的镜头，拍摄后仅向法庭提供作为证据，没有对外宣扬，因此该证据不存在侵害他人合法权益或违反法律的禁止性规定，该证据应予认定。在“婚内隐私权”案中，李某及其家人每人获赔偿500元。

资料来源：偷拍夫不忠拍了全家洗澡　婚内隐私权案开审.（2015-06-01）[2017-04-28]. http://www.people.com.cn/GB/shehui/44/20021106/859531.html.

思考：1. 侵犯隐私权的侵权主体是什么？婚内偷拍是否侵犯隐私权？
2. 隐私权受保护的范围、程度有哪些？公众人物是否有隐私权？

（四）通信自由和通信秘密

通信自由是指公民通过书信、电话、电信及网络等其他通信手段，根据自己的意愿自由进行通信而不受他人干涉的自由。我国《宪法》第40条规定：中华人民共和国公民的通信自由和通信秘密受法律的保护。

对公民的通信自由和秘密的保护，与对公民隐私权的保护是密切联系的，是对公民个人私生活和隐私权保护的一个部分；通信是人们参与社会生活，进行思想、观点或感情交流的必要手段，也是人们精神活动的重要类型，对通信自由的保护与公民的思想表达自由密切联系；通信是人们在现代社会中获取信息的重要途径，对公民通信自由的保护与公民获得信息的权利同样有着密切的联系。因此，对公民的通信自由和秘密的保护在人们生活中的地位日趋重要。随着现代科学技术尤其是互联网技术的发展，对通信自由和秘密保护的内容也日益丰富。

通信自由的主要内容包括：公民的通信，他人不得扣押、隐匿、毁弃；公民通信、通话的内容，他人不得开拆或窃听。我国《宪法》第40条还规定：除因国家安全或者追查刑事犯罪的需要，由公安机关或者检察机关依照法律规定的程序对通信进行检查外，任何组织或者个人不得以任何理由侵犯公民的通信自由和通信秘密。

知识拓展

为规范电子数据的收集提取和审查判断，提高刑事案件办理质量，最高人民法院、最高人民检察院、公安部三部门联合制定并下发了《关于办理刑事案件收集提取和审查判断电子数据若干问题的规定》，该规定从2016年10月1日起施行。微博、朋友圈可作为刑事案件的证据。

思考：该规定是否与公民的隐私权相冲突？

五、批评、建议、控告、申诉、检举和取得赔偿的权利

该项权利是公民的监督权，是指公民通过批评、建议、检举、控告等方式和途径，对国家机关及其工作人员进行监督的权利。同时，为了保证公民监督权的行使，对于因为国家机关及其工作人员的行为而使公民的合法权利遭到侵犯时，公民有要求国家赔偿的权利，这一权利称为取得赔偿权。

我国国家的一切权力属于人民，人民有权通过各种途径经常性地监督国家机关及其工作人员的活动，以保证国家政权的合法性。为此，《宪法》第2条第3款规定："人民依照法律规定，通过各种途径和形式，管理国家事务，管理经济和文化事业，管理社会事务。"同时，《宪法》第41条明确规定："中华人民共和国公民对于任何国家机关和国家工作人员，有提出批评和建议的权利；对于任何国家机关和国家工作人员的违法失职行为，有向有关国家机关提出申诉、控告或者检举的权利，但是不得捏造或者歪曲事实进行诬告陷害。""对于公民的申诉、控告或者检举，有关国家机关必须查清事实，负责处理。任何人不得压制和打击报复。""由于国家机关和国家工作人员侵犯公民权利而受到损失的人，有依照法律规定取得赔偿的权利。"因此，监督权是公民的又一项重要的基本权利，实质上是公民政治权利的延伸。根据《宪法》第41条的规定，公民的监督权与获得赔偿权主要包括以下几个方面。

（一）批评、建议权

批评权是指公民对国家机关及其工作人员的工作或者工作中的缺点和错误，提出批评意见的权利。建议权是指公民对国家机关及其工作人员的工作提出建设性意见的权利。两者的区别在于，前者针对的是国家机关及其工作人员的工作或者工作中的缺点和错误，而后者则仅仅针对国家机关及其工作人员的工作本身。

（二）申诉权

申诉权是指公民的合法权益，因行政机关或司法机关作出的错误的、违法的决定或判决，或因国家工作人员的违法失职行为而受到侵害时，有向有关机关申诉理由、要求重新处理的权利。依据我国法律规定，公民的申诉权主要在以下两种情况下行使：一是公民对于行政机关作出的行政处罚决定不服的，可向其上级机关或者有关国家机关提出申诉，要求改正或撤销原决定；二是对已经发生法律效力的判决或者裁定，当事人、被告人及其家属或者其他公民，可以向人民法院、人民检察院或者国家权力机关提出申诉，要求改正或撤销原判决或裁定。

（三）控告、检举权

控告权是指公民对于任何国家机关及其工作人员的违法失职行为，有向有关机关提出指控的权利。检举权是指公民对于违法失职的国家机关及其工作人员，有向有关机关检举揭发并要求依法处理的权利。控告权和检举权都是同违法失职行为做斗争的手段，二者的区别在于：行使控告权的主体是受到国家机关及其工作人员违法失职行为直接侵害的人，而检举权的主体不一定是违法失职行为所侵害的对象；控告权的行使主要是为了保护自己的权益而要求依法处理，而检举权的行使一般是出于义愤或者是维护公共利益和社会正义而对违法失职行为提出处理要求。

知识拓展

2008年国务院政府工作报告中提出：依法实行民主选举、民主决策、民主管理、民主监督，保障人民的知情权、参与权、表达权、监督权。作为四项民主权利中的重要一项，民意表达渠道的便捷、畅通，对扩大人民民主、健全民主制度，无疑具有重要作用。如何保障公民的表达权，让民意"直通车"跑得更快，行得更远，全国人民代表大会代表提出了自己的看法。全国人民代表大会代表、上海市浦东新区代区长李逸平说："扩大群

众表达权，关键是要建立健全群众表达机制，并使之成为制度。尤其是在涉及群众根本利益、群众最关心的一些公共决策过程中，必须给群众畅通有效的表达渠道。”

思考：你认为目前最切实可行的群众表达机制应是怎样的？

（四）获得赔偿权

获得赔偿权是指国家机关及其工作人员违法行使职权侵犯公民的合法权益造成损害时，受损害人有权依法取得国家赔偿的权利。这是一项司法救济权，是对公民行使监督权利的一种保障。按照《中华人民共和国国家赔偿法》的规定，我国的国家赔偿只有刑事赔偿和行政赔偿两种。

2016 年最高人民法院发布了《最高人民法院关于审理民事、行政诉讼中司法赔偿案件适用法律若干问题的解释》（以下简称《解释》），自 2016 年 10 月 1 日起施行。《解释》将精神损害赔偿首次引入非刑事司法赔偿领域，完善了国家赔偿法精神损害的适用范围。

六、社会经济与文化教育权利

社会经济权利是指公民根据宪法规定享有的具有物质经济利益的权利，是公民实现其基本权利的物质保障，主要包括公民的财产权、劳动权、休息权、（退休人员）生活保障权与获得物质帮助的权利等；文化教育权利是指公民根据宪法规定，在文化教育领域享有的权利和自由，主要包括受教育权以及从事文化活动的权利等，它是公民实现其基本权利的文化保证。公民拥有的这些权利和自由越充分，获得其他权利和自由的前提和可能性就越大。社会经济与文化权利的实现主要是以国家权力的积极而适度的干预为条件的。

（一）社会经济权

1. 财产权

公民的财产权是指公民对其合法财产享有的不受侵犯的所有权和使用权，即公民有通过劳动或其他合法方式取得财产和享有占有、使用、处分财产的权利。作为宪法权利的财产权与其他宪法权利一样，首先是公民与国家的宪法法律关系。公民是权利主体，国家是义务主体。财产权的保障具有以下两个方面的宪法意义：

第一，财产权是人格形成的主要契机，财产权的保障，提供了独立的人格发展所不可或缺的物质前提。一般来说，在奴隶社会、封建社会以及各种近代前的政治经济制度下，由于私人财产权没有得到保障，因此必然在不同程度上产生人身依附关系。近代以来的宪法确立了财产权的保障制度，从而为人的精神自由、机会平等、自助自主的生存以及政治参加在一定程度上提供了各种契机，这些契机均构成了人格的形成和独立的契机。而近代以来的宪法，包括我国的现行宪法，也同时保障人格的尊严，从而使财产权的保障在整个宪法的人权保障体系中居于十分重要的地位。

第二，私有财产权是市场经济秩序的一个重要支柱。所谓市场，它不仅是依据价格机制而形成的一种资源配置形态，而且还是巨大的经济调节机构和社会组织机构，所有这一切都是以财产权作为轴心而展开的。中国现行宪法规定实行社会主义市场经济，为此适应市场经济的内在要求，确立并完善财产权的宪法保障制度，已经成为势在必行的课题。而如何确定财产权宪法保障的具体内容，也将决定我国社会主义市场经济的命运和取向。

除了上述两个方面之外，财产权的保障对当代中国宪法来说还具有特殊的意义。一般而言，维护社会生活、政治生活的稳定性是宪法所具有的一个重要功能，同时也关系到宪法自身的安定性。而财产权的宪法保障，可以维护社会的安定秩序，最终又反过来为宪法自身的安定性提供条件，促使中国宪法走向“规范宪法”的阶段。

由于历史的原因，我国现行《宪法》关于公民私有财产权的保护，仅仅只是作为一项基本原则规定在总纲之中，而没有将其作为一项公民的基本权利规定在“公民的基本权利和义务”一章。在表达上，也长期用“所有权”取代“财产权”，如1982年《宪法》第13条规定：“国家保护公民的合法的收入、储蓄、房屋和其他合法财产的所有权。”在现实生活中，对公民私有财产的保护也缺乏切实的制度保障。随着社会主义市场经济体制的建立和发展，人们越来越认识到财产权的重要性，特别是财产权应该受到平等的对待和保护的意识愈发深入人心。在客观上必然对私有财产权的宪法保障提出新的要求。为此，2004年《宪法修正案》对《宪法》第13条关于财产权的内容作出了修改，规定公民的合法的私有财产不受侵犯。国家依照法律规定保护公民的私有财产权和继承权。国家为了公共利益的需要，可以依照法律规定对公民的私有财产实行征收或者征用并给予补偿。明确将私有财产作为一项基本权利写入宪法，扩大了私有财产的保护范围。将财产权代替所有权，在权利表达上更全面、更准确。

实例链接

安徽阜阳颍东区的拆迁现场，在被拆迁人潘某哭诉并质疑强拆行为时，在场官员回应道“不服就告政府，赶紧告，你不告还不成呢”，并哈哈大笑。被拆迁户是一家名为“振兴浴池”的经营者，事件发生地的棚户区属于颍东区棚户区（城中村）综合整治改造项目，目前已签约拆除率达99%，被拆迁人潘某的房屋房产证面积为349.89平方米，登记用途为住宅，但其既不接受总金额1 796 679.9元的一次性货币化补偿，也不同意按照房产证面积进行1∶1产权调换，并申请了行政复议。最终上级政府依法作出行政复议决定，维持原征收补偿决定。

资料来源：张东锋. 安徽颍东官员大笑回应拆迁户质疑：不服告政府去.（2015-06-17）[2017-04-28]. http://news.sina.com.cn/c/2015-06-17/191731961774.shtml.

思考：公民个人的合法私有财产可否被征收？

2. 劳动权

劳动权是指有劳动能力的公民获得工作并按照劳动的数量和质量取得相应报酬的权利。劳动权是公民赖以生存的基本权利。我国《宪法》第42条第1款规定：“中华人民共和国公民有劳动的权利和义务。”它具体包括：就业权、取得报酬权、自由择业权、劳动安全权。它是复合权利，既是权利也是义务。

劳动是一个公民的神圣权利。公民享有劳动权，意味着国家必须积极地提供和保障公民劳动的机会和条件，这是劳动权作为积极权利的一种必然要求。但劳动权并不是一项具有具体意义的权利，因此任何公民均可能直接依据《宪法》第42条向国家提出提供就业机会的请求。我国《宪法》第42条第2款规定：“国家通过各种途径，创造劳动就业条件，加强劳动保护，改善劳动条件，并在发展生产的基础上，提高劳动报酬和福利待遇。”该条款相对完整而确切地概括了劳动权保障的主要内容，同时也明显地体现出宪法上有关

劳动权保障的规定作为一种社会权利保障的规定所具有的纲领性规定的特性。劳动权的保障主要体现为以下两个方面：

第一，国家必须通过积极的措施，大力保障劳动的自由，提供劳动的机会，尤其是就业的机会。当然，这并不等于国家因而直接负有雇用或招收劳动者的义务。国家的义务主要应是制定有关各种职业能力开发、就业或雇用对策、雇用保险、男女就业或雇用机会平等以及失业对策等法律、法规，以保护劳动的自由，并保证劳动就业和社会雇用。除了这种立法的义务外，国家当然可以直接开设就业训练或职业训练的场所，提供具体的职业介绍服务以及失业者的最低生活保障。

第二，国家必须制定和实施有关劳动保护的法律，其中必须规定有关劳动报酬、劳动时间、休息以及其他劳动条件的基本标准。

劳动权的内在界限也是十分显著的。因为行使劳动权的一个要件是必须具备劳动能力，其中包括各种职业的特定要求，权利主体只能在满足这些要件的情形下才能行使劳动权。当然，上述的这种界限是作为一种具体权利的劳动权的界限，而在另一层面上，劳动权与其他社会权利一样，基本上属于一种抽象的权利，它的实现必然受到一个国家或社会的劳动组织程度、经济发展水平以及人口结构状况等多方面的社会经济条件的制约。2004年《宪法》第14条第4款规定："国家建立健全同经济发展水平相适应的社会保障制度。"这形成了我国社会保障制度的基本规范。在此基础上，我国还有《劳动法》《国务院办公厅关于进一步加强城市居民最低生活保障工作的通知》《国务院关于切实做好企业离退休人员基本养老金按时足额发放和国有企业下岗职工基本生活保障工作的通知》等一系列的法律法规，建立了我国的社会保障机制，用以维护社会的安定和经济的可持续发展，保护劳动者的合法权益。

实例链接

赵某与丈夫同在某市一个国家级的研究所工作，该研究所制定了一个所谓的内部人事制度，就是夫妻一方因深造调离单位的，另一方必须同时调离。2004年4月，赵某的丈夫申请进入北京某机构的博士后工作站，为了顺利深造，夫妻俩被迫接受了这一不合法也不合理的要求，开始办理相关手续。但赵某的工作还未交接完毕，解除劳动合同的手续还未正式办理，单位便强行停止了赵某的工作并停发其工资。之后，单位人事部门通知其丈夫将赵某档案取走，赵某得知后当天下午以有关材料不全为名将其档案退回人事部门，目前档案仍在单位。在找到有关领导要求工作未果后，赵某提起劳动争议仲裁，要求单位继续履行合同，支付被扣工资并承担经济补偿金。劳动争议仲裁庭认为单位并未与赵某正式解除劳动合同而判赵某胜诉。后单位起诉到法院，法院认为作为职工应遵守单位的规章制度，而且两人已同意一同调离，档案也被赵某的丈夫取走，说明单位已经与其解除了劳动合同关系，从而判赵某败诉。

资料来源：http://wenda.so.com/q/1370650961063028.

思考：该研究所的行为是否侵犯了赵某的劳动权利？为什么？

3. 休息权

休息权是指劳动者在法律规定的工作时间内劳动或工作后，为了保护身体健康，而享有休息和休养的权利。我国《宪法》第 43 条规定："中华人民共和国劳动者有休息的权利。""国家发展劳动者休息和休养的设施，规定职工的工作时间和休假制度。"

为了保障劳动者的休息权，我国有关法律对工作时间作出了明确规定。国家机关、企业事业单位普遍实行每日 8 小时、每周工作 5 天、每周平均工作时间不得超过 44 小时的工作制度。劳动者还享有法定节假日和不定期的疗休养以及年休假等。当然，我们也应当看到，目前在全国各地的一些企业中，侵犯劳动者休息权的情况还时有发生。因此，有必要完善相关的法律和制度，加强监管，使劳动者的休息权得到切实的实现和保障。

休息权与劳动权具有内在的关联性。这是因为：（1）人的生理机制决定了人必须通过休息才能得以恢复充沛的身心能力状态，从这种意义上说，人都享有休息的权利。但我国宪法理论中所谓的休息权指的是劳动者所享有的特定权利，是劳动者在进行一定的劳动之后为消除疲劳、恢复正常的劳动能力所必需的条件，从而也是持续实现具体的劳动权的一个必不可少的契机。在这种意义上说，休息权既是劳动权存在的一个前提条件，也是劳动权的一个派生形态。（2）从宽泛的意义上讲，劳动权概念的内部结构之中，尤其是劳动条件受保障的具体内容之中已经内在地蕴含了休息的内涵，为此，许多国家的宪法规定了劳动权之后，不再单独规定保障休息权。我国《宪法》第 43 条的规定，可理解为是对第 42 条劳动权规定的一种具体的展开和强调。

休息权不仅与劳动权有着内在的关联性，而且还与劳动者的生存权以及精神、文化活动的自由有着密切的联系。一般而言，休息权是劳动者实现生存权的一个重要条件，而劳动者对休息权的行使也可结合对精神、文化活动自由的行使方式（如享受文化、娱乐生活）来得以实现。

实例链接

刘某在自家举办钢琴培训班，无规律的钢琴声影响了邻居的休息，在协商未果的情况下，刘某被告到法院。原告诉称：听音乐可以去音乐厅，不分昼夜地弹琴，且音乐不美，干扰了原告的正常生活，影响了原告的身体健康。被告辩称：钢琴声是世界上最美妙的音乐，怎么会是噪声？而且，经法庭组织测量也未达到噪声标准。

资料来源：http://www.shangxueba.com/ask/181953.html.

思考：被告刘某的行为是否能得到支持？为什么？

4. 生活保障与获得物质帮助的权利

生活保障与获得物质帮助的权利是指公民因特定原因不能通过正当途径获得必要的生活资料时，从国家和社会获得生活保障、享受社会福利的一种权利。生活保障权主要由退休保障权、老年保障权、疾病保障权、伤残保障权及失业保障权等权利所组成。由生活保障所提供的物质帮助形式也多种多样，如退休金、生活费、救济费、抚恤金、补助费及医疗费等。我国《宪法》第 44 条规定："国家依照法律规定实行企业事业组织的职工和国家机关工作人员的退休制度。退休人员的生活受到国家和社会的保障。"第 45 条规定："中华人民共和国公民在年老、疾病或者丧失劳动能力的情况下，有从国家和社会获得物质帮助的权利。国家发展为公民享受这些权利所需要的社会保险、社会救济和医疗卫生事业。""国家和社会保障残废军人的生活，抚恤烈士家属，优待军人家属。""国家和社会帮助安

排盲、聋、哑和其他有残疾的公民的劳动、生活和教育。”同时，我国将社会保障作为一项基本国策，在《宪法》中明确规定“国家建立健全同经济发展水平相适应的社会保障制度”。

实例链接

3 月 1 日零时 30 分，沈阳市救助中心的警车载着 5 名成人、6 名孩子，开至大南街附近的沈阳市救助中心。“又是你们呀!”救助中心工作人员说，这些面孔他们见过无数次，也曾为这些人买好火车票并将他们送上火车，可没过多久就又能看见他们重返沈阳街头乞讨，或被相关部门送到这里。救助中心对这些乞讨者一一做了详尽的登记，并照相备案，按照相关规定，工作人员首先问乞讨者：“你们愿意接受救助吗?”11 名乞讨者异口同声答道：“我们想回出租房!”交接工作完毕之后，西塔公安派出所副所长张杰率民警们离开救助中心。记者悄悄躲到中心大门外角落里以观结果。零时 45 分，11 名乞讨者从救助中心大摇大摆地走出来，其中一名小女孩招手拦下一辆出租车，几名乞讨者登车离去。

资料来源：唐葵阳. 沈阳街头清乞遭遇尴尬　乞丐拒绝救助打车离开.（2005-03-02）[2017-04-28]. http://news.sina.com.cn/s/2005—03—02/10415970159.shtml.

实例链接

患有先天性心脏病的河南七岁女孩杨丹，为治病随父母到北京乞讨，但始终筹不到人民币两万元的手术费，求助无门后返回老家，不久杨丹便离开人世。日前，记者访问了在网上发布“一个北京街头乞讨的小姑娘之死”照片的拍摄者张仁杰，并就此事走访了民政部及北京市有关部门。据称，国务院及民政部对于生活无着的流浪乞讨人员救助早有相关规定，但由于各种因素，未能对每个流浪人员进行及时的救助。有关部门承诺今后将加强有关救助宣传，对救助任务重、安排经费有困难的，将由上级财政部门给予适当补助。但由于责任依然不清，最终效果如何，令人担忧。

资料来源：夏天. 北京行乞治病　小杨丹抱憾而终.（2006-11-03）[2017-04-28]. http://news.sina.com.cn/o/2006-11-03/094110405251s.shtml.

（二）文化教育权

1. 受教育权

受教育权是指公民有在国家和社会创办的各类学校和机构中学习科学文化知识的权利，主要形式有学校教育、社会教育、成人教育及自学等。教育的阶段和内容包括学龄前教育、初等教育、中等教育、高等教育和职业教育等。我国《宪法》第 46 条规定：“中华人民共和国公民有受教育的权利和义务。”从宪法和法律规定的基本要求来看，公民受教育权主要包括以下三个具体内容，并分别规定了不同的保障措施：

（1）学习的权利，即以适龄儿童和青少年为主体的权利主体享有接受教育并通过学习，使智力和品德等方面得到发展的权利。这是受教育权利的核心内容。这项权利的实现，要求国家和社会提供合理的教育制度以及适当的教育设施等条件。

（2）义务教育的无偿化。为了切实保障公民受教育的权利，实行一定的无偿化的义务教育制度，是世界大多国家普遍的做法。我国目前实行九年制义务教育，根据《中华人民共和国义务教育法》的有关规定，国家对接受义务教育的学生免收学费并设立助学金，帮助贫困学生就学。

（3）接受教育的平等，即所有享有受教育权利的权利主体均不得在受教育问题上受到不平对待。《中华人民共和国教育法》（以下简称《教育法》）第 9 条第 2 款明确规定："公民不分民族、种族、性别、职业、财产状况、宗教信仰等，依法享有平等的受教育机会。"为了保障特殊人群的平等的受教育权，《教育法》第 10 条明确规定："国家根据各少数民族的特点和需要，帮助各少数民族地区发展教育事业。""国家扶持边远贫困地区发展教育事业。""国家扶持和发展残疾人教育事业。"

当然，我们也应当看到，受教育权的平等保护是一项原则，这一权利的实现，与各不同地区经济发展的实际状况密切相关。由于我国目前全国各地的经济发展不平衡，东西部地区之间、城乡之间，沿海地区与内地之间存在着较大的差距，各地的教育资源分布也不均匀，这些都必然会影响公民平等的受教育权利的实现。我们应该正视这一现实，努力创造各种条件，缩小差距，使宪法和法律所保障的平等的受教育权利能够真正地、完全地实现。

实例链接

2006 年，一家名为"孟母堂"的复古私塾被媒体曝光，随即引起轩然大波。社会各界对此议论纷纷，赞成者与反对者皆有之。最终，上海市有关教育部门依据相关法律的规定认定其违规办学，属于非法经营。"孟母堂"随即被紧急"叫停"。

资料来源：张宁远．受教育权的宪法分析——由"孟母堂"事件引发的思考.（2011-11-23）[2017-04-28]. http://blog.sina.com.cn/s/blog_91d5c4650100w5hi.html.

思考： 1.《宪法》有关受教育权的规定该如何解释？

2. 如何理解受教育权的性质？

2. 文化活动的权利和自由

《宪法》第 47 条规定："中华人民共和国公民有进行科学研究、文学艺术创作和其他文化活动的自由。国家对于从事教育、科学、技术、文学、艺术和其他文化事业的公民的有益于人民的创造性工作，给以鼓励和帮助。"公民的文化权利具体包括以下几方面：

（1）科学研究的自由。即我国公民在从事自然科学、社会科学和思维科学的研究时，有选择课题、研究问题、交流看法、发表见解的自由。

科学技术是第一生产力，是国家发展的关键因素，因此保护公民的科学研究的自由具有重要的意义。但同时应当明确科学研究自由是在有益于人类进步事业的前提与范围内的自由，某些领域的科学研究如人体实验、生物武器、毒品制造等是受到严格控制或禁止的。

实例链接

有学者质疑转基因食品会危害人类健康，对环境产生影响，破坏生物多样性，引发伦理问题，认为转基因技术不等于进步；而有的学者却十分看好转基因技术的前景，认为它是现代科技革命的重要组成部分，是能与信息科学、航天科学、材料科学、环境科学相媲美的技术。

崔永元说：转基因食品，你吃吗？你可以选择吃，我可以选择不吃。你可以说你懂"科学"，我有理由、有权利质疑你懂的"科学"到底科学不科学。你可以说我白痴，我也可以说你白吃。有吃的自由，也有质疑的自由。方舟子说：你当然可以选择不吃，但是不要传谣阻碍中国农业技术发展。我科普的是各国际权威科学机构认可的科学，你根本不懂，有何资格质疑？说转基因玉米让老鼠长肿瘤，说金大米有问题，是不是谣言？你上过几节生物课，让你觉得自己比生物学家都懂什么是转基因？我一个生物化学博士，写了二十多本科普书，还没资格做科普？

资料来源：崔永元对骂方舟子：说我白痴　我也可以说你白吃.（2013-09-10）[2017-04-28]. http://ent.ifeng.com/idolnews/mainland/detail_2013_09/11/29504620_0.shtml.

思考： 1. 崔永元与方舟子的论战属于科研自由还是言论自由？
2. 他们的言论是否合法？

（2）文艺创作自由。公民的文艺创作自由是指公民有创作各种形式的文学艺术作品并发表成果的自由，包括自由选择创作内容、创作形式和创作风格。文艺创作是人类精神文明和成就的集中表现，保护公民的文艺创作自由意义重大。

（3）其他文化活动的自由。除科学研究和文艺创作之外的其他活动，公民从事其他文化活动的权利与自由主要包括欣赏文化艺术珍品、欣赏文艺作品、从事文化娱乐活动等。这些活动对于丰富公民的文化生活、陶冶情操、提高国民文化素质具有重要意义。为了保障公民从事文化活动的权利和自由的实现，《宪法》第 47 条规定：国家对于从事教育、科学、技术、文学、艺术和其他文化事业的公民的有益于人民的创造性工作，给以鼓励和帮助。

实例链接

某地某中学为提高该校中考升学率，在临近中考的前一两个月，授意老师对各学科总分排名在初三年级最末的数十名学生，以与家长沟通、协商、许诺保证给予初中毕业证等方式，迫使家长“自愿”让孩子提前退学，不参加中考。这样使该校学生中考优良率、合格率得以提高。

资料来源：杨舟. 案例分析：学校不得剥夺学生的受教育权.（2013-11-03）[2017-04-28]. http://blog.sina.com.cn/s/blog_b78fd2540101rjo4.html.

思考： 学校的做法对吗？为什么？

七、特定人的权利

我国现行宪法除了对公民所应普遍享有的权利和自由作出全面的规定外，还对具有特定情况的公民设置专条，给予特殊保护。宪法中的特定人权群包括妇女、老年人、未成年人、残疾人和华侨、归侨和侨眷等。此外，我国《宪法》总纲中还对外国人在华的权益和外国人的受庇护权作出了规定。

（一）妇女的权利

我国《宪法》第 48 条规定：“中华人民共和国妇女在政治的、经济的、文化的、社会的和家庭的生活等各方面享有同男子平等的权利。国家保护妇女的权利和利益，实行男女同工同酬，培养和选拔妇女干部。”

妇女占人类人口的半数，男女平等是我国宪法的一项基本原则。由于历史和现实中的种种原因，妇女经常处于受歧视的境地，因此我国宪法特别规定了对妇女权利的保护。妇女作为我国的公民，享有宪法规定的公民在政治、经济和文化等各方面的全部权利和自由，同时还特别强调：在政治权利上，妇女有权参与国家事务，国家应当重视培养和选拔妇女干部。在人身权利上，妇女具有独立的人格权，其生命权、健康权、生育权受到保护，禁止虐待女婴，禁止对妇女进行性侵犯。在受教育权上，要特别注意根据女性学生特点，在教育、管理、设施上采取特别措施，保障女性学生健康成长。在劳动权利上，妇女与男子具有同等的就业权和同工同酬权，并且还特别享有特殊劳动保护权和生育权，对处于结婚、怀孕、生育和哺乳期间的妇女不得进行歧视。在家庭生活方面，保护妇女的婚姻自主权、家庭财产权和子女监护权。1992 年颁布的《中华人民共和国妇女权益保障法》对妇女权益作出了具体的规定。

实例链接

2014 年 6 月 24 日，应届毕业生郭某在赶集网上看到杭州市西湖区东方烹饪职业技能培训学校在招聘文案人员，她认为自己的学历以及实习经验符合该学校的要求，便在网上提交了简历。等待多天后没有得到任何回复，郭某又浏览了赶集网相关的页面，才发现招聘页面上写着“限男性”的要求。郭某表示不解，多次向对方咨询，并到学校当面了解，对方坚持只要男性，表示这个岗位不适合女性。

资料来源：周竟. 一女大学生状告企业“只招男生”. (2014-11-14) [2017-04-28]. http://www.chinacourt.org/article/detail/2014/11/id/1485385.shtml.

思考：如何评价西湖区东方烹饪职业技能培训学校的做法？

（二）老年人和未成年人（青少年）的权利

宪法规定禁止虐待老人、妇女和儿童，是因为这些权利主体在家庭和社会生活中往往处于弱者地位，其权益极易受到侵犯，所以必须予以特别保护。

1. 老年人的权利

《宪法》第 45 条规定：中华人民共和国公民在年老、疾病或者丧失劳动能力的情况下，有从国家和社会获得物质帮助的权利。第 49 条也明确规定禁止虐待老人。为我国老年人权利的实现提供了宪法保障。《中华人民共和国老年人权益保障法》，对老年人权利的保护作出了具体的规定。

实例链接

70 多岁的王奶奶有一儿三女，孩子们均已成家立业。老两口上了年纪后儿女们一直不定期地给他们赡养费，有时还会带他们到公园里散散心。可是最近几年王奶奶的几个儿女都推说工作太忙很少回家探望老人。就连去年春节、中秋节儿女们也都没有回家。这一变化让王奶奶老两口十分伤心。“要说不孝顺，儿女们并没少给我们赡养费，可他们就是不愿常回家看看。我们这心里空落啊！”王奶奶逢人便说。邻居劝她说，精神赡养不是子女的法定义务，给了钱他们就尽到了责任，其他的事不能强求。王奶奶心里也认同邻居的说法，但长期见不到儿女的她，孤独感日益加重

资料来源：老年人保护案例分析. (2011-05-10) [2017-04-28]. http://wenku.baidu.com/view/ec32dd5377232f60ddcca15b.html.

思考：赡养老人子女当真可以只给钱了事吗？

实例链接

2001 年陈老伯购买了一套位于市区的两室一厅住房与儿子共同居住。2007 年 7 月，陈老伯的儿子和女友准备结婚，但苦于无钱购买婚房。陈老伯考虑到自己年事已高，房子

迟早是儿子的，于是来到房产交易中心将自己的房屋过户给了儿子。两个月后，结了婚的儿子、儿媳开开心心地和陈老伯住在了一起。然而，好景不长，一起生活没多久，儿子和儿媳就对陈老伯产生了反感，认为他又老又顽固，做什么事都妨碍到小两口的生活。很快儿子以生活不方便且陈老伯对房屋无所有权为由要求陈老伯到外面去租房子住。对此，陈老伯十分气愤，却又觉得无可奈何。因为他以为，既然房屋已是儿子的，自己有没有居住权也只能由儿子说了算。

资料来源：http://3y.uu456.com/bp－7d81eaq704a1b0717fdsddd2－1.html.

思考：陈老伯儿子的做法对吗？为什么？

2. 未成年人（青少年）的权利

《宪法》第 46 条第 2 款规定："国家培养青年、少年、儿童在品德、智力、体质等方面全面发展。"第 49 条也明确规定，儿童受国家的保护、父母有抚养教育未成年子女的义务和禁止虐待儿童等内容。《中华人民共和国未成年人保护法》等相关法律对未成年人的各项权利也作出了规定，这些权利主要有生命权、健康权、受教育权和人格权。

实例链接

鲍某某强奸、猥亵儿童案中，被告人鲍某某利用教师身份，在两年多时间里猥亵幼女 7 人数十次，并将其中 6 人奸淫数十次，还拍摄该 6 名幼女的裸照及被强奸的照片、视频。法院依法判处被告人鲍某某死刑，剥夺政治权利终身。经最高人民法院复核核准，罪犯鲍某某已被依法执行死刑。

李某某故意伤害案中，被告人李某某借"教育"之名，经常对继女申某某进行打骂虐待，并最终将申某某殴打致死。鉴于李某某有抢救被害人行为，归案后如实供述主要犯罪事实，认罪态度较好，法院依法判处被告人李某某死刑，缓期两年执行，剥夺政治权利终身。

邓某某组织指使未成年人入户盗窃案中，被告人邓某某多次组织多名未成年人进行入户盗窃，情节严重，并犯有敲诈勒索罪，数额巨大。法院依法判处被告人邓某某有期徒刑 7 年 6 个月，并处罚金人民币 4 000 元。

（三）残疾人的权利

残疾人是指在心理、生理、人体结构上，某种组织功能丧失或者不正常，全部或者丧失正常方式从事某种活动的能力的人。《宪法》第 45 条第 3 款规定："国家和社会帮助安排盲、聋、哑和其他有残疾的公民的劳动、生活和教育。"1990 年 12 月 28 日，第七届全国人民代表大会常务委员会第十七次会议通过了《中华人民共和国残疾人保障法》，第 3 条规定："残疾人在政治、经济、文化、社会和家庭生活等方面享有同其他公民平等的权利。残疾人的公民权利和人格尊严受法律保护。禁止基于残疾的歧视。禁止侮辱、侵害残疾人。禁止通过大众传播媒介或者其他方式贬低损害残疾人人格。"为了保障残疾人的合法权益，国家采取各种辅助方法和扶助措施，对残疾人给予特别扶助，减轻或者消除残疾影响和外界障碍，保障残疾人权利的实现。同时，对侵害残疾人合法权益的行为追究法律责任。

实例链接

2009年10月8日，因为母亲乘坐轮椅，张女士和母亲被某商场拒之门外。保安表示，商场规定坐轮椅的残疾人不能进入。据张女士回忆，商场玻璃大门上禁止标志包括宠物、吸烟等，其中确实出现了轮椅标志。2009年10月9日，张女士向有关部门投诉该商场。2009年10月16日，该商场三个入口的玻璃大门上的禁行标志已被改动，原本为禁行残疾车的标志变为禁止随地吐痰的标志。该商场总经理张军表示，商场在该事件中的确存在疏忽和过错，他接受专家、残联部门的说法和建议，将完善无障碍设施。

刘某双目失明，2007年1月获知某中医院对外招聘合同制按摩员，招聘条件是，懂得中医学按摩、能通过按摩为病人治病，刘某自认为可以胜任该项工作，便去应聘。一周后，中医院通知刘某被录取了，并与其签订了为期两年的劳动合同，约定试用期为两个月，岗位是按摩员。由于刘某之前没有接受过正规的中医教育，自学的按摩知识较多停留在理论层面，实践不够，因此，在具体工作中出现了一些困难，多次受到病人的投诉。对此，刘某专门找到医院的主管领导，表态一定会加倍努力来扭转这种局面。2007年2月22日，也就是在工作了一个半月的时候，单位向刘某下发了解约通知书，理由是刘某在试用期不符合单位的录用条件。

资料来源：http://www.hz7788.com/news/aF83ODEwY2NlZjg1NmE1NjEyNTJkMzZmMzg/.

思考：以上两个案例说明了什么？

（四）华侨、归侨和侨眷正当权利的保护

我国《宪法》第50条规定："中华人民共和国保护华侨的正当的权利和利益，保护归侨和侨眷的合法的权利和利益。"

华侨是居住在国外的中国公民；归侨是指回国定居的华侨；侨眷是指华侨、归侨在国内的眷属。宪法保护华侨的正当的权利和利益。所谓正当的权利和利益，是指根据国际法和国际惯例，一国公民旅居他国时所享有的一切权利和利益。华侨、归侨和侨眷都是我国的公民，是我国法律上权利和义务的主体。对华侨的保护适用国内法和外交保护两种方式，而以外交保护为主。

（五）境内外国人合法权利的保护

根据国际惯例和我国独立自主的对外开放政策，我国现行《宪法》第32条对在我国境内的外国人的法律地位和法律权益作出了规定。其第1款规定："中华人民共和国保护在中国境内的外国人的合法权利和利益，在中国境内的外国人必须遵守中华人民共和国的法律。"宪法的这一规定有三个方面的含义：第一，在中国境内的外国人是指在中国工作、学习、旅游或者定居的具有外国国籍的自然人；第二，上述这些人的合法权利和利益，均受我国法律的保护，任何人都不得任意侵犯；第三，中国境内的外国人都必须遵守中华人民共和国的法律，这是他们应当履行的义务。

《宪法》第32条第2款规定："中华人民共和国对于因为政治原因要求避难的外国人，可以给予受庇护的权利。"受庇护的权利亦称"政治避难权""居留权"，是指一国公民因为政治原因请求另一国准予其进入该国居留，或已进入该国请求准予在该国居留，经该国政府批准而享有受庇护的权利。享有受庇护权的外国人，在所在国的保护下不被引渡或驱逐。

第三节　我国公民的基本义务

一、公民的基本义务概述

（一）公民的基本义务的概念

公民的基本义务又称为宪法义务，是指宪法所规定的公民必须履行的法律责任。公民的基本义务是所有公民义务中最重要、最基本的义务，是国家和社会对公民最基本的要求。对国家来讲，公民的基本义务就是国家的权力，国家有权要求公民履行法定的义务。如果公民拒绝履行义务，国家和社会有权对其进行谴责乃至制裁。这一义务的规定，对国家来说是必不可少的基本义务，也决定着公民在国家生活中的地位。

（二）公民基本义务的特征

1. 基本义务表明公民的宪法地位

基本义务是公民作为统治对象而承担的义务，是公民在享受国家赋予的权利的同时所产生的相应的责任，是一种保障公民自身获取利益的最基本的能动手段。基本义务和基本权利一样，也是公民宪法地位的直接体现。

2. 基本义务是普通立法的宪法依据

基本义务必须通过各种形式的部门法得到具体化，通过普通法规定的制度保障其得到履行。

3. 基本义务和基本权利的一体性

基本权利和基本义务的关系并非始终具有对应性，但两者以不同的形式保持着内在的统一。特别是有些基本权利和基本义务是合为一体的，如劳动权和教育权，既是公民的基本权利，又是公民的基本义务。

二、我国公民的基本义务

宪法在规定了公民基本权利的同时，也规定了公民的基本义务。我国《宪法》第 33 条第 4 款规定："任何公民享有宪法和法律规定的权利，同时必须履行宪法和法律规定的义务。"享有权利和履行义务是有机的、内在的联系。根据我国《宪法》的规定，公民的基本义务主要包括以下内容。

（一）维护国家统一和民族团结

我国现行《宪法》第 52 条规定："中华人民共和国公民有维护国家统一和全国各民族团结的义务。"国家的统一和各民族的团结，是我国革命和建设事业取得胜利的基本保证，也是实现公民基本权利的重要保证。《宪法》的序言和总纲都一再强调维护民族团结的重要性和必要性。因此，其第 52 条的规定实际是序言和总纲规定的有关原则的延伸和具体化。

国家统一是公民享有基本权利的重要条件。任何公民都负有自觉地维护国家统一的神圣义务。在我国，维护国家统一的重要内容与标志是维护民族团结。我国是统一的、多民族国家。正确处理民族关系对于国家的统一与稳定将产生重要的影响。因此，一切破坏民族团结、制造民族分裂的行为将受到法律的追究。

（二）遵纪守法，尊重社会公德

《宪法》第53条规定："中华人民共和国公民必须遵守宪法和法律，保守国家秘密，爱护公共财产，遵守劳动纪律，遵守公共秩序，尊重社会公德。"具体包括以下六个方面的义务。

1. 遵守宪法和法律

遵守宪法和法律的是指公民忠于宪法和法律，维护宪法和法律的尊严，保障宪法和法律实施的义务。这一义务是基于宪法规范的最高性而产生的，是实行"依法治国"的重要条件。宪法是国家的根本大法，具有最高的法律效力，是一切国家机关、社会团体和公民个人活动的基本准则；法律是国家最高权力机关根据宪法制定的，它与宪法一起构成了国家法制的基本框架。

实例链接

据报道，2015年12月13日，在太原市龙城大街"龙瑞苑"小区工地打工的河南周口籍女农民工周秀云与丈夫王友志、儿子王奎林及其他工友因讨薪与工地保安发生口角推搡。随后，保安打电话报警。辖区龙城派出所民警王文军、郭铁伟等到场后将王友志按倒在地，强行上铐。此过程中，周秀云抱着警察的腿恳求放人，但遭遇拽头发、拧脖子等暴力侵害。随后的冲突中，王文军将周秀云的头部狠命往下按，最终导致其死亡。后经查实，不存在讨薪问题，事情起因为王奎林未戴安全帽与保安发生冲突。此外，王文军踩倒地的周秀云的头部长达23分钟的原因也被披露——想等待增援来到之后，把他们认为阻挠过警察执法的人都带走。法庭认定，第一，王文军与郭铁伟系依法出警，在现场对被指认的打人者王奎林、李康进行调查，将王奎林、李康等人带上警车后，因周秀云阻拦，与周秀云发生争执，后为摆脱制服周秀云，扭按了周秀云的头部。王文军的上述行为均发生在执行公务过程中。第二，案发时，周秀云持续抓着王文军裤子裤兜处达7分钟，属于以轻微暴力方式实施的妨碍执法行为。其间，王文军对周秀云多次口头警告，周秀云拒不松手。根据《公安机关人民警察现场制止违法犯罪行为操作规程》（以下简称《规程》）第19条的规定，王文军对周秀云可以徒手制止。第三，王文军选择实施的扭按周秀云头部的徒手制止措施不当，违反了《规程》第3条、第20条的规定，超出了合理限度，造成了周秀云死亡的结果，应当承担刑事责任。根据本案的具体事实，王文军的该行为属于过失犯罪，应当承担过失致人死亡的刑事责任。

资料来源：马岳君. 这个判决可载入法治史册!.（2016-11-10）［2017-04-28］. http://www.legaldaily.com.cn/index/content/2016-11/10/content_6872829.htm.

思考： 1. 执法人员如何正确执法？

2. 公民面对执法人员应如何维权？

2. 保守国家秘密

国家秘密亦称国家机密，是指关系国家的安全和利益，国家规定不准公布或尚未公布的有关政治、经济、军事、外交和科技方面的重大事项。由于国家秘密关系到国家的安全和利益，因此，每个公民都负有保守国家秘密的义务。

3. 爱护公共财产

公共财产包括国家所有和集体所有的财产，它是社会主义现代化建设的物质基础，是

人民物质生活不断提高的源泉，是公民享受各种权利的物质保证。公民都有责任爱护公共财产，同一切破坏、侵吞社会主义公共财产的行为进行坚决斗争。因此，我国现行宪法将爱护公共财产作为公民的一项基本义务。《宪法》第 12 条规定：“社会主义的公共财产神圣不可侵犯。国家保护社会主义的公共财产。禁止任何组织或者个人用任何手段侵占或者破坏国家的和集体的财产。”

4. 遵守劳动纪律

劳动纪律是劳动者进行社会生产必须遵守的秩序和规则。劳动纪律是进行劳动的基本条件之一，是有秩序地进行生产和工作的必要保证。遵守劳动纪律是国家和人民利益的要求。我国现行宪法将遵守劳动纪律作为一项基本义务加以规定，目的在于提高劳动效率，保护劳动者的安全。公民必须自觉地履行遵守劳动纪律的义务。

实例链接

安女士原是空中小姐，结婚后应聘到某合资环保公司工作，并与公司签订了为期三年的劳动合同，在合同中双方约定：安女士的月薪是 3 500 元，工作部门是公司的公关部。她所在的部门主要负责与主管行政机关联系工作。她出色的工作能力很快赢得了全公司上下的好评，并很快被提升为公关部经理。到公司工作一年后她发现自己怀孕了，公司总监知道这个消息后，心中甚是不悦，拖着个大肚子工作既不方便，也影响公司形象。于是总监将安女士调到了公司办公室，作普通的文员。一个月后，工资也从 3 500 元降到了 1 000 元。安女士对此非常生气，于是从医院里开出了一张“先兆性流产，建议休假两周”的证明，并在电话里告诉了办公室主任。主任犯难了，按照公司规章制度的规定，休假三天以上的，须向公司副总监以上的领导请假，于是主任婉转地告诉安女士，这件事他做不了主，她要向副总监以上的领导请假才行。安女士一听气就不打一处来，撂下一句“你们看着办吧”，再也不理会请假的事了。两个星期后，安女士上班，她仿佛没事人一般，也不提请假的事。不久公司通知她，由于她连续旷工两个星期，违反公司《员工手册》中的请假制度，公司与她解除了劳动合同。

资料来源：孕妇也要遵守劳动纪律.（2011-04-01）[2017-04-28]. http://china.findlaw.cn/laodongfa/laodonghetongfa/laodonghetongdonganli/57334.html.

思考：公司能否辞退安女士？

5. 遵守公共秩序

公共秩序也称社会秩序，是由法律规定或认可的，人们在社会共同生活中形成的稳定有序的基本社会规则。其内容包括生活秩序、工作秩序、教学秩序和人民群众的生活秩序等。良好的社会秩序，是实现社会主义现代化建设和人民正常生活和工作的重要条件。因此，自觉遵守公共秩序既是一项法律义务，也是一种道德要求。

6. 尊重社会公德

社会公德是指一定社会中占统治地位的道德准则。道德是一种社会意识形态，是评定人们行为是非的标准之一。道德是依靠社会舆论、内心信念、传统习惯和教育的力量，以及一个人内心的荣誉感和对事业的责任心来维持、贯彻和执行的。社会主义公德的基本要求是：爱祖国、爱人民、爱科学、爱劳动、爱社会主义。宪法将其作为公民的基本义务加以规定，是为保证精神文明建设的顺利进行。它表明，尊重社会公德，既要靠法律来保障，也要靠道德力量来维持。

实例链接

安某，男，15 岁，汉族，山东省某市某中学学生。元某，男，15 岁，汉族，山东省某市某中学学生。

安某、元某二人同在一个学校，爱搞恶作剧，不思学习，每天放学就在车站、市场乱转。1993 年春节前夕，安某、元某二人又想起了一个搞恶作剧的“妙法”。于是两个人给火车站派出所发去一封匿名的举报信。信中说：“最近有人备了几千克炸药，准备炸火车站。”火车站派出所接到报案后，立即报告区公安分局，区公安分局又报告了市公安局，市公安局下令从即日起，加强火车站、长途汽车站的监视检查，并在全市进行戒备，并派出刑警队进行立案侦查。经过十天的侦查，最后发现是安某、元某二人在搞鬼。

思考：安某、元某的行为违反宪法吗？

实例链接

米某，男，18 岁，汉族，北京某大学工科学生。米某家住北京，其父为中央某部领导干部，家中的办公室里常有国家机密文件。1989 年春，一天下午，他没有课就回家了，在父亲的桌子上看见了制造飞机的图纸，并按照图纸做出了模型，拿去学校展览，结果把新型飞机式样泄露出去，给国家造成了损失。

资料来源：http://3y.uu456.com/bp－4875ade2524de518964b7db5－5.html.

思考：米某是否泄露了国家机密？为什么？

（三）维护祖国安全、荣誉和利益

我国《宪法》第 54 条规定：中华人民共和国公民有维护祖国的安全、荣誉和利益的义务，不得有危害祖国的安全、荣誉和利益的行为。维护祖国的安全、荣誉和利益是爱国主义的具体表现，也是每个公民的神圣职责。

祖国安全是指国家的领土完整和主权不受侵犯，国家政权不受威胁，国家的各项机密得以保守，社会秩序不被破坏。只有在祖国安全得到保障的前提下，公民才有可能实现权利与自由，国家才能维护其政权的稳定与尊严。每一个公民必须要树立祖国安全高于一切的观念，同一切损害国家尊严、危害国家安全的行为进行斗争。公民发现危害国家安全的行为，应当直接或者通过所在组织及时向国家安全机关或者公安机关报告。在国家安全机关调查了解有关危害国家安全的情况、收集有关证据时，公民和有关组织一定要如实提供。

祖国荣誉是指国家的尊严不受侵犯，国家的信誉不受破坏，国家的荣誉不受玷污，国家的名誉不受侮辱。对有辱祖国荣誉、损害祖国利益的行为要给予法律制裁。公民对祖国一定有自己的自尊心与自豪感，要把维护祖国荣誉作为自己的神圣职责，同一切出卖祖国利益、损害祖国尊严的行为进行斗争。

祖国利益是国家共同利益的集中体现，是相对于集体利益和个人利益而言的。祖国利益通常分为对内和对外两个方面，对外主要是指民族的政治、经济、文化等方面的权利和利益，对内主要是指国家利益，是公民利益的最高体现。公民在享受宪法规定的权利与自

由的同时，必须要自觉地维护祖国利益，正确处理国家、集体与个人利益之间的相互关系，同损害祖国利益的行为进行斗争。

（四）依法服兵役

依法服兵役的义务是指我国公民不分民族、种族、职业、家庭出身、宗教信仰和教育程度，凡年满 18 周岁的，都有义务依法服兵役。有义务服兵役而拒绝、逃避兵役登记的，应征公民拒绝、逃避征集的，预备役人员拒绝、逃避军事训练经教育不改的，基层人民政府应当强制其履行兵役义务。不履行服兵役义务的要承担相应的法律责任。我国《宪法》第 55 条规定："保卫祖国、抵抗侵略是中华人民共和国每一个公民的神圣职责。依照法律服兵役和参加民兵组织是中华人民共和国公民的光荣义务。"

实例链接

山西省寿阳县青年李某应征服兵役后，因怕苦怕累、不愿意受部队纪律的约束，以种种理由逃避服兵役，最终由部队按相关规定作出退兵处理。2015 年 11 月 4 日，山西省寿阳县人民政府新闻办公室微信公众号发布公告称，依据《中华人民共和国兵役法》等相关规定，对李某作出人民币 114 692 元罚款、开除团籍、全县政府企事业单位禁止招聘李某，并在两年内不得升学、出国（境），三年内不得经商、贷款，不得被私营企业聘用等 9 项处罚。该处理公告在网上引发了热议。

资料来源：严珊. 当兵，每个公民应尽的法律义务.（2015-11-22）[2017-04-28]. http://www.81.cn/jmywyl/2015-11/22/content_6779634.htm.

思考：寿阳县人民政府的做法是否合法？为什么？

（五）依法纳税

税收是国家依社会管理者的身份无偿、强制地向社会收取的物质财富，是我国国家预算收入的重要组成部分，是国家财政的主要来源，也是调节生产、流通、分配和消费的一个重要经济杠杆。它对于促进国民经济结构的优化，促进经济的发展，缩小社会贫富的差距，有着十分重要的意义。税负的高低一直是老百姓看政权的一个最重要方面。国家通过税收增加收入，才有能力负担不同程度的公民的医疗、养老、教育等费用。

纳税义务是指纳税人依法向税收部门按一定比例缴纳税款的义务。我国现行《宪法》第 56 条规定："中华人民共和国公民有依照法律纳税的义务。"现代社会中，纳税是公民应该履行的一项基本义务，是法治社会的重要标志。从某种意义上说，纳税义务的履行是纳税者享受权利的前提条件。公民享受公共利益的多少和程度取决于税收收入的多少，同时，作为纳税人，有权监督税款的使用情况，进而监督政府工作。从政府角度讲，应通过各种途径公开国家税款的使用情况，为纳税者了解政府使用税款的情况提供条件。了解税款的使用情况是现代法治国家中公民享有的了解权的重要内容。

（六）其他方面的义务

除了以上的基本义务外，我国现行《宪法》还在公民基本权利中，规定了公民的以下四项基本义务。

1. 劳动的义务

《宪法》第 42 条第 1 款规定："中华人民共和国公民有劳动的权利和义务。"

2. 受教育的义务

《宪法》第46条第1款规定："中华人民共和国公民有受教育的权利和义务。"

3. 计划生育的义务

《宪法》第49条第2款规定："夫妻双方有实行计划生育的义务。"

4. 父母和子女的抚养与赡养义务

《宪法》第49条第3款规定："父母有抚养教育未成年子女的义务，成年子女有赡养扶助父母的义务。"

第四节 我国公民基本权利和义务的主要特点及行使原则

我国现行《宪法》第33条规定：中华人民共和国公民在法律面前一律平等。任何公民享有宪法和法律规定的权利，同时必须履行宪法和法律规定的义务。这一规定揭示了公民基本权利和义务的特点。

一、我国公民基本权利和义务的特点

（一）公民基本权利和自由的广泛性

公民权利自由的广泛性，是指享有权利自由的主体的范围广泛和宪法规定的权利自由的内容广泛两个方面。

1. 主体的范围广泛

主体的范围广泛是指享有宪法规定的全部权利的公民占全国人口的绝大多数。我国公民绝大多数属于人民的范围，他们能够享有宪法规定的全部权利。即使是被剥夺政治权利的公民，除不能享有政治权利和法律规定的相关权利外，也享有宪法规定的其他的权利。而且，在我国被剥夺政治权利的公民是极少数的。

2. 内容广泛

内容广泛是指宪法确认并保障公民的权利和自由的范围是广泛的。在公民基本权利中涉及政治、经济、文化、教育及人身等各个方面；在总纲和国家机构中也规定公民的财产权、继承权、民主管理权以及诉讼方面的权利等。

（二）公民基本权利与义务的平等性

公民权利与义务的平等性，是指我国公民享受权利和承担义务是平等的，这种平等是由法律规定，以国家强制力保证的。这种平等性主要体现在以下几个方面。

1. 公民平等地享有权利、平等地承担义务

我国公民不论其民族、性别、出身、宗教信仰、教育程度、社会职业、财产状况、社会政治地位有何不同，在法律面前都是平等的，都一律平等地享有宪法和法律规定的权利，也一律平等地履行宪法和法律规定的义务。任何公民都不能只享有权利而不承担义务，也不能只承担义务而不享有权利。

2. 公民权利平等地受到保护

国家机关在适用法律时，对所有公民的合法权益都平等地予以保护，对所有违法行为一律平等地予以追究。不允许在法律适用上有不平等的例外。

3. 任何人不得享有宪法和法律之外的特权

任何公民都应当在宪法和法律范围内活动，依法享有宪法和法律确认的权利和自由，不得有超越宪法和法律的特权。

为了保证公民权利和义务的平等性的实现，我国《宪法》第5条明确规定：一切国家机关和武装力量、各政党和各社会团体、各企业事业组织都必须遵守宪法和法律。一切违反宪法和法律的行为，必须予以追究。任何组织或者个人都不得有超越宪法和法律的特权。

（三）公民基本权利与义务的现实性

我国宪法在确定公民享有权利、履行义务的多少时，是通过综合考虑我国的政治、经济、文化等条件确定的。公民基本权利和义务的这种现实性表现在以下几方面。

1. 宪法规定的权利和义务是从我国实际情况出发的

我国现行宪法规定的公民权利与义务的内容具有现实性，是从我国的实际情况出发，充分考虑到我国现阶段政治、经济、文化发展的实际水平，来确定公民基本权利和义务的内容。具体表现在：（1）必须规定的，以确认性规范、强制性规范和义务性规范的方式予以规定，如有关人身自由、人格尊严不受侵犯、政治权利的内容，以及基本义务的规定等。（2）需要创造条件逐步实现的，则以提倡性的方式予以确认，如《宪法》规定：国家提倡爱祖国、爱人民、爱劳动、爱科学、爱社会主义的公德。国家鼓励集体经济组织、国家企业事业组织和其他社会力量依照法律规定举办各种教育事业。通过这些规定，逐步实现相关权利和义务。（3）应该规定，但鉴于客观条件限制，暂时还不能实现的，就不予规定。

2. 公民权利与义务的实现具有物质保障和法律保障

权利与义务的现实化过程，在很大程度上取决于国家与社会所提供的物质保障。缺乏物质条件的权利与自由无法转化到现实生活中，无法提供权利主体所要求的利益。特别是在公民的劳动权、受教育权、物质帮助权等权利的实现过程中，物质保障作用显得更为突出。因此，宪法规定的权利与自由，必须通过严格而有效的物质保障和法律保障体制才能实现其价值。我国现行宪法在规定公民基本权利和义务的同时，尽可能地创造条件，为权利和义务的实现提供现实的保障。

（四）公民基本权利和义务的一致性

公民基本权利和义务的一致性，是我国现行宪法的一个重要特点，也是我国现行宪法所确立的一个重要原则。这种一致性主要表现在以下几方面。

1. 公民享受权利和承担义务的主体是一致的

我国《宪法》第33条第4款规定："任何公民享有宪法和法律规定的权利，同时必须履行宪法和法律规定的义务。"这一规定表明，在我国，公民享有权利的同时必须承担义务，不能只享受权利而不履行义务。我国不允许存在只享受权利而不承担义务的特殊公民。也不能只要求公民履行义务，而不能享受权利。

2. 公民的某些权利和义务是相互结合的

如宪法规定公民有劳动的权利和义务、公民有受教育的权利和义务。权利和义务同一，其权利和义务主体是相同的，公民在依法享有这些权利的时候，也是在履行这方面的义务，两者是密不可分的。

3. 公民的某些权利和义务是相互依存的

一个问题的两个方面，如成年子女有赡养和扶助父母的义务，同时也意味着父母有接受成年子女赡养和扶助的权利，即在这些权利义务中，一方权利的实现依赖于另一方义务的履行。如不履行义务，另一方的权利就无法得到实现。

4. 公民的权利和义务是相辅相成、互相促进的

公民享受到的权利越广泛，就会越自觉、积极地履行义务；而公民自觉、积极地履行义务，会促进社会的发展和文明的进步，为更多更好地享受权利创造更丰富的物质条件，使公民享有更多的权利。

二、公民正确行使权利和自由的原则

（一）权利和自由的相对性

世界上从来没有绝对的权利和自由。公民的权利和自由是相对的，权利相对于义务而言，自由则相对于纪律而言。没有无义务的权利，也没有无权利的义务。只有权利，没有义务，权利是空洞的、无法享有的；只有义务，没有权利，义务也不会得到很好的履行。因此，我国宪法关于公民基本权利的规定，除授权性规范外，还有相应的义务性规范。例如，《宪法》在授权公民以人格尊严不受侵犯的权利时，又明确规定禁止用任何方法对公民进行侮辱、诽谤和诬告陷害。这表明，我国公民在享有充分权利的同时，又负有不得滥用这些权利的义务。

（二）权利和自由的有限制性

任何权利和自由都不是无限制的。公民只有在遵守宪法和法律的前提下才能享有权利和自由。法国启蒙思想家孟德斯鸠就曾说过，自由是做法律所许可的一切事情的权利；如果一个公民能够做法律所禁止的事情，他就不再有自由了，因为其他人同样会有这个权利。此外，公民享有权利和自由的程度，归根到底要受社会经济发展程度的制约。马克思曾经指出，权利永远不能超出社会的经济结构以及由经济结构所制约的社会文化发展。公民只有认真履行自己的义务，加速国家的经济和文化建设，才能使自己享有的各项权利不断扩大并得到可靠的保障。

（三）不损害整体利益

在我国，依据宪法的规定，公民在行使自己的权利和自由时，不能违背体现人民意志和利益的法律。我们的法制，一方面要充分保障公民享有在法律范围内的权利和自由，另一方面也要对一切践踏人民民主权利的行为加以限制。否则，广大人民群众的自由和合法权益就会得不到保障，安定团结的政治局面就会遭到破坏。另外，我国是人民当家做主的国家，国家利益同公民个人利益从根本上说是一致的。因此，公民作为国家权力的主体，在行使权利和自由时，不得损害国家的、社会的、集体的利益和其他公民的合法的自由和权利。

【课后训练】

一、名词解释

公民　　公民的基本权利　　言论自由　　人身自由权

二、单项选择题

1. 公民权利由公民在国家中的（　　）所决定。

A. 影响力　　B. 政治地位　　C. 法律地位　　D. 经济地位

2. 根据现行宪法规定，没有附加剥夺政治权利的犯罪分子在服刑期间（　　）。

A. 停止行使选举权　　B. 没有选举权

C. 准予行使选举权　　D. 经有关机关批准，可以行使选举权

3. 根据我国宪法的规定，下列有关公民基本权利的宪法保护的表述正确的是（　　）。

A. 宪法对建立劳动者休息和休养的设施未加以规定

B. 公民合法财产的所有权和私有财产的继承权规定在宪法总纲部分

C. 一切公民都有选举权和被选举权

D. 宪法规定了对华侨、归侨权益的保护，但没有规定对侨眷权益的保护

4. 根据我国宪法关于公民基本权利的规定，下列说法正确的是（　　）。

A. 我国公民没有信仰宗教自由的权利

B. 我国公民有休息的权利

C. 我国公民在年老疾病或遭受自然灾害时，有获得物质帮助的权利

D. 我国公民依法被判刑的，会被剥夺政治权利

5. 根据我国宪法规定，下列选项中不是公民获得物质帮助权的条件的是（　　）。

A. 公民在年老时　　B. 公民在疾病时

C. 公民在遭受自然灾害时　　D. 公民在丧失劳动能力时

6. 下列各项权利和自由中，（　　）是我国宪法没有规定的。

A. 公民的人格尊严　　B. 言论自由

C. 迁徙自由　　D. 宗教信仰自由

7. 根据我国宪法的规定，下列不属于我国公民享有的基本权利和自由的是（　　）。

A. 依法纳税　　B. 人身自由

C. 平等权　　D. 私有财产权

8. 我国现行宪法规定，国家举办各种学校，国家普及义务教育的范围是（　　）。

A. 高等教育　　B. 职业教育

C. 初等教育　　D. 中等教育

9. 根据我国宪法规定，下列人员中不享有选举权的是（　　）。

A. 精神病患者　　B. 依法被剥夺政治权利者

C. 受到行政拘留处罚者　　D. 旅居国外的我国公民

10. 关于《宪法》对人身自由的规定，下列选项不正确的是（　　）。

A. 禁止用任何方法对公民进行侮辱诽谤和诬告陷害

B. 生命权是《宪法》明确规定的公民的基本权利，属于广义的人身自由

C. 禁止非法搜查公民身体

D. 禁止非法搜查或非法侵入公民住宅

三、多项选择题

1. 我国《宪法》规定公民的住宅不受侵犯。下列哪些选项属于宪法规定的侵犯公民住宅的行为（　　）。

A. 非法侵入公民住宅　　B. 非法搜查公民住宅

C. 非法买卖公民住宅　　D. 非法出租公民住宅

2. 根据我国宪法规定，关于公民住宅不受侵犯，下列哪些选项是正确的？（　　）

A. 该规定要求国家保障每个公民获得住宅的权利

B.《治安管理处罚法》第40条规定，非法侵入他人住宅的，视情节给予不同时日的行政拘留和罚款。该条规定体现了宪法保障住宅不受侵犯的精神

C.《刑事诉讼法》第69条规定，被取保候审的犯罪嫌疑人、被告人未经执行机关批准不得离开所居住的市、县。该条规定是对《宪法》规定的公民住宅不受侵犯的合理限制

D. 住宅自由不是绝对的，公安机关、检察机关为了搜集犯罪证据、查获犯罪嫌疑人，严格依法对公民住宅进行搜查并不违宪

3. 某县人民法院审理一民事案件过程中，要求县移动通信营业部提供某通信用户的电话详单。根据我国宪法的规定，下列说法正确的是（　　）

A. 用户电话详单属于宪法保护的公民通信秘密的范畴

B. 县人民法院有权要求县移动通信营业部提供任何移动通信用户的电话详单

C. 县移动通信营业部有义务保护通信用户的通信自由和通信秘密

D. 县人民法院有权检查任何移动通信用户的电话详单

4. 根据宪法规定，下列权利属于公民享有的监督权的是（　　）

A. 罢免权

B. 集会、游行、示威自由

C. 批评和建议的权利

D. 申诉、控告或检举的权利

5. 根据宪法和法律的规定，下列选项不正确的是（　　）

A. 生命权是我国宪法明确规定的公民的基本权利

B. 监督权包括批评建议权、控告检举权和申诉权

C. 宪法第43条第1款规定，中华人民共和国公民有休息的权利

D. 受教育权既是公民的权利也是公民的义务

6. 宪法规定公民享有的下列社会经济权利、文化教育权利中，不属于公民可以积极主动向国家提出请求的权利有（　　）

A. 受教育权　　B. 财产权　　C. 继承权　　D. 劳动权

7. 公民的基本权利也称宪法权利，下列选项正确的是（　　）

A. 人权是基本权利的来源，基本权利是人权的宪法化的具体表现

B. 基本权利的主体主要是公民，在我国法人也可以作为基本权利的主体

C. 我国公民在行使自由和权利的时候，不得损害国家的、社会的、集体的利益和其他公民的合法的自由和利益

D. 权利义务的平等性是我国公民基本权利和义务的重要特点

8. 根据宪法的规定，关于公民的纳税义务，下列选项正确的是（　　）

A. 国家在确定公民纳税时，要保证税制科学合理和税收负担公平

B. 要坚持税收法定原则，税收基本制度实行法律保留

C. 纳税义务直接涉及公民个人财产权，宪法的纳税义务具有防止国家权力侵犯其财产权的属性

D. 履行纳税义务是公民享有其他权利的前提条件

9. 我国宪法公民基本权利中，特定人是指（　　）。

A. 妇女　　B. 老人和未成年人

C. 残疾人　　D. 华侨归侨和侨眷

10. 公民的社会经济权利包括（　　）。

A. 财产权　　B. 劳动权和休息权

C. 生活保障与获得物质帮助的权利　　D. 受教育权

四、思考题

1. 什么是公民？公民基本权利与人权的关系是什么？

2. 如何理解公民的平等权？

3. 我国公民有哪些基本权利和基本义务？

4. 论述公民行使权利和自由的原则。

5. 2016 年很多人都为“贾敬龙案”奔走呐喊：一个蓄谋两年、当众杀人的杀人犯，被无数人高呼刀下留人！而王文军在执法过程中受到暴力抗法，其脖子被挠伤、裤子被撕破，在多次警告违法行为人松手无果的情况下，采取徒手按压方式制服违法人，结果致人死亡，却有很多人高喊：必须枪毙，死不足惜！为什么？

五、案例辨析

1. 广东某高校一位女同性恋者秋白（化名）发现很多心理学教材将同性恋归为性心理障碍，与恋童癖、露阴癖等同属心理疾病，有些教材甚至点明用电击、呕吐等方法治疗同性恋。秋白认为高校教材将同性恋视为病态是错误的，便向教育部申请公开对此类教材的监管信息，但在法定期限内未获回应。于是秋白将教育部告上法庭。

试分析：

（1）高校教材“污名”同性恋，是否侵权？

（2）如果构成侵权，侵犯的是什么权利？

（3）本案谁应该承担侵权责任？

2. 在 2014 年北京举行亚太经合组织会议期间，政府实施了“机动车单双号限行”等一系列管制措施，实现了道路畅通和空气清洁，为 APEC 会议的成功召开提供了良好的后勤保障。鉴于此，有人建议将“机动车单双号限行常态化”，并引起了社会各界的广泛关注。

（1）APEC 会议期间的行政管制是否合法？为什么？

（2）机动车单双号限行常态化是否合法？为什么？

六、讨论题

讨论网络时代背景下言论自由、通信自由、隐私权的法律保护。

七、辩论题

某应聘者体检报告显示 HIV 抗体呈阳性，被国家机关、事业单位拒绝录用，用人单位的做法是否合法？为什么？

第四章　国家机构

【学习目标】

知识目标：掌握我国国家机构的范围；了解国家机构的组成；理解国家机构的性质、地位；掌握国家机构的职权范围。

能力目标：通过本章的学习和训练，使学生能够掌握我国国家机构的组织框架，深刻领会国家机构在宪法中的意义，学会从宪法的角度理解国家机构的职能及在宪法实施过程中的保障作用。国家机构工作人员务必强化自身的宪法和法律意识，从维护国家和人民根本利益着眼，克服盲目性和随意性，严格按照宪法的要求履行职责。

【本章导引】

国家机构是我国宪法中最重要的内容之一，是人民当家做主、掌握国家权力的重要工具。人民通过自己的国家机构加强人民民主专政和组织经济、文化建设。党的十八大报告中强调了依法治国建设社会主义法治国家，习近平总书记指出，坚持依法治国首先要坚持依宪治国。依宪治国就要充分发挥国家机构在保障宪法实施中的作用。

国家机构是国家机关体系的总和，包括全部中央和地方国家机关。由立法机关、行政机关、司法机关这些主要国家机关构成的统一整体国家机构在现实中承担着实现国家权力、执行国家职能、进行日常国家管理的繁重任务。我国国家机构从横向角度包括：国家权力机关、国家主席、行政机关、国家军事领导机关、审判机关和检察机关。从纵向角度包括：中央国家机关和地方国家机关。中央国家机关包括：全国人民代表大会及其常务委员会、国家主席、国务院、中央军事委员会、最高人民法院、最高人民检察院；地方国家机关包括：地方各级人民代表大会及其常务委员会、地方各级人民政府、地方各级人民法院和人民检察院、民族自治地方的自治机关和特别行政区的国家机关。

【实例导引】

2015年8月29日，第十二届全国人民代表大会常务委员会第十六次会议表决通过了全国人民代表大会常务委员会关于修改《中华人民共和国地方各级人民代表大会和地方各级人民政府组织法》的决定，加强了人民代表大会工作特别是县、乡人民代表大会工作，明确了乡镇人民代表大会在闭会期间的职权和活动方式。包括：明确乡镇人民代表大会主席团在闭会期间的职责，增加规定，乡镇人民代表大会主席团每年选择若干关系本地区群众切身利益、群众普遍关注的问题，有计划地安排代表听取和讨论本级人民政府的专项工作报告，对法律、法规实施情况进行检查，开展视察、调研等活动；听取和反映代表和群众对本级人民政府工作的建议、批评和意见；增加县级人民代表大会常务委员会组成人员名额；增加规定，县级人民代表大会根据需要可以设法制委员会、财政经济委员会等专门委员会；增加规定，市辖区、不设区的市的人民代表大会常务委员会可以在街道设立工作机构，负责联系辖区内的人民代表大会代表，组织代表开展活动，反映代表和群众的建议、批评和意见，办理本级人民代表大会常务委员会交办的监督、选举及其他工作。

思考：1. 上述体现了全国人民代表大会常务委员会的哪项职权？

2. 分析地方人民代表大会及其常务委员会与全国人民代表大会及其常务委员会的关系。

第一节　全国人民代表大会及其常务委员会

一、全国人民代表大会

（一）全国人民代表大会的性质和地位

我国《宪法》第 57 条规定：中华人民共和国全国人民代表大会是最高国家权力机关。这一规定表明了全国人民代表大会的性质和地位。从性质上来看，它是我国的权力机关，能够代表全国各族人民的意志行使国家权力；从地位来看，它在国家机构体系中居于最高地位，具体表现在以下三个方面：

首先，作为全国人民的代表机关，全国人民代表大会具有广泛代表性。《宪法》第 59 条规定：“全国人民代表大会由省、自治区、直辖市、特别行政区和军队选出的代表组成。各少数民族都应当有适当名额的代表。”《宪法》第 2 条第 1 款规定：“中华人民共和国的一切权力属于人民。”而全国人民代表大会经民主选举产生，集中代表全国人民的根本利益和意志。由此表明全国人民代表大会是最高国家权力机关。

其次，代表全国人民统一行使最高的国家权力，表明全国人民代表大会是最高国家权力机关。《宪法》规定：全国人民代表大会行使修改宪法，监督宪法的实施、制定和修改基本法律，组织其他中央国家机关，决定重大国家事项，罢免其他中央国家机关组成人员等职权，以及应当由最高国家权力机关行使的其他职权。

最后，在整个国家机构体系中居于最高地位也表明全国人民代表大会是最高国家权力机关。《宪法》规定，全国人民代表大会居于其他中央国家机关之上，既不和它们平列，也不受它们制约；相反，其他中央国家机关都由全国人民代表大会产生，都要执行或适用它制定和修改的宪法、法律和通过的决议，并且受其监督、对其负责。

（二）全国人民代表大会的组成和任期

我国《宪法》第 59 条第 1 款规定：“全国人民代表大会由省、自治区、直辖市、特别行政区和军队选出的代表组成。各少数民族都应当有适当名额的代表。”《选举法》第15条第1款规定：“全国人民代表大会的代表，由省、自治区、直辖市的人民代表大会和人民解放军选举产生。”该条规定表明，我国的全国人民代表大会的代表是由间接选举产生的。关于特别行政区的全国人民代表大会代表，按照《选举法》第15条的规定，其应该由全国人民代表大会另行规定。按照目前的实践来看，一般是由全国人民代表大会先制定特别行政区全国人民代表大会代表选举办法，然后在特别行政区按照选举办法规定的方式和名额进行选举。

在《选举法》中，还有关于全国人民代表大会代表名额的特殊规定，这些特殊规定主要涉及的是女性、少数民族、归侨等。《选举法》第6条规定：“全国人民代表大会和地方各级人民代表大会的代表应当具有广泛的代表性，应当有适当数量的基层代表，特别是工人、农民和知识分子代表；应当有适当数量的妇女代表，并逐步提高妇女代表的比例。”“全国人民代表大会和归侨人数较多地区的地方人民代表大会，应当有适当名额的归侨代表。”第17条规定：“全国少数民族应选全国人民代表大会代表，由全国人民代表大会常务委员会参照各少数民族的人口数和分布等情况，分配给各省、自治区、直辖市的人民代表大会选出。人口特少的民族，至少应有代表一人。”对于保证并提高女性代表的规定，主要是为了改变历史上女性在我国政治生活中处于弱势地位的状况；而对于少数民族代表的特殊规定，主要是基于我国各民族团结平等的原则，保证每个少数民族至少有1名代表。这些名额分配的特殊规定会持续相当长的一段时期，但随着我国性别平等与民族融合的不断发展，这些特殊规定也会逐渐得到变更。

《选举法》第15条限定了全国人民代表大会的规模：“全国人民代表大会代表的名额不超过三千人。”由于我国人口多，若全国人民代表大会的代表数量太少，则不足以使代表具有广泛的代表性。

全国人民代表大会每届任期5年。全国人民代表大会任期届满的两个月前，全国人民代表大会常务委员会必须完成下届全国人民代表大会代表的选举。如遇不能进行选举的非常情况，经全国人民代表大会常务委员会以全体组成人员的2/3以上的多数通过，可以推迟选举，延长本届全国人民代表大会的任期。在非常情况结束后一年内，必须完成下届全国人民代表大会代表的选举。

（三）全国人民代表大会的职权

全国人民代表大会作为我国最高的权力机关，其职权是相当广泛的。《宪法》第62条详细列举了15项全国人民代表大会的权力，概括为以下六个方面。

1. 修改宪法并监督宪法的实施

宪法作为国家的根本大法，其修改程序也最为严格。《宪法》第64条规定：“宪法的修改，由全国人民代表大会常务委员会或者五分之一以上的全国人民代表大会代表提议，并由全国人民代表大会以全体代表的三分之二以上的多数通过。”我国现行《宪法》自1982年颁布以来共经历了四次修正，分别是：1988年4月12日第七届全国人民代表大会第一次会议通过的2条修正案；1993年3月29日第八届全国人民代表大会第一次会议通过的9条修正案；1999年3月15日第九届全国人民代表大会第二次会议通过的6条修正案；2004年3月14日第十届全国人民代表大会第二次会议通过的14条修正案。在我国的修宪实践中，都是由全国人民代表大会常务委员会提议修改的。宪法还规定了全国人民代表大会有权监督宪法的实施，这有利于保证宪法的权威性，但是从实践的情况来看，这

一职权的行使还需要进一步加强。

2. 制定和修改基本法律

《宪法》第 62 条第 3 项规定：全国人民代表大会“制定和修改刑事、民事、国家机构的和其他的基本法律”。这些基本法律都是我国法律体系中最基本的部门法律，其内容主要涉及公民最基本的权利和义务，国家机构及国家机关相互之间的关系、中央和地方的关系，关系着全国人民的根本利益，因此制定和修改这些基本法律的权力必须由全国人民代表大会来行使。基本法律以外的其他法律由全国人民代表大会常务委员会制定。

3. 人事任免权

《宪法》第 62 条第 4 至第 9 项，分别规定了全国人民代表大会有权选举国家主席、副主席；根据国家主席的提名，决定国务院总理的人选；根据国务院总理的提名，决定国务院副总理、国务委员、各部部长、各委员会主任、审计长、秘书长的人选；选举中央军事委员会主席；根据中央军事委员会主席的提名，决定中央军事委员会其他组成人员的人选；选举国家监察委员会主任；选举最高人民法院院长；选举最高人民检察院检察长。《宪法》第 63 条规定了全国人民代表大会对于上述的国家机关领导人均有罢免权。《中华人民共和国全国人民代表大会组织法》第 15 条规定：全国人民代表大会三个以上的代表团或者 1/10 以上的代表，可以提出对于全国人民代表大会常务委员会的组成人员，中华人民共和国主席、副主席，国务院和中央军事委员会的组成人员，最高人民法院院长和最高人民检察院检察长的罢免案，由主席团提请大会审议。关于全国人民代表大会的人事任免权需要注意的是，作为行政机关首脑的国务院总理并不是由全国人民代表大会选举产生的，而是由国家主席提名由全国人民代表大会批准决定的。这一规定主要是我国在制定宪法时参考了国外虚位元首制下对于内阁总理的任命方式而形成的。我国对于国务院总理这一全国最高行政机关首脑的任命，是先由执政的中国共产党酝酿产生合适的人选，再由国家主席进行提名的。

4. 决定国家重大问题

《宪法》第 62 条第 10、第 11、第 13、第 14、第 15 项分别规定了全国人民代表大会对国家重大问题的决定权。主要有审查和批准国民经济和社会发展计划和计划执行情况的报告；审查和批准国家的预算和预算执行情况的报告；批准省、自治区和直辖市的建置；决定特别行政区的设立及其制度；决定战争与和平的问题。上述的这些国家重大问题大致可以分为两类：一类是每年都要例行的，比如审查和批准国民经济和社会发展计划、国家预算；另一类则是较少或很少出现的重大问题，比如决定特别行政区的设立及其制度。我国目前有两个特别行政区，分别是 1997 年设立的香港特别行政区和 1999 年设立的澳门特别行政区，也就是说这项职权距今已有十几年未再实施过。再比如决定战争与和平的问题，实际上自 1982 年我国《宪法》实施以来，由于我国一直处于和平状态，该项权力也就一直未被行使过。

5. 监督权

宪法赋予了全国人民代表大会广泛的监督权。例如，《宪法》第 62 条第 12 项规定全国人民代表大会有权“改变或者撤销全国人民代表大会常务委员会不适当的决定”。第 71 条规定：“全国人民代表大会和全国人民代表大会常务委员会认为必要的时候，可以组织关于特定问题的调查委员会，并且根据调查委员会的报告，作出相应的决议。”第 73 条规定："全国人民代表大会代表在全国人民代表大会开会期间，全国人民代表大会常务委员会组成人员在常务委员会开会期间，有权依照法律规定的程序提出对国务院或者国务院各部、各委员会的质询案。受质询的机关必须负责答复。"《立法法》第97条规定：全国人民代表大会有权改变或者撤销它的常务委员会制定的不适当的法律，有权撤销全国人民代表大会常务委员会批准的违背宪法和本法第75条第2款规定的自治条例和单行条例。另外，国务院、中央军事委员会、最高人民法院、最高人民检察院都要对全国人民代表大会负责，并受其监督。

知识拓展

2000年全国人民代表大会代表就烟台"11·24"特大海难事故质询交通部，是自现行宪法施行以来，全国人民代表大会第一次提出质询案。

6. 应当由最高国家权力机关行使的其他职权

这项权利出自《宪法》第62条第16项，是宪法对全国人民代表大会的一种更宽泛的授权。与前面的15项列举性权力不同，第16项是全国人民代表大会可以根据实际需要，扩展其权力范围的意思。但是对于这一权力，也应该有隐含的限制，全国人民代表大会显然不能行使与宪法基本原则相违背的职权。1992年4月3日第七届全国人民代表大会第五次会议通过的《关于兴建长江三峡工程的决议》即为此权。

（四）会议制度

全国人民代表大会每年举行一次会议，由全国人民代表大会常务委员会召集。如果全国人民代表大会常务委员会认为有必要，或有1/5以上的全国人民代表大会代表提议，可以临时召集全国人民代表大会会议。全国人民代表大会举行会议时，选举主席团主持会议。全国人民代表大会代表按原选举单位组成代表团。全国人民代表大会的会议形式有预备会议、主席团会议、大会全体会议和代表团会议等。国务院的组成人员、中央军事委员会的组成人员、最高人民法院院长和最高人民检察院检察长，列席全国人民代表大会会议；其他有关机关、团体的负责人，经全国人民代表大会常务委员会决定，可以列席全国人民代表大会会议。全国人民代表大会会议公开举行，必要时经主席团和各代表团团长会议决定，可以举行秘密会议。

（五）工作程序

全国人民代表大会的工作主要是讨论、审议并通过法律案及其他议案，其程序是：第一，提出议案。有权提出议案的有：全国人民代表大会会议主席团、全国人民代表大会常务委员会、全国人民代表大会各专门委员会、国务院、中央军事委员会、最高人民法院、最高人民检察院、一个代表团或30名以上的代表联名。如果提出罢免案，则有特殊规定。第二，审议议案。对国家机关提出的议案，由主席团决定是否提交各代表团审议，或交有关的专门委员会审议并提出报告，再由主席团决定是否提交大会表决；对代表团或代表联名提出的议案，由主席团交专门委员会审议，提出是否列入大会议程的意见，再决定是否列入大会议程，或者直接由主席团决定是否列入大会议程。第三，表决议案。除宪法修正案需全体会议代表的2/3赞成外，其他议案有过半数代表赞成即获通过。表决结果由会议主持人当场宣布。第四，公布法律、决议。法律由国家主席以主席令的形式公布；选举结果及其他议案由全国人民代表大会主席团发布公告予以公布，或由国家主席发布命令公布。

二、全国人民代表大会常务委员会

（一）全国人民代表大会常务委员会的性质和地位

全国人民代表大会常务委员会是全国人民代表大会的常设机关，是在全国人民代表大会闭会期间行使部分最高国家权力的机关，也是行使国家立法权和其他比较重要权力的国家机关。全国人民代表大会常务委员会是全国人民代表大会的组成部分，隶属于全国人民代表大会，受全国人民代表大会的领导和监督，向全国人民代表大会负责并报告工作；全国人民代表大会有权改变或撤销它的不适当的决议。

（二）全国人民代表大会常务委员会的组成、任期

全国人民代表大会常务委员会的组成人员包括委员长、副委员长若干人、秘书长、委员若干人，是由全国人民代表大会从其代表中选出的，可以说他们是全国人民代表大会的常务代表。为了更好地发挥全国人民代表大会常务委员会的监督作用，《宪法》第 65 条规定：全国人民代表大会常务委员会的组成人员不得担任国家行政机关、监察机关、审判机关和检察机关的职务。委员长主持全国人民代表大会常务委员会的工作，召集全国人民代表大会常务委员会会议。副委员长、秘书长协助委员长工作。委员长、副委员长、秘书长组成委员长会议，处理常务委员会的重要日常工作。

全国人民代表大会常务委员会每届任期同全国人民代表大会相同，直至下届全国人民代表大会选出新的常务委员会为止。委员长、副委员长连续任职不得超过两届。

（三）全国人民代表大会常务委员会的职权

全国人民代表大会常务委员会是全国人民代表大会的常设机关，行使着重要而广泛的职权。根据《宪法》第 67 条的规定，这些职权主要包括以下几个方面。

1. 解释宪法、监督宪法的实施

为了正确理解、准确执行宪法，必要时由全国人民代表大会常务委员会对宪法条文的含义、内容和界限进行说明，作出具有法律效力的解释。为了维护宪法尊严、保障宪法实施，宪法还赋予全国人民代表大会常务委员会监督宪法实施的职权。

2. 立法权

全国人民代表大会常务委员会有权制定和修改除全国人民代表大会制定的基本法律以外的其他法律；在全国人民代表大会闭会期间，对全国人民代表大会制定的法律进行部分修改和补充，但是不得同该法律的基本原则相抵触。

知识拓展

2015 年全国人民代表大会常务委员会制定了 5 部法律，修改了 37 部法律和 1 个有关法律问题的决定，决定提请全国人民代表大会审议的法律案 1 件，通过了 8 个有关法律问题的决定，内容涵盖国家安全、大气污染防治、食品安全、反家庭暴力、人口和计划生育等多个领域。

资料来源：全国人民代表大会常务委员会工作报告——二〇一六年三月九日在第十二届全国人民代表大会第四次会议上. 人民网—人民日报.（2016-03-20）[2017-04-28]. http://politics.people.com.cn/n1/2016/0320/c100 1-28211522.html.

3. 解释法律权

解释法律是对需要进一步明确界限或作出补充规定的法律条文的解释。《立法法》规定：法律解释权属于全国人民代表大会常务委员会。法律有以下情况之一的，由全国人民代表大会常务委员会解释：法律的规定需要进一步明确具体含义的；法律制定后出现新的情况，需要明确适用法律依据的。全国人民代表大会常务委员会所解释的法律不限于其自己制定的法律，也包括由全国人民代表大会制定的法律。

4. 人事任免权

根据《宪法》第 67 条第 9 至第 14 项的规定，全国人民代表大会常务委员会在全国人民代表大会闭会期间，根据国务院总理的提名，决定部长、委员会主任、审计长、秘书长的人选；在全国人民代表大会闭会期间，根据中央军事委员会主席的提名，决定中央军事委员会其他组成人员的人选；根据国家监察委员会主任的提请，任免国家监察委员会副主任、委员；根据最高人民法院院长的提请，任免最高人民法院副院长、审判员、审判委员会委员和军事法院院长；根据最高人民检察院检察长的提请，任免最高人民检察院副检察长、检察员、检察委员会委员和军事检察院检察长，并且批准省、自治区、直辖市的人民检察院检察长的任免；决定驻外全权代表的任免。

5. 重大事项决定权

根据《宪法》第 67 条第 5 项、第 15 至第 21 项的规定，在全国人民代表大会闭会期间，全国人民代表大会常务委员会有权：审查和批准国民经济和社会发展计划、国家预算在执行过程中所必须作的部分调整方案；决定同外国缔结的条约和重要协定的批准和废除；决定特赦；规定军人和外交人员的衔级制度和其他专门衔级制度；决定战争状态的宣布；决定全国总动员或者局部动员；决定全国或者个别省、自治区、直辖市进入紧急状态。

6. 监督权

根据《宪法》第 67 条第 6 至第 8 项的规定，全国人民代表大会常务委员会有权监督国务院、中央军委、最高人民法院、最高人民检察院的工作，有权要求他们向自己报告工作；有权撤销国务院制定的同宪法、法律相抵触的行政法规、决定和命令；有权撤销省级国家权力机关制定的同宪法、法律、行政法规相抵触的地方性法规和决议。《立法法》规定：全国人民代表大会常务委员会有权撤销同宪法和法律相抵触的行政法规，有权撤销同宪法、法律和行政法规相抵触的地方性法规，有权撤销省、自治区、直辖市的人民代表大会常务委员会批准的违背《宪法》和《立法法》第 75 条第 2 款规定的自治条例和单行条例。由于全国人民代表大会常务委员会是全国人民代表大会的常设机关，能够更好地行使宪法赋予的监督权。监督方式主要包括三种：听取国务院、最高人民法院、最高人民检察院的工作报告，开展对法律实施情况的检查，提出质询案。

7. 全国人民代表大会授予的其他职权

全国人民代表大会常务委员会除上述职权外，还有主持全国人民代表大会代表的选举；召集全国人民代表大会会议；在全国人民代表大会闭会期间领导各专门委员会的工作等职权。

（四）会议制度

全国人民代表大会常务委员会会议一般每两个月举行一次，有特殊需要时，可以临时召集会议。全国人民代表大会常务委员会会议由委员长召集并主持，委员长可以委托副委员长主持会议。常务委员会会议必须有常务委员会全体组成人员的过半数出席才能举行。常务委员会举行会议时，国务院、中央军事委员会、最高人民法院和最高人民检察院的负责人列席会议。不是常务委员会组成人员的全国人民代表大会各专门委员会主任委员、副主任委员及其他委员，常务委员会副秘书长、工作委员会主任、副主任，有关部门负责人列席会议；各省、自治区、直辖市的人民代表大会常务委员会主任或副主任一人列席会议，并可邀请有关的全国人民代表大会代表列席会议。

（五）工作程序

1. 议案的提出和审议程序

委员长会议、国务院、中央军事委员会、最高人民法院、最高人民检察院、全国人民代表大会各专门委员会、常务委员会组成人员 10 人以上联名，可以向常务委员会提出属于常务委员会职权范围内的议案。议案列入会议议程有三种情况：(1) 委员长会议提出的议案，由常务委员会会议审议。(2) 全国人民代表大会各专门委员会、国务院、中央军事委员会、最高人民法院、最高人民检察院提出的议案，由委员长会议决定提请常务委员会会议审议，或先交有关的专门委员会审议、提出报告，再决定提请常务委员会会议审议。(3) 常务委员会组成人员 10 人以上联名提出的议案，由委员长会议决定提请常务委员会会议审议，或先交有关的专门委员会审议、提出报告，再决定是否提请常务委员会会议审议；不提请常务委员会会议审议的，应当向常务委员会会议报告或向提案人说明。属于法律案的要交法律委员会统一审议，由法律委员会向下次或以后的常务委员会会议提出审议结果和报告，并将其他有关专门委员会的审议意见印发常务委员会，由常务委员会再次进行审议。法律案一般应当经三次常务委员会会议审议后再交付表决。

2. 听取和审议专项工作报告的程序

全国人民代表大会常务委员会每年选择若干关系改革发展稳定大局和群众切身利益、社会普遍关注的重大问题，有计划地安排听取和审议国务院、最高人民法院和最高人民检察院的专项工作报告。专项工作报告由国务院、最高人民法院或最高人民检察院的负责人向全国人民代表大会常务委员会报告，国务院也可委托有关部门负责人向全国人民代表大会常务委员会报告。常务委员会组成人员对专项工作报告的审议意见交由国务院、最高人民法院或最高人民检察院研究处理。

3. 审查和批准预算，听取与审议国民经济和社会发展计划、预算的执行情况报告，听取和审议审计工作报告的程序

国家的国民经济和社会发展计划、预算经全国人民代表大会批准后，在执行过程中需要作部分调整的，国务院应将调整方案提请全国人民代表大会常务委员会审查和批准。常务委员会每年审查和批准预算的同时，听取和审议国务院提出的审计机关关于上一年度预算执行和其他财政收支的审计工作报告。常务委员会组成人员对国民经济和社会发展计划执行情况报告、预算执行情况报告和审计工作报告的审议意见交由国务院研究处理。

4. 法律法规实施情况的检查程序

全国人民代表大会常务委员会每年选择若干关系改革发展稳定大局和群众切身利益、社会普遍关注的重大问题，有计划地对有关法律、法规实施情况组织执法检查。常务委员会执法检查工作由全国人民代表大会有关专门委员会或常务委员会有关工作机构具体组织

实施。常务委员会组成人员对执法检查报告的审议意见连同执法检查报告，一并交由国务院、最高人民法院或最高人民检察院研究处理。

5. 质询程序

在全国人民代表大会常务委员会会议期间，常务委员会组成人员 10 人以上联名，可以向常务委员会书面提出对国务院及国务院各部、各委员会和最高人民法院、最高人民检察院的质询案。

三、全国人民代表大会的委员会

全国人民代表大会的委员会有两种：一种是常设性委员会，另一种是临时性委员会。

（一）常设性委员会

1. 性质和地位

常设性委员会是指全国人民代表大会各专门委员会，是全国人民代表大会及其常务委员会的辅助性工作机构。目前，全国人民代表大会设立民族委员会、宪法和法律委员会、财政经济委员会、教育科学文化卫生委员会、外事委员会、华侨委员会、内务司法委员会、环境与资源保护委员会、农村与农业委员会等。它是隶属于全国人民代表大会的工作机构，在全国人民代表大会闭会期间，受全国人民代表大会常务委员会领导，由全国人民代表大会从代表中选举产生，并按照专业进行分工。专门委员会不是独立行使职权的国家机关，而只负有帮助全国人民代表大会及其常务委员会审议及拟订议案的职责，它的决议只是向全国人民代表大会及其常务委员会提出意见、建议或议案。

2. 专门委员会的组成和任期

专门委员会由主任委员、副主任委员和委员若干人组成，由每届大会主席团从代表中提名，由代表大会全体会议表决决定。大会闭会期间，全国人民代表大会常务委员会可补充个别副主任委员和部分委员。专门委员会根据工作需要，可由全国人民代表大会常务委员会任命非人民代表大会代表专家若干人为顾问。全国人民代表大会各专门委员会的任期与全国人民代表大会任期一致，为 5 年。

3. 全国人民代表大会各专门委员会的工作范围

根据宪法和法律的规定，全国人民代表大会各专门委员会主要开展以下工作：第一，审议全国人民代表大会主席团或全国人民代表大会常务委员会交付的议案；第二，向全国人民代表大会主席团或全国人民代表大会常务委员会提出属于全国人民代表大会或常务委员会职权范围内同本委员会有关的议案；第三，审议全国人民代表大会常务委员会交付的被认为同宪法、法律相抵触的国务院的行政法规、决定和命令，国务院各部、各委员会的命令、指示和规章，省级人民代表大会及其常务委员会的地方性法规和决议，以及省级人民政府的决定、命令和规章，并提出报告；第四，审议全国人民代表大会主席团或全国人民代表大会常务委员会交付的质询案，听取受质询机关对质询案的答复，必要时向全国人民代表大会主席团或全国人民代表大会常务委员会提出报告；第五，对属于全国人民代表大会或全国人民代表大会常务委员会职权范围内同本委员会有关的问题进行调查研究，提出建议。

（二）临时性委员会

全国人民代表大会和全国人民代表大会常务委员会认为必要的时候，可以组织关于特定问题的调查委员会，并且根据调查委员会的报告，作出相应的决议。调查委员会进行调

查的时候，一切有关的国家机关、社会团体和公民都有义务向它提供必要的材料。

四、全国人民代表大会代表

（一）代表的作用和地位

全国人民代表大会代表是最高国家权力机关的组成人员，是人民委派到国家权力机关的使者，也是受人民委托，按照人民的利益和意志，代表人民行使国家权力的勤务员。虽然根据宪法和法律的规定，代表的某些权利受到特殊保护，但这种保护是出于便利代表履行职务的实际需要，并不表明人民代表的特殊化。

（二）代表的职权

根据宪法和法律的规定，全国人民代表大会代表享有以下权利：第一，出席全国人民代表大会会议，参与国家重大问题的讨论。在全国人民代表大会每次会议召开前一个月，常务委员会要把开会日期和建议大会讨论的主要事项通知给代表，以使代表有所准备。第二，根据法律规定的程序提出议案，或提出批评、意见和建议。第三，提出质询或询问。全国人民代表大会30名以上的代表联名可以提出对国务院或者国务院各部、委，最高人民法院和最高人民检察院的质询案。代表对受质询机关的答复不满意时，主席团可决定，由受质询机关再作答复。询问是代表就某一问题要求有关国家机关负责人说明情况，以便对报告或议案进行审议。《监察法》第53条规定：县级以上各级人民代表大会及其常务委员会举行会议时，人民代表大会代表或者常务委员会组成人员可以依照法律规定的程序，就监察工作中的有关问题提出询问或者质询。第四，对议案进行审议、表决，参加国家机关领导人的选举、决定以及罢免。

（三）代表的义务

根据宪法和法律的规定，全国人民代表大会代表必须履行以下相应的义务：第一，模范遵守宪法和法律，宣传法制，协助宪法和法律的实施。第二，保守国家秘密。第三，接受原选举单位和群众的监督。经原选举单位过半数同意可以罢免全国人民代表大会代表的代表资格。第四，密切联系群众和原选举单位，倾听广大人民群众的意见，经常列席原选举单位的人民代表大会会议。

（四）代表履行职责的保障

1. 言论免责

全国人民代表大会代表在全国人民代表大会各种会议上的发言和表决不受法律追究。全国人民代表大会各种会议包括全体会议、小组会议、代表团会议、专门委员会会议、主席团会议、常务委员会全体会议和分组会议。代表在闭会期间的言论不在此范围。

2. 人身自由的特别保护

法律规定，全国人民代表大会代表非经全国人民代表大会主席团许可，在全国人民代表大会闭会期间非经全国人民代表大会常务委员会许可，不受逮捕或刑事审判；代表如因是现行犯被拘留，执行拘留的机关应当立即向全国人民代表大会主席团或全国人民代表大会常务委员会报告。对代表采取除逮捕和刑事审判以外的限制人身自由的措施，也须经全国人民代表大会主席团或全国人民代表大会常务委员会许可。

3. 其他保障

给予代表履行职责所需的时间、经济保障，提供交通及通信便利等。

第二节　国家主席

一、国家主席的性质和地位

中华人民共和国主席是中华人民共和国国家机构的重要组成部分。中华人民共和国主席对外代表国家。

二、中国的国家元首

（一）中国国家元首制度的历史沿革

中华人民共和国成立初期，我国的国家机构体系和现在有很大不同，法律上也没有明确规定国家元首。由中国人民政治协商会议第一次全体会议选举产生的中央人民政府委员会被赋予行使领导国家事务的职权，由它组织产生其他国家机关。同时，它实际上又是我国的国家元首。至于中央人民政府委员会主席，只是中央人民政府委员会的组成人员之一，不是一个独立的国家机构，不是国家元首。

1954 年宪法设置了国家主席，并对国家主席的产生、任期和职权都作出了规定。国家主席不再是中央人民政府委员会的组成人员，而是由全国人民代表大会选举产生的独立的国家机构。宪法规定，中华人民共和国主席对外代表中华人民共和国；国家主席根据全国人民代表大会和全国人民代表大会常务委员会的决定，公布法律、任免国家机关工作人员。尽管当时的国家主席是我国的国家元首，但并不是个体元首，国家元首职权由全国人民代表大会常务委员会和国家主席结合行使。所以当时我们的国家元首是集体的国家元首。国家主席同时担任国防委员会主席，召集并主持最高国务会议。因此，当时的国家主席不仅对外是国家的代表，而且对内在国家政治生活中也起到重要的作用。

1975 年宪法取消了国家主席的设置，也没有规定由哪个国家机构代表中华人民共和国。国家元首的职权分解给了全国人民代表大会常务委员会和中共中央委员会以及中共中央主席，谁是国家元首并不清楚。1978 年宪法也没有解决这个问题。

现行的 1982 年宪法恢复了国家主席的设置。这不仅有利于促进我国和外国的正常交往活动，而且对内有利于国家机关之间的分工和各司其职，克服了党政不分、职责不明的弊端。

（二）中国国家元首制度的特点

中国的国家元首制度主要有以下几个特征：第一，实行个体元首制度。第二，实行虚位元首制。国家主席不掌握实际的行政权，作为国家元首行使职权必须以全国人民代表大会和全国人民代表大会常务委员会的决议为根据。同时，根据权责一致的原则，国家主席也不承担行政责任。第三，与 1954 年宪法规定的国家主席相比，现行国家主席不再统率武装力量，不再召集和主持最高国务会议，并且具有任期限制，连任不得超过两届。

长期以来，我国国家元首的法律地位并不是很确定。有学者认为，我国是社会主义国家，在国家元首制度上采用了与西方国家不同的模式，是一种由国家主席和全国人民代表大会及其常务委员会共同来行使元首职权的集体元首制。这种观点实际上是不正确的，根据宪法对于国家主席的职权规定以及世界大部分国家的元首制度来看，我国的国家元首就是国家主席，不存在集体元首的情况，也不符合集体元首的基本特征。

从1993年第八届全国人民代表大会开始，中国共产党都是推荐中共中央总书记作为国家主席的人选，这样就形成了党的总书记、国家主席和中央军委主席“三位一体”的领导体制，这种领导体制对于像中国这样的大国来说，不仅是必要的，而且是最妥当的办法。“三位一体”的国家元首体制经过二十多年的发展完善，已经成为我国宪法体制中的一个重要宪法惯例，它有利于党和军队事业的长远发展，有利于国家的长治久安，也有利于党对军队绝对领导的根本原则和制度。2018年修宪，实现了中国共产党的领导与国家领导权的高度统一切实保证了国家、共产党和军队权威的高度统一。

（三）中国国家元首的产生和任期

中华人民共和国主席、副主席由全国人民代表大会选举产生。每届全国人民代表大会召开第一次会议时，由大会主席团提名，经各代表团酝酿协商后，再由主席团确定正式候选人名单，经大会全体代表过半数表决通过即当选。《宪法》第79条第2款规定：“有选举权和被选举权的年满四十五周岁的中华人民共和国公民可以被选为中华人民共和国主席、副主席。”国家副主席协助主席工作。国家副主席受主席的委托，可以代行主席的部分职权。国家主席在任期届满前，由于逝世、罢免或其他原因缺位时，由副主席继任。国家主席、副主席每届任期同全国人民代表大会相同。国家主席、副主席行使职权到下届全国人民代表大会选出的主席、副主席就职为止。

（四）中国国家元首的职权

1. 公布法律、发布命令

《宪法》第80条规定：中华人民共和国主席根据全国人民代表大会的决定和全国人民代表大会常务委员会的决定，公布法律。这是法律生效的最后一道必经程序。国家主席还可根据全国人民代表大会及其常务委员会的决定，发布特赦令、宣布进入紧急状态、发布动员令、宣布战争状态等。

2. 人事任免权

国家主席根据全国人民代表大会和全国人民代表大会常务委员会的决定，任免国务院组成人员，派遣和召回驻外全权代表。

3. 外交权

国家主席代表国家进行国事活动、接受外国使节；根据全国人民代表大会常务委员会的决定，批准或废除同外国缔结的条约和重要协定。根据《宪法》第81条的规定，国家主席的外交权主要分为两个部分：第一部分是进行国事活动，接受外国使节。这部分权力是国家主席可以独立行使的权力；第二部分是派遣和召回对外全权代表，批准和废除同国外缔结的条约和重要协定的权力。这部分权力需要根据全国人民代表大会常务委员会的决定来行使。

国家主席进行国事活动的职权是在2004年《宪法修正案》加入的，一般认为加入这项职权是因为元首外交已经成为国际交往的一种重要形式，需要在宪法中对此留有空间。现代外交最明显的特点是国家或政府首脑的个人外交的作用日益增强。具体到中国来说，就是以国家主席为代表的元首外交逐渐发展起来。从元首外交的形式上看，元首外交既可以是处理实际性问题的政治活动，也可以是象征性和程序性的礼仪安排。在国家主席的职权中加入“进行国事活动”的权力，突出反映了国家主席制度在中国的发展变化。

4. 荣典权

国家主席根据全国人民代表大会和全国人民代表大会常务委员会的决定，授予对国家有功勋的人员勋章和荣誉称号。

第三节 国务院

一、国务院的性质和地位

我国《宪法》第 85 条规定：“中华人民共和国国务院，即中央人民政府，是最高国家权力机关的执行机关，是最高国家行政机关。”这一规定表明了国务院的性质和法律地位。国务院作为我国的中央人民政府，对外以中央政府的名义活动，地方各级人民政府是它的下级单位，受其领导。“国务院是最高国家权力机关的执行机关”表明国务院从属于全国人民代表大会，国务院由全国人民代表大会选举产生，受它监督，向它负责并报告工作，在全国人民代表大会闭会期间，受全国人民代表大会常务委员会监督并向全国人民代表大会常务委员会负责。全国人民代表大会及其常务委员会通过的法律和决议要由国务院来执行。国务院是最高国家行政机关，表明国务院在整个国家行政系统中处于最高地位。国务院统一领导所属各部、各委员会的工作和全国地方各级国家行政机关的工作。全国的一切国家行政机关都必须服从它的决定和命令。

二、国务院的组成和任期

国务院的组成人员包括总理、副总理若干人、国务委员若干人、秘书长、各部部长、各委员会主任、审计长。

国务院的组成部门，依法对于某一方面的行政事务行使全国范围内的管理权限。国务院组成部门一方面接受国务院的领导和监督，执行国务院的行政法规、决定和命令；另一方面，又可以在法定的职权范围内，就自己所管辖的事项，以自己的名义实施活动，并承担由此产生的责任。

国务院除了各部委以外，还设有直属特设机构、直属机构、办事机构、直属事业单位、由部委管理的国家局以及议事协调机构。

根据《宪法》第 62 条、第 80 条的规定，国务院总理人选由国家主席提名，由全国人民代表大会决定；国务院的其他组成人员由国务院总理提名，由全国人民代表大会决定。根据《宪法》第 67 条的规定，全国人民代表大会闭会期间，全国人民代表大会常务委员会可以改变除总理、副总理、国务委员以外的其他国务院组成人员的人选。

《宪法》第 87 条规定，国务院的任期同全国人民代表大会任期相同，每届 5 年；国务院总理、副总理、国务委员连续任职不得超过两届。

三、国务院的领导体制

国务院的领导体制经历了一个历史发展的过程，从中华人民共和国成立初期政务院的委员会制到 1954 年宪法所规定的部长会议制，又发展到 1982 年宪法规定的总理负责制。

总理负责制的优点在于行政效率比较高，容易克服行政部门官僚主义和效率低下的弊端，有利于充分发挥行政部门的优势，同时也有利于形成一个责任制的政府。

所谓总理负责制，即国务院总理有权领导国务院的各项工作，对属于国务院职权范围内的事务拥有完全决定权，同时总理对国务院的工作负相应的责任。国务院所属各机构均要对总理负责并报告工作、服从总理的领导、听从总理的指挥；在国务院各项工作的决策上，总理享有最后的决定权；在与最高国家权力机关的关系上，总理向全国人民代表大会负责并报告工作。

总理领导国务院的工作，具体主要表现为：第一，国务院其他组成人员的人选，由总理提名，全国人民代表大会决定；在全国人民代表大会闭会期间，由全国人民代表大会常务委员会决定（副总理和国务委员除外），国家主席任命。第二，国务院各部、各委员会的设立、撤销或合并，经总理提出，由全国人民代表大会决定；在全国人民代表大会闭会期间，由全国人民代表大会常务委员会决定。第三，总理领导国务院的工作，副总理、国务委员协助总理工作。第四，国务院工作中的重大问题，要经过全体会议或常务会议讨论决定，但总理起决定性作用。第五，总理召集和主持全体会议和常务会议，会议纪要由总理签发。第六，国务院发布的决定、命令和行政法规，向全国人民代表大会或全国人民代表大会常务委员会提出的议案，任免人员，由总理签署。

《宪法》第 3 条规定：“中华人民共和国的国家机构实行民主集中制的原则。”那么民主集中制的原则在国务院所实行的总理负责制中是怎样表现的呢？国务院作为行使行政权力的国家机构，其贯彻民主集中制的主要表现是：从国务院组成看，国务院由总理、副总理、国务委员、各部委部长等组成，宪法将行政权授予国务院，而不是总理一人；从总理与副总理、国务委员的工作职责关系上看，副总理、国务委员按分工负责处理分管工作，受总理委托，负责其他方面的工作或专项任务，并且可代表国务院进行外事活动；总理虽然可以在全国人民代表大会上提名副总理、国务委员的人选，但是注意《宪法》第 67 条第 9 项关于全国人民代表大会常务委员会职权的规定，“在全国人民代表大会闭会期间，根据国务院总理的提名，决定部长、委员会主任、审计长、秘书长的人选”，其中并无“副总理和国务委员”，这条规定可以看出总理在副总理和国务委员的任免权上是受限的；从工作方式上看，国务院工作中的重大问题，必须经国务院常务会议或者国务院全体会议讨论决定。虽然总理可以行使最后的决定权，但是必须经过法定的“讨论”程序，这实际上是民主集中制在总理负责制中的一种具体表现。

四、国务院的会议制度

根据《宪法》第 88 条和《中华人民共和国国务院组织法》（以下简称《国务院组织法》）第 4 条的规定，国务院的会议分为国务院全体会议和国务院常务会议。国务院全体会议由国务院全体成员组成。国务院常务会议由总理、副总理、国务委员、秘书长组成。总理召集和主持国务院全体会议和国务院常务会议。

国务院全体会议由总理、副总理、国务委员、各部部长、各委员会主任、人民银行行长、审计长、秘书长组成，由总理召集和主持。国务院全体会议的主要任务是：讨论决定国务院工作中的重大事项；部署国务院的重要工作。

国务院常务会议由总理、副总理、国务委员、秘书长组成，由总理召集和主持。国务院常务会议是国务院的日常领导工作机构，在总理主持下，负责对国务院职权范围内的各项重要工作进行领导和决策。国务院常务会议的主要任务是：讨论决定国务院工作中的重要事项；讨论法律草案、审议行政法规草案；通报和讨论其他重要事项。国务院常务会议一般每周召开一次。议题主要涉及国家发展、改革、稳定和政府自身建设等方面的重要问题，特别是促进经济社会发展、改善宏观调控、做好公共服务、关注民生、应对突发事件等列入国务院工作的重要议程。国务院常务会议的议题广泛，内容重要，是国务院领导全国行政工作的主要方式。

五、国务院的职权

《宪法》第 89 条用 18 个项目详细列举了国务院的职权，这些职权主要概括为以下几个方面。

（一）行政法规、行政措施制定权

国务院有权根据宪法和法律，规定行政措施，制定行政法规，发布决定和命令。

（二）提出议案权

国务院有权向全国人民代表大会或者全国人民代表大会常务委员会提出议案。

（三）全国性行政工作的组织领导权

国务院有权规定各部和各委员会的任务和职责，统一领导各部和各委员会的工作，并且领导不属于各部和各委员会的全国性的行政工作；统一领导全国地方各级国家行政机关的工作，规定中央和省、自治区、直辖市的国家行政机关的职权的具体划分；改变或者撤销各部、各委员会发布的不适当的命令、指示和规章；改变或者撤销地方各级国家行政机关的不适当的决定和命令；编制、执行国民经济和社会发展计划与国家预算；审定行政机构的编制。

（四）各行业、各部门行政工作的领导和管理权

国务院有权领导和管理经济、城乡建设、生态文明建设、教育、科学、文化、卫生、体育、计划生育、民政、公安、司法行政、对外事务、国防建设事业和民族事务等工作。

（五）行政人员的任免、奖惩权

国务院有权依照法律规定任免、培训、考核和奖惩行政人员。

（六）紧急状态决定权

国务院有权依照法律规定决定省、自治区、直辖市的范围内部分地区进入紧急状态。

（七）行政区划的决定权

国务院有权批准省、自治区、直辖市的区域划分，批准自治州、县、自治县、市的建置和区域划分。

知识拓展

2012 年 6 月国务院批准，撤销海南省西沙群岛、南沙群岛、中沙群岛办事处，设立地级三沙市，管辖西沙群岛、中沙群岛、南沙群岛的岛礁及海域。三沙市人民政府驻西沙永兴岛。设立地级三沙市是中国对海南省西沙群岛、中沙群岛、南沙群岛的岛礁及海域行政管理体制的调整和完善，有利于进一步加强中国对西沙群岛、中沙群岛、南沙群岛的岛

礁及海域的行政管理和开发建设，保护南海海洋环境。

（八）全国人民代表大会和全国人民代表大会常务委员会授予的其他职权

全国人民代表大会及其常务委员会以决议的形式，将一些全国性的行政工作任务或特别重要的临时性工作，授权由国务院办理。

从上面列举的职权中，可以看出国务院的职权几乎涉及人民生活的方方面面，因此为了防止国务院行政权力的滥用，对其权力加以限制是很有必要的。虽然行政机构的权力在不断扩大，但是对其制约的机制也在不断完善。从行政机关外部来看，立法机构通过专业化和委员会方式，司法机构通过审判监督方式规范和限制行政机构的权力。从行政机关内部来看，审计、监察、预算管理、法规审查等机构形成了对行政权的内部监督，同时大量专业化的咨询和研究机构的建立，削弱了行政机关制定政策的随意性。另外随着技术的进步，互联网的发展使公民在公众参与和意见表达上发挥着越来越重要的作用，也在一定程度上制约着行政权力。

六、国务院的行政机构

根据《宪法》《国务院组织法》《国务院行政机构设置和编制管理条例》和2018年第十三届全国人大第一次会议批准的国务院机构改革方案，国务院的行政机构设置如下。

（一）国务院办公厅

国务院办公厅是国务院依照《国务院组织法》的规定设立的，协助国务院领导处理国务院日常工作的行政机构。国务院办公厅由秘书长领导，设副秘书长若干人，协助秘书长工作。

（二）国务院组成部门

国务院组成部门是在国务院统一领导下，负责领导和管理某一方面的行政事务，行使特定的国家行政权力的行政机构。

1. 各部

各部包括外交部、国防部、教育部、科学技术部、工业和信息化部、公安部、国家安全部、民政部、司法部、财政部、人力资源和社会保障部、自然资源部、生态环境部、住房和城乡建设部、交通运输部、水利部、农业农村部、商务部、文化和旅游部、退役军人事务部、应急管理部。①

2. 各委员会

各委员会包括国家发展和改革委员会、国家民族事务委员会、国家卫生健康委员会。

3. 中国人民银行

在国务院领导下，中国人民银行制定和执行货币政策，防范和化解金融风险，维护金融稳定。

---

① 教育部对外保留国家语言文字工作委员会牌子。科学技术部对外保留国家外国专家局牌子。工业和信息化部对外保留国家航天局、国家原子能机构牌子。自然资源部对外保留国家海洋局牌子。生态环境部对外保留国家核安全局牌子。

4. 审计署

在国务院领导下，审计署主管全国审计工作。对国务院各部门和地方各级人民政府的财政收支，国有的金融机构和企业事业组织的财政收支，以及其他依照《中华人民共和国审计法》规定应当接受审计的财政收支、财务收支的真实、合法和效益依法进行审计监督，以维护国家财政经济秩序，促进廉政建设，保障国民经济健康发展。为了保证审计署能够顺利地履行宪法规定的职责，审计署在国务院总理领导下，依照法律规定独立行使审计监督权，不受其他行政机关、社会团体和个人的干涉。

（三）国务院直属特设机构

国务院直属特设机构即国务院国有资产监督管理委员会，是根据国务院授权代表国务院对国家出资企业履行出资人职责的国务院国有资产监督管理机构。

（四）国务院直属机构

国务院直属机构是主管国务院某项专门业务、具有独立的行政管理职能的行政机构。包括海关总署、国家市场监督管理总局、国家体育总局、国家国际发展合作署、国务院参事室国家税务总局、国家广播电视总局、国家统计局、国家医疗保障局、国家机关事务管理局。①

（五）国务院办事机构

国务院办事机构是协助国务院总理办理专门事项、不具有独立的行政管理职能的行政机构。包括国务院港澳事务办公室、国务院研究室。②

（六）国务院直属事业单位

国务院直属事业单位是以增进社会福利，满足社会文化、教育、科学、卫生等方面需要，提供各种社会服务为直接目的，由国务院直接领导的社会组织。国务院直属事业单位不以营利（或积累资本）为直接目的，其工作成果与价值不直接表现或主要不表现为可以估量的物质形态或货币形态，包括新华通讯社、中国社会科学院、国务院发展研究中心、中国气象局、中国证券监督管理委员会、中国科学院、中国工程院、中央广播电视总台、中国银行保险监督管理委员会。③

（七）国务院部委管理的国家局

国务院部委管理的国家局是由国务院组成部门管理、主管特定业务的、行使行政管理职能的行政机构。包括国家信访局（由国务院办公厅管理）、国家能源局（由国家发展和改革委员会管理）、国家烟草专卖局（由工业和信息化部管理）、国家林业和草原局（由自然资源部管理）、中国民用航空局（由交通运输部管理）、国家文物局（由文化和旅游部管理）、国家煤矿安全监察局（由应急管理部管理）、国家药品监督管理局（由国家市场监督管理总局管理）、国家粮食和物资储备局（由国家发展和改革委员会管理）、国家国防科技

① 国家市场监督管理总局对外保留国家认证认可监督管理委员会、国家标准化管理委员会牌子。国家新闻出版广电总局（国家版权局）在中央宣传部加挂牌子，由中央宣传部承担相关职责。国家宗教事务局在中央统战部加挂牌子，由中央统战部承担相关职责。

② 国务院侨务办公室在中央统战部加挂牌子，由中央统战部承担相关职责。国务院台湾事务办公室与中共中央台湾工作办公室、国家互联网信息办公室与中央网络安全和信息化委员会办公室，一个机构两块牌子，列入中共中央直属机构序列。国务院新闻办公室在中央宣传部加挂牌子。

③ 国家行政学院与中央党校，一个机构两块牌子，作为党中央直属事业单位。

工业局（由工业和信息化部管理）、国家移民管理局（由公安部管理）、国家铁路局（由交通运输部管理）、国家邮政局（由交通运输部管理）、国家中医药管理局（由国家卫生健康委员会管理）、国家外汇管理局（由中国人民银行管理）、国家知识产权局（由国家市场监督管理总局管理）。①

（八）国务院议事协调机构

国务院议事协调机构承担跨国务院行政机构的重要业务工作的组织协调任务。国务院议事协调机构议定的事项，经国务院同意，由有关的行政机构按照各自的职责负责办理。在特殊或者紧急的情况下，经国务院同意，国务院议事机构可以规定临时性的行政管理措施。包括国家国防动员委员会、国务院学位委员会、国家防汛抗旱总指挥部、国务院妇女儿童工作委员会、国务院扶贫开发领导小组、国家禁毒委员会、全国老龄工作委员会、国家信息化领导小组等。

第四节　军事领导机关

一、中央军事委员会的性质和地位

军事权是国家权力的重要组成部分，兼有对外和对内的职能。军队在国家安全、生产建设、救助灾难等方面起着十分重要的作用，也在国家体制中居于重要地位。

《宪法》第 93 条规定："中华人民共和国中央军事委员会领导全国武装力量。"这一规定表明，中央军事委员会是国家最高军事领导机关。《中华人民共和国国防法》（以下简称《国防法》）第 22 条第 1 款规定："中华人民共和国的武装力量，由中国人民解放军现役部队和预备役部队、中国人民武装警察部队、民兵组成。"中国人民解放军现役部队是国家的常备军，主要担负防卫作战任务，必要时可以依照法律规定协助维护社会秩序。预备役部队平时按照规定进行训练，必要时可以依照法律规定协助维护社会秩序，战时根据国家发布的动员令转为现役部队。中国人民武装警察部队在国务院、中央军事委员会的领导指挥下，担负国家赋予的安全保卫任务，维护社会秩序。民兵在军事机关的指挥下，担负备战勤务、防卫作战任务，协助维护社会秩序。

《宪法》第 94 条规定："中央军事委员会主席对全国人民代表大会和全国人民代表大会常务委员会负责。"从而确认中央军委在中央国家机关体系中从属于最高国家权力机关的法律地位，也确认了我国的武装力量属于人民的性质。

二、中央军事委员会的组成和任期

根据《宪法》第 93 条的规定，中央军事委员会由主席、副主席若干人、委员若干人组成。根据《宪法》第 62 条的规定，中央军委主席由全国人民代表大会选举产生，根据

---

① 国家移民管理局加挂中华人民共和国出入境管理局牌子。国家林业和草原局加挂国家公园管理局牌子。国家公务员局在中央组织部加挂牌子，由中央组织部承担相关职责。国家档案局与中央档案馆、国家保密局与中央保密委员会办公室、国家密码管理局与中央密码工作领导小组办公室，一个机构两块牌子，列入中共中央直属机关的下属机构序列。

主席的提名，全国人民代表大会决定其他组成人员的人选。全国人民代表大会有权罢免主席和其他组成人员。在全国人民代表大会闭会期间，全国人民代表大会常务委员会根据主席的提名，决定其他组成人员的人选。中央军委每届任期同全国人民代表大会每届任期相同，考虑到军事领导工作的特殊性，军委主席没有任职届数的限制，可以连选连任。

在1993年以后，中国形成了中共中央总书记、国家主席和中央军委主席“三位一体”的领导体制，在这种领导体制下，一般都是由党的总书记和国家主席兼任中央军委主席。

三、中央军事委员会的职权

中央军事委员会作为国家武装力量的最高领导机关，其职能是领导全国武装力量完成宪法赋予人民军队和其他武装力量巩固国防、抵抗侵略、保卫祖国、保卫人民的和平劳动、参加国家建设事业和努力为人民服务的神圣使命。根据《国防法》第13条的规定，中央军事委员会领导全国武装力量，行使下列职权：统一指挥全国武装力量；决定军事战略和武装力量的作战方针；领导和管理中国人民解放军的建设，制定规划、计划并组织实施；向全国人民代表大会或者全国人民代表大会常务委员会提出议案；根据宪法和法律，制定军事法规、发布决定和命令；决定中国人民解放军的体制和编制，规定总部以及军区、军兵种和其他军区级单位的任务和职责；依据法律、军事法规的规定，任免、培训、考核和奖励武装力量成员；批准武装力量的武器装备体制和武器装备发展规划、计划，协同国务院领导和管理国防科研生产；会同国务院管理国防经费和国防资产；法律规定的其他职权。

此外，根据《国防法》第12条、第14条的规定，中央军事委员会与国务院共同领导中国人民武装警察部队、民兵的建设和征兵、预备役工作以及边防、海防、空防的管理工作，并可与国务院根据情况召开协调会议，解决国防事务的有关问题。

四、中央军事委员会的领导体制

《宪法》第93条第3款规定：“中央军事委员会实行主席负责制。”这一规定表明，中央军事委员会在组织形式上是一个集体组成的国家机关，但其领导体制是首长负责制。主要表现在：中央军事委员会其他组成人员的人选，由中央军事委员会主席提名，全国人民代表大会决定；在全国人民代表大会闭会期间，由中央军事委员会主席提名，全国人民代表大会常务委员会决定。中央军事委员会主席对全国人民代表大会及其常务委员会负责。中央军事委员会领导全国武装力量，有关重大问题必须经中央军事委员会讨论决定，中央军事委员会主席领导中央军事委员会的工作。

第五节　监察委员会

一、中国的监察机关

（一）监察机关的性质和职能

根据我国《2018年宪法修正案》和《中华人民共和国国家监察法》的规定，监察委员会是国家的监察机关，各级监察委员会是行使国家监察职能的专责机关，依法对所有行

使公权力的公职人员进行监察，调查职务违法和职务犯罪，开展廉政建设和反腐败工作，维护宪法和法律的尊严。监察委员会依照法律规定独立行使监察权，不受行政机关，社会团体和个人的干涉。

知识拓展

2016年11月中共中央办公厅印发《关于在北京市、山西省、浙江省开展国家监察体制改革试点方案》，部署在三省市设立各级监察委员会，从体制机制、制度建设上先行先试、探索实践，为在全国推开积累经验。经过一年的试点工作，在认真总结北京市、山西省、浙江省开展国家监察体制改革试点工作经验的基础上，根据党的十九大会议精神2017年11月4日十二届全国人大常委会第三十次会议通过了关于在全国各地推开国家监察体制改革试点工作的决定，在各省、自治区、直辖市、自治州、县、自治县、市、市辖区设立监察委员会，行使监察职权。将县级以上地方各级人民政府的监察厅（局）、预防腐败局和人民检察院查处贪污贿赂、失职渎职以及预防职务犯罪等部门的相关职能整合至监察委员会。

2016年10月，党的十八届六中全会闭幕后，中央纪委机关会同全国人大常委会法制工作委员会共同组成国家监察立法工作专班，在前期工作基础上，形成了监察法草案。2017年6月下旬，十二届全国人大常委会第二十八次会议对监察法草案进行了初次审议。2017年11月7日至12月6日，监察法草案在中国人大网全文公开，征求社会公众意见。2017年12月，十二届全国人大常委会第三十一次会议对监察法草案进行了再次审议。2018年3月20日，第十三届全国人大一次会议表决通过了《中华人民共和国监察法》，并于公布之日起开始施行。

（二）监察委员会的组成、任期和领导体制

监察委员会由主任，副主任若干人，委员若干人组成，主任由本级人民代表大会选举，副主任委员由监察委员会主任提请本级人民代表大会常务委员会任免。

监察委员会主任，每届任期同本级人民代表大会，每届任期相同，5年，国家监察委员会主任连续任职不得超过两届。

国家监察委员会领导地方各级监察委员会的工作，上级监察委员会领导下级监察委员会的工作。国家监察委员会对全国人民代表大会和全国人民代表大会常务委员会负责，地方各级监察委员会对产生它的国家权力机关和上一级监察委员会负责。

根据《宪法》和《中华人民共和国监察法》的规定，监察机关实行双重从属制，既要对同级国家权力机关负责，又要对上级监察机关负责，国家权力机关对监察机关的领导主要表现在，人民代表大会及其常务委员会的选举罢免或者任免主要组成人员，进行各种形式的监督等。

监察委员会实行国家监察委会领导地方各级监察委员会的工作，上级监察委会领导下及监察委员会的工作领导体制。下级监察机关必须接受上级监察机关的领导和国家监察机关的领导，对上级监察机关负责。

（三）监察范围

监察机关对下列公职人员和有关人员进行监察：

(1) 中国共产党机关、人民代表大会及其常务委员会机关、人民政府、监察委员会、人民法院、人民检察院、中国人民政治协商会议各级委员会机关、民主党派机关和工商业联合会机关的公务员，以及参照《中华人民共和国公务员法》管理的人员；

(2) 法律、法规授权或者受国家机关依法委托管理公共事务的组织中从事公务的人员；

(3) 国有企业管理人员；

(4) 公办的教育、科研、文化、医疗卫生、体育等单位中从事管理的人员；

(5) 基层群众性自治组织中从事管理的人员；

(6) 其他依法履行公职的人员。

(四) 监察权限

1. 监督权

监督是监察委员会的首要职责。监察委员会代表党和国家，依照宪法、监察法和有关法律法规，监督所有公职人员行使公权力的行为是否正确，确保权力不被滥用、确保权力在阳光下运行，把权力关进制度的笼子。纪委、监委合署办公，要落实它们的双重职责。党内监督和国家监察都是中国特色治理体系的重要组成部分，一体两面，具有高度内在一致性。党的各级纪律检查委员会是党内监督的专责机关，履行监督执纪问责职责，加强对所辖范围内党组织和领导干部遵守党章党规党纪、贯彻执行党的路线方针政策情况的监督检查。纪委的监督、执纪、问责与监委的监督、调查、处置是对应的。党内监督的方式包括党委（党组）的日常管理监督、巡视监督、组织生活制度、党内谈话制度、干部考察考核制度、述责述廉制度、报告制度、插手干预重大事项记录制度，以及纪委的执纪监督、派驻监督、信访监督、党风廉政意见回复、谈话提醒和约谈函询制度、审查监督、通报曝光制度等。党内监督要求把纪律挺在前面，运用监督执纪“四种形态”，经常开展批评和自我批评、约谈函询，让“红红脸、出出汗”成为常态；党纪轻处分、组织调整成为违纪处理的大多数；党纪重处分、重大职务调整的成为少数；严重违纪涉嫌违法立案审查的成为极少数。监察机关履行监督职责的方式包括教育和检查。监督检查的方法包括列席或者召集会议、听取工作汇报、实施检查或者调阅、审查文件和资料等，内容是公职人员依法履职、秉公用权、廉洁从政从业以及道德操守情况。

2. 调查权

调查公职人员涉嫌职务违法和职务犯罪，是监察委员会的一项经常性工作。它是监察委员会开展廉政建设和反腐败工作，维护宪法和法律尊严的一项重要措施。对公职人员涉嫌职务违法和职务犯罪的调查，突出地体现了监察委员会作为国家反腐败工作机构的定位，体现了监察工作的特色，这项工作做好了，能有效地强化不敢腐的震慑，减少和遏制腐败行为的发生，维护宪法和法律尊严，保持公权力行使的廉洁性。调查的主要内容，包括涉嫌贪污贿赂、滥用职权、玩忽职守、权力寻租、利益输送、徇私舞弊以及浪费国家资财等职务违法和职务犯罪行为，基本涵盖了公职人员的腐败行为类型。监察机关进行调查的方式，进行谈话或者要求说明情况，向被调查人出具书面通知，讯问，询问证人，留置，查询、冻结涉案单位和个人的存款、汇款、债券、股票、基金份额等财产，搜查，调取、查封、扣押财物、文件和电子数据等信息，勘验检查，指派、聘请有专门知识的人进行鉴定，采取技术调查措施，通缉，经省级以上监察机关批准，可以对被调查人及相关人员采取限制出境措施，从宽处罚的建议等权力。监察机关收集的物证、书证、证人证言、

被调查人供述和辩解、视听资料、电子数据等证据材料，在刑事诉讼中可以作为证据使用。

3. 处置职责

这项职责主要包括四个方面内容：(1) 对违法的公职人员依法作出政务处分决定。监察委员会根据监督、调查结果，对违法的公职人员依照法定程序作出警告、记过、记大过、降级、撤职、开除等政务处分决定。(2) 对履行职责不力、失职失责的领导人员进行问责。这里所谓的"问责"，是指监察委员会根据问责的有关规定，对不履行或者不正确履行职责的，按照管理权限对负有管理责任的领导人员作出问责决定，或者向有权作出问责决定的机关提出问责建议。问责的对象是公职人员中的领导人员，主要是指中国共产党机关、人大机关、行政机关、监察机关、审判机关、检察机关、政协机关、民主党派和工商联机关中担任各级领导职务和副调研员以上非领导职务的人员；参照公务员法管理的单位中担任各级领导职务和副调研员以上非领导职务的人员；大型、特大型国有和国有控股企业中层以上领导人员，中型以下国有和国有控股企业领导班子成员，以及上述企业中其他相当于县处级以上层次的人员；事业单位领导班子成员及其他六级以上管理岗位人员。(3) 对涉嫌职务犯罪的，将调查结果移送人民检察院依法审查、提起公诉。对被调查人涉嫌职务犯罪，监察机关经调查认为犯罪事实清楚，证据确实、充分的，制作起诉意见书，连同案卷材料、证据一并移送检察机关依法审查、提起公诉。(4) 对监察对象所在单位提出监察建议。监察建议是监察委员会依照法定职权，根据监督、调查结果，对监察对象所在单位廉政建设和履行职责存在的问题等提出的。监察建议不同于一般的工作建议，它具有法律效力，被提出建议的有关单位无正当理由必须履行监察建议要求其履行的义务，否则，就要承担相应的法律责任。

（五）监察委员会与其他国家机关的关系

(1) 监察委员会依照法律规定独立行使监察权，不受行政机关、社会团体和个人的干涉。

(2) 监察机关办理职务违法和职务犯罪案件，应当与审判机关、检察机关、执法部门互相配合，互相制约。

(3) 监察机关在工作中需要协助的，有关机关和单位应当根据监察机关的要求依法予以协助。

第六节　审判机关和法律监督机关

一、中国的审判机关

（一）人民法院的性质

根据我国《宪法》有关条款和《中华人民共和国人民法院组织法》(以下简称《人民法院组织法》)的规定，人民法院是国家的审判机关。人民法院通过审判活动参与国家权力的行使。审判权是指人民法院依法审理和裁决刑事、民事、行政案件和其他案件的权力。人民法院独立行使审判权，任何公民有权拒绝人民法院以外的机关、团体或个人的非法审判。

（二）人民法院的组成、任期和领导体制

按照《宪法》第 102 条和《人民法院组织法》第 34 条的规定，各级人民法院院长由同级人民代表大会选举产生，其他法院审判人员由同级人民代表大会常务委员会任免。同

时，在直辖市内设立的中级人民法院和在省、自治区内按地区设立的中级人民法院院长由直辖市或省、自治区人大常委会任免。

根据《人民法院组织法》第33条的规定，各级人民法院的院长、副院长、庭长、副庭长、审判员和助理审判员必须是具有选举权和被选举权、年满23周岁的公民，并具有法律专业知识。

各级人民法院院长的任期与同级人民代表大会的任期相同，均为5年；最高人民法院院长连续任职不得超过两届。

《宪法》第132条规定："最高人民法院是最高审判机关。最高人民法院监督地方各级人民法院和专门人民法院的审判工作，上级人民法院监督下级人民法院的审判工作。"第128条规定："最高人民法院对全国人民代表大会和全国人民代表大会常务委员会负责。地方各级人民法院对产生它的国家权力机关负责。"

（三）法官的选任

担任法官必须具备的条件：具有中华人民共和国国籍；年满23周岁；拥护中华人民共和国宪法；有良好的政治、业务素质和良好的品行；身体健康；高等院校法律专业本科毕业或者高等院校非法律专业本科毕业具有法律专业知识，从事法律工作满两年，其中担任高级人民法院、最高人民法院法官，应当从事法律工作满三年；获得法律专业硕士学位、博士学位或者非法律专业硕士学位、博士学位具有法律专业知识，从事法律工作满一年，其中担任高级人民法院、最高人民法院法官，应当从事法律工作满两年。

不得担任法官的情形：曾因犯罪受过刑事处罚的；曾被开除公职的。

知识拓展

最高人民法院以司法责任制为核心的四项基础性重大改革正在有序推进。目前，已有693家法院开展试点工作，上海、吉林、海南、湖北、广东、青海、北京等省市法院普遍建立审判团队，绝大多数案件取消了院庭长审批，院庭长办案数量同比大幅提升，审判委员会讨论案件数量普遍下降，专业法官会议、审判委员会等组织在统一法律适用方面发挥了重要作用，院庭长审判管理和审判监督方式进一步制度化、规范化、透明化，法官审判责任追究和业绩考评制度进一步完善，试点法院审判质效总体稳中向好，司法人员分类管理改革稳步推进。截至2016年6月底，已有北京、吉林、上海、湖北、广东、海南、青海等省市7个高级人民法院、95个中级人民法院、469个基层人民法院完成员额法官选任工作，共产生入额法官24 035名。试点法院均将85%以上人员集中在办案一线，审判资源配置得到优化。

资料来源：罗书臻. 最高人民法院扎实推进人民法院司法体制改革半年纵览［N］. 人民法院报，2016-07-21（1）.

（四）人民法院的组织系统和审级制度

我国的各级人民法院基本上是以国家行政区为基础设置的。根据《人民法院组织法》的规定，我国的审判机关有最高人民法院、地方各级人民法院、军事法院等专门人民法院，其中地方人民法院包括基层人民法院、中级人民法院和高级人民法院。专门人民法院包括军事法院、铁路运输法院、海事法院、森林法院等。

最高人民法院是最高审判和审判监督机关，审理的案件包括：法律规定由它管辖和它认为应由自己审理的第二审案件；对高级人民法院、专门人民法院判决和裁定上诉和抗诉案件；最高人民检察院按审判监督程序提出的抗诉案件。

高级人民法院审理的案件包括：法律规定由它管辖的第一审案件；下级人民法院移送审判的第一审案件；对下级人民法院判决和裁定的上诉案件和抗诉案件；人民检察院按审判监督程序提出的抗诉案件。

中级人民法院审理的案件包括：法律规定由它管辖的第一审案件；基层人民法院移送的第一审案件；对基层法院判决和裁定的上诉案件；人民检察院按审判监督程序提出的抗诉案件。

基层人民法院审理的案件是除了最高人民法院、高级人民法院和中级人民法院管辖的第一审案件外，都由基层人民法院管辖。基层人民法院可以设若干派出法庭。派出法庭是基层人民法院的派出机构。相当于法院的一个庭室，具有法院的审判职能，履行法院审判职责。

专门人民法院是指在某些特定部门和系统内设立的审理特定案件的法院。不同于按行政区划设立的地方人民法院，受理案件的范围也与一般的地方人民法院不同。各级专门人民法院按照本系统管理结构设立和划分管辖范围。不服下级专门人民法院的第一审判决和裁定，按照专门人民法院的系统上诉。海事法院行使相当于中级人民法院的职权，不服海事法院一审裁判的当事人直接上诉于当地高级人民法院，实行三级两审终审制。铁路运输法院只有基层人民法院和中级人民法院，不服中级人民法院一审裁判的当事人，在法定上诉期内可直接向当地高级人民法院提起上诉。

审级制度指的是法院的审理层级制度，即就同一诉讼案件，在下级法院审判后，经当事人上诉或抗诉，再由上级法院进行审理，从而减少裁判错误、实现司法公正和法制统一。我国实行的审级制度是四级两审终审制，凡案件经两级人民法院审理即告终结。对地方各级人民法院所作出的第一审判决和裁定，如果当事人不服，可以按法定程序向上一级人民法院上诉；如果人民检察院认为确有错误，应依法向上一级人民法院抗诉；上一级人民法院作出的判决和裁定，是终审的、发生法律效力的判决和裁定，当事人不得再上诉；最高人民法院作为第一审法院审判的案件都是终审判决。

知识拓展

根据中央关于铁路运输法院管理体制改革要求，全国 17 个铁路运输中级人民法院、58 个铁路运输基层法院改制工作基本完成，2012 年 6 月底已全部移交地方管理，顺利实现了整体纳入国家司法体系。改制后，全国各铁路运输法院隶属关系按驻地行政区划改为地方管理，有关经费改由同级人民政府根据财政预算保障，所属人员均按《公务员法》规定纳入地方行政编制管理，法律职务的任免也分别由地方人民代表大会常务委员会根据有关法律规定办理。根据新的规定，改制后的铁路运输法院刑事案件的管辖范围，除涉及铁路运输犯罪的各类公诉案件外，还包括有关刑事自诉案件；民事案件的管辖范围除涉及铁路运输、铁路安全、铁路财产等各类民事案件外，经驻在地高级人民法院指定管辖，铁路运输法院还可受理其他民事案件和执行案件。

（五）人民法院的审判工作原则和制度

1. 独立审判原则

《宪法》第 131 条和《人民法院组织法》第 4 条规定：人民法院依照法律规定独立行

使审判权，不受行政机关、社会团体和个人的干涉。这一原则要求人民法院在审判工作中要以事实为根据、以法律为准绳，独立进行审判，实事求是地对案件作出公正判决和裁定。不受任何组织、领导及其他个人的干涉。人民法院在办理各种案件活动中，一切服从法律，严格依法办事，在职权范围内的活动必须独立进行。依法独立审判原则，是社会主义法制的一项重要原则。审判工作贯彻这一原则有利于保证国家审判权的统一行使，保证国家法律统一执行，保证审判工作正常进行，保证对案件正确判决。法院独立审判并不是不受任何监督。在我国，人民法院要向同级人民代表大会负责并报告工作，接受同级人民代表大会常务委员会的监督。人民检察院是法律监督机关，人民法院执行法律要接受人民检察院依法进行的监督。此外，人民法院独立审判还应该接受人民群众的监督。

2. 公民在法律面前一律平等原则

公民在法律面前一律平等原则，要求人民法院对一切公民都必须一律平等对待，一切公民的合法权益都要依法予以保护，任何公民的违法犯罪行为都要依法予以追究。适用法律一律平等，还要求在适用法律上不能有任何歧视，对公民一律平等对待，不能因家庭出身、地位高低等非法定条件而对某些公民有不公正的待遇，任何组织和个人都不得有超越宪法和法律的特权。

3. 被告人有权获得辩护原则

《宪法》第 130 条规定：“人民法院审理案件，除法律规定的特别情况外，一律公开进行。被告人有权获得辩护。”被告人有权获得辩护，是宪法和有关法律规定的一项重要的司法原则和制度，是国家赋予被告人保护自己合法权益的一种重要诉讼权利。在刑事诉讼中，被告人和他的辩护人有权根据事实和法律，提出证明被告人无罪、罪轻或者免除、减轻刑事处罚的材料和意见，以维护被告人的合法权益。有关法律规定了被告人行使辩护权利的具体制度，必要时人民法院应当为被告人指定承担法律援助义务的律师担任被告人的辩护人。实行辩护制度，有助于人民法院全面客观地认定案件事实，正确适用法律，公正判决或裁定案件以及避免错案冤案的发生。

4. 使用本民族语言文字进行诉讼原则

《宪法》第 139 条规定：“各民族公民都有用本民族语言文字进行诉讼的权利。人民法院和人民检察院对于不通晓当地通用的语言文字的诉讼参与人，应当为他们翻译。”“在少数民族聚居或者多民族共同居住的地区，应当用当地通用的语言进行审理；起诉书、判决书、布告和其他文书应当根据实际需要使用当地通用的一种或者几种文字。”《人民法院组织法》第 6 条也有相关规定。我国是统一的多民族国家，各民族公民都有用本民族语言文字进行诉讼的权利，这是民族平等原则在诉讼制度方面的具体表现，宪法和法律的这一规定，是确保各民族公民平等地享有诉讼的权利和地位，反对民族歧视，维护民族平等和加强民族团结的重要法律保障。贯彻这一原则，有利于人民法院审理案件，有利于当事人行使诉讼权利和履行诉讼义务，有利于人民法院的判决、裁定的执行以及人民法院对人民群众进行法制教育。

5. 公开审判原则

公开审判是指人民法院对受理的案件公开审理和公开宣判。通过公开审理，使当事人充分行使法律规定的诉讼权利，对证据互相质证、明辨是非，便于审判人员查清事实。《宪法》第 130 条规定：人民法院审理案件，除法律规定的特别情况外，一律公开进行。

《人民法院组织法》第7条规定：“人民法院审理案件，除涉及国家机密、个人隐私和未成年人犯罪案件以外，一律公开进行。”刑事诉讼法、民事诉讼法及行政诉讼法都针对各类案件作出了具体规定，保证公开审判原则的切实贯彻。公开审判是人民法院各项诉讼制度和原则的中心环节。审判活动公开可以把人民法院的审判活动直接置于当事人及人民群众的监督之下，有助于增强审判人员的责任感，改进审判作风，严格依法办事，从而保证审判质量，防止冤假错案的发生。还可以使旁听群众受到深刻的法制教育，对犯罪分子起到威慑作用，达到减少犯罪的效果。

6. 合议制

《人民法院组织法》第9条规定：“人民法院审判案件，实行合议制。人民法院审判第一审案件，由审判员组成合议庭或者由审判员和人民陪审员组成合议庭进行；简单的民事案件、轻微的刑事案件和法律另有规定的案件，可以由审判员一人独任审判。人民法院审判上诉和抗诉案件，由审判员组成合议庭进行。合议庭由院长或者庭长指定审判员一人担任审判长。院长或者庭长参加审判案件的时候，自己担任审判长。”我国刑事诉讼法、民事诉讼法以及行政诉讼法对合议庭的组成、工作及合议庭成员的权利作出了具体规定，并规定了独任审判的适用范围。在我国，绝大多数案件以合议庭形式审判，合议庭审判是我国人民法院审理案件的基本组织形式。合议庭评议案件采取少数服从多数原则，体现了民主集中制原则，保证案件能够充分讨论提高质量。对于疑难、重大案件由合议庭提请院长提交本院审判委员会讨论决定。

7. 回避制度

在审判阶段，回避制度是指人民法院受理的案件如果与审判人员有利害关系或其他关系，审判人员应当回避。这是为了防止审判人员主观偏向，保护当事人合法权益，保证公正审判的诉讼制度。为保证当事人行使申请回避的权利，人民法院在开庭时，应当向当事人宣布合议庭组成人员及书记员名单，告知当事人有申请回避的权利。是否批准回避申请，由人民法院院长决定。院长的回避，由本院审判委员会决定。

8. 两审终审制

人民法院审判案件实行两审终审制。对于地方各级人民法院审判的第一审案件的判决和裁定，当事人可以按照法律规定的程序向上一级人民法院上诉，人民检察院可以按照法律规定的程序向上一级人民法院抗诉。地方各级人民法院审判的第一审案件的判决和裁定，如果在上诉期限内当事人不上诉、人民检察院不抗诉，就是发生法律效力的判决和裁定。中级人民法院、高级人民法院和最高人民法院审判的第二审案件的判决和裁定，最高人民法院审判的第一审案件的判决和裁定，都是终审的判决和裁定。

9. 审判监督制度

各级人民法院院长对本院已经发生法律效力的判决和裁定，如果发现在认定事实上或在适用法律上确有错误，必须提交审判委员会处理。最高人民法院对各级人民法院已经发生法律效力的判决和裁定，上级人民法院对下级人民法院已经发生法律效力的判决和裁定，如果发现确有错误，有权提审或指令下级人民法院再审。最高人民检察院对各级人民法院已经发生法律效力的判决和裁定，上级人民检察院对下级人民法院已经发生法律效力的判决和裁定，如果发现确有错误的，有权按照审判监督程序提出抗诉。各级人民法院对于当事人提出的对已经发生法律效力的判决和裁定的申诉，应当认真负责处理。

二、中国的法律监督机关

（一）人民检察院的性质与职能

《宪法》第134条规定："中华人民共和国人民检察院是国家的法律监督机关。"这一规定明确了人民检察院的性质。从人民检察院的法律监督实践来看，人民检察院的法律监督主要是对国家机关、国家机关工作人员是否违反刑法实行监督，以及对在刑事诉讼中公安机关、人民法院和监狱等机关的活动是否合法实行监督，并包括对人民法院的民事审判和行政审判活动的事后监督。

（二）人民检察院的组成和任期

根据《宪法》和《中华人民共和国人民检察院组织法》（以下简称《人民检察院组织法》）的规定，各级人民检察院设检察长一人，副检察长和检察员若干人。最高人民检察院检察长由全国人民代表大会选举和罢免。最高人民检察院副检察长、检察员、检察委员会委员和军事检察院检察长，由最高人民检察院检察长提请全国人民代表大会常务委员会任免。地方各级人民检察院检察长由同级人民代表大会任免，并须报上一级人民检察院检察长提请该级人民代表大会常务委员会批准。地方各级人民检察院的其他组成人员，由检察长提请本级人民代表大会常务委员会任免。

根据《宪法》和《人民检察院组织法》以及《地方各级人民代表大会和地方各级人民委员会组织法》的规定，各级人民检察院检察长的任期与本级人民代表大会每届任期相同，都是5年。最高人民检察院检察长连续任职不得超过两届。

（三）人民检察院的组织体系与领导体系

根据《宪法》和《人民检察院组织法》的规定，我国人民检察院的组织体系包括全国设立最高人民检察院、地方各级人民检察院和专门人民检察院。地方各级人民检察院分为省、自治区、直辖市人民检察院；省、自治区、直辖市人民检察院分院，自治州和设区的市人民检察院；县、不设区的市、自治县和市辖区人民检察院。专门人民检察院包括军事检察院、铁路运输检察院等。省一级人民检察院和县一级人民检察院根据工作需要，提请本级人民代表大会常务委员会批准，可以在工矿区、农垦区、林区等区域设置人民检察院，作为派出机构。

根据《宪法》和《人民检察院组织法》的规定，人民检察院实行双重从属制，既要对同级国家权力机关负责，又要对上级人民检察院负责。国家权力机关对人民检察院的领导，主要表现在人民代表大会及其常务委员会选举、罢免或者任免人民检察院主要组成人员，审议工作报告，进行各种形式的监督等。

检察系统实行最高人民检察院领导地方各级人民检察院和专门人民检察院的工作，上级人民检察院领导下级人民检察院的工作的领导体制。下级人民检察院必须接受上级人民检察院的领导和最高人民检察院的领导，对上级人民检察院负责。这种垂直领导体制主要表现在两方面：一是人事任免。省、自治区、直辖市人民检察院检察长的任免，须报最高人民检察院检察长提请全国人民代表大会常务委员会批准。自治州、设区的市、县、不设区的市、市辖区人民检察院检察长的任免，须报上一级人民检察院检察长提请该级人民代表大会常务委员会批准。二是业务领导。对于下级人民检察院的决定，上级人民检察院有权复核改变上级人民检察院的决定，下级人民检察院必须执行。当下级人民检察院在办理案件中遇到自己不能解决的困难时，上级人民检察院应及时给予支持和指示，必要时可派

人协助工作，也可以将案件调上来由自己办理。

在人民检察院内部实行检察长统一领导与检察委员会集体领导相结合的领导体制。检察长对检察机关的工作享有组织领导权、决定权、任免权、提请任免权、代表权等，并负有全面的领导责任。检察委员会在检察长的主持下，按照民主集中制原则，讨论决定重大案件和其他重要问题。如果检察长在重大问题上不同意多数人的意见，可以报请本级人民代表大会常务委员会决定。

（四）人民检察院的职权

根据我国《宪法》和《人民检察院组织法》等有关法律的规定，人民检察院主要行使以下几项职权。

1. 侦查权

随着《中华人民共和国监察法》的实施，现行《中华人民共和国人民检察院组织法》（简称《检察院组织法》）第 5 条第 2 项的规定的侦查权基本上都转成监察机关的调查权，至于是否还享有侦查权，有待《检察院组织法》进行修改明确。

2. 批准逮捕和提起公诉

公安机关要求逮捕犯罪嫌疑人时，应当提请人民检察院审查批准，人民检察院根据情况分别作出批准逮捕或者不批准逮捕的决定。公安机关侦查终结的案件和人民检察院直接受理侦查终结的案件，均由人民检察院审查作出提起公诉、不起诉或者撤销案件的决定。人民检察院对刑事案件提起公诉，并派员出席法庭支持公诉。

3. 侦查监督

人民检察院对于公安机关的侦查活动是否合法实行监督。人民检察院发现公安机关的侦查活动有违法情况时，有权通知公安机关予以纠正，公安机关应当将纠正情况通知人民检察院。

4. 审判监督

人民检察院对人民法院的审判活动是否合法实行监督。在刑事诉讼中，人民检察院如发现人民法院审理案件违反法律规定的诉讼程序，有权向人民法院提出纠正意见；地方各级人民检察院如认为本级人民法院第一审判决、裁定确有错误，有权按照上诉程序提出抗诉；最高人民检察院对各级人民法院已经发生法律效力的判决和裁定，上级人民检察院对下级人民法院已经发生法律效力的判决和裁定，如果发现确有错误，有权按照审判监督程序向同级人民法院提出抗诉。在民事诉讼和行政诉讼中，人民检察院对人民法院已经发生法律效力的判决和裁定，如发现违反法律、法规规定的，也有权按照审判监督程序提出抗诉。

5. 执行监督

人民检察院对刑事、民事、行政判决、裁定等生效法律文书的执行工作实行法律监督。

6. 监所与矫正监督

人民法院对监狱、看守所的执法工作实行法律监督。社区矫正机构也应纳入该职权范围。

7. 法律规定的其他职权

如依照法律规定提起公益诉讼将成为检察院未来工作的一项重要内容。

（五）人民检察院的工作原则

1. 在适用法律上一律平等

各级人民检察院行使检察权，对于任何公民在适用法律上一律平等，不允许有任何特权。

2. 依法独立行使检察权

人民检察院依照法律规定独立行使检察权，不受其他行政机关、团体和个人的干涉。

3. 实事求是，贯彻执行群众路线，不轻信口供

人民检察院在工作中必须坚持实事求是，贯彻执行群众路线，倾听群众意见，接受群众监督，调查研究，重证据不轻信口供，严禁逼供，正确区分和处理敌我矛盾和人民内部矛盾。各级人民检察院的工作人员必须忠实于事实真相，忠实于法律，忠实于社会主义事业，全心全意为人民服务。

4. 使用本民族语言文字进行诉讼

各民族公民都有用本民族语言文字进行诉讼的权利。人民检察院对于不通晓当地通用的语言文字的当事人，应当为他们翻译。在少数民族聚居或多民族杂居的地区，人民检察院应当用当地通用的语言进行讯问，起诉书、布告和其他文件应当根据实际需要使用当地通用的一种或几种文字。

第七节　地方国家机构

一、地方各级人民代表大会和县级以上地方各级人民代表大会常务委员会

（一）地方各级人民代表大会

1. 地方各级人民代表大会的性质和地位

地方各级人民代表大会是指省、自治区、直辖市、自治州、市、县、市辖区、乡、民族乡、镇的人民代表大会。它们是本行政区域内的国家权力机关。在本行政区域内，同级人民政府、人民法院和人民检察院都由其产生，对它负责，受它监督。因此，地方各级人民代表大会在本行政区域内的国家机构体系中居于最高的法律地位。地方各级人民代表大会同全国人民代表大会一起构成我国国家权力机关体系，按照宪法和法律规定，分别行使人民赋予的权力。

2. 地方各级人民代表大会的组成和任期

地方各级人民代表大会由人民选举的代表组成。乡、民族乡、镇、县、不设区的市、市辖区的人民代表大会的代表由选民直接选举产生；省、自治区、直辖市、设区的市、自治州的人民代表大会的代表由下一级人民代表大会选举产生。地方各级人民代表大会每届任期为 5 年。

3. 地方各级人民代表大会的职权

地方各级人民代表大会根据宪法与法律的规定，结合其自身的行政区域的范围大小及特点，分别行使下列职权：

（1）立法权。第一，省、自治区、直辖市的人民代表大会及其常务委员会根据本行政区域的具体情况和实际需要，在不同宪法、法律、行政法规相抵触的前提下，可以制定地

方性法规，报全国人民代表大会常务委员会备案。第二，设区的市的人民代表大会及其常务委员会根据本市的具体情况和实际需要，在不同宪法、法律、行政法规和本省、自治区的地方性法规相抵触的前提下，可以对城乡建设与管理、环境保护、历史文化保护等方面的事项制定地方性法规，法律对设区的市制定地方性法规的事项另有规定的，从其规定。设区的市的地方性法规须报省、自治区的人民代表大会常务委员会批准后施行。省、自治区的人民代表大会常务委员会对报请批准的地方性法规，应当对其合法性进行审查，同宪法、法律、行政法规和本省、自治区的地方性法规不抵触的，应当在四个月内予以批准。省、自治区的人民代表大会常务委员会在对报请批准的设区的市的地方性法规进行审查时，发现其同本省、自治区的人民政府的规章相抵触的，应当作出处理决定。自治州的人民代表大会及其常务委员会可以行使设区的市制定地方性法规的职权。第三，民族自治地方的人民代表大会有权依照当地民族的政治、经济和文化的特点，制定自治条例和单行条例。自治区的自治条例和单行条例，报全国人民代表大会常务委员会批准后生效。自治州、自治县的自治条例和单行条例，报省、自治区、直辖市的人民代表大会常务委员会批准后生效。自治条例和单行条例可以依照当地民族的特点，对法律和行政法规的规定作出变通规定，但不得违背法律或者行政法规的基本原则，不得对宪法和民族区域自治法的规定以及其他有关法律、行政法规专门就民族自治地方所作的规定作出变通规定。

（2）监督权与决定权。县级以上的地方各级人民代表大会在本行政区域内，保证宪法、法律、行政法规和上级人民代表大会及其常务委员会决议的遵守和执行，保证国家计划和国家预算的执行；审查和批准本行政区域内的国民经济和社会发展计划、预算以及它们执行情况的报告；讨论、决定本行政区域内的政治、经济、教育、科学、文化、卫生、环境和资源保护、民政、民族等工作的重大事项；听取和审查本级人民代表大会常务委员会的工作报告；听取和审查本级人民政府和人民法院、人民检察院的工作报告；改变或者撤销本级人民代表大会常务委员会的不适当的决议；撤销本级人民政府的不适当的决定和命令。

（3）人事任免权。县级以上的地方各级人民代表大会选举并且有权罢免本级人民代表大会常务委员会的组成人员；选举并且有权罢免本级人民政府的省长和副省长、市长和副市长、县长和副县长、区长和副区长、乡长和副乡长、镇长和副镇长；选举并且有权罢免本级监察委员会主任、本级人民法院院长和本级人民检察院检察长。选出或者罢免人民检察院检察长，须报上级人民检察院检察长提请该级人民代表大会常务委员会批准；选举并且有权罢免上一级人民代表大会代表。

（4）社会管理权。保护社会主义的公有财产，保护公民私人所有的合法财产，维护社会秩序，保障公民的人身权利、民主权利和其他权利；保护各种经济组织的合法权益；保障少数民族的权利；保障宪法和法律赋予妇女的男女平等、同工同酬和婚姻自由等各项权利。

4. 地方各级人民代表大会的工作方式

地方各级人民代表大会的工作方式主要是举行会议。会议至少每年举行一次会议，经1/5以上的人民代表大会代表提议，可以召集临时会议。县级以上地方各级人民代表大会会议由本级人民代表大会常务委员会召集，乡级人民代表大会会议由上一次的会议主席团负责召集。地方各级人民代表大会举行会议时先举行预备会议，选举本次会议的主席团和秘书长，通过本次会议的议程和其他准备事项的决定。地方各级人民代表大会举行会议时由主席团主持。县级以上地方各级人民政府组成人员和人民法院院长、人民检察院检察长、乡级人民政府领导人员列席本级人民代表大会会议。

地方各级人民代表大会会议的主席团、人民代表大会常务委员会、专门委员会、本级人民政府及县级以上人民代表大会代表10人以上和乡镇人民代表大会代表5人以上联名，可以提出属于本级人民代表大会职权范围内的议案，由主席团决定是否提交大会审议。所有议案都必须以全体代表的过半数通过。

（二）县级以上地方各级人民代表大会常务委员会

1. 县级以上地方各级人民代表大会常务委员会的性质、地位、组成和任期

县级以上地方各级人民代表大会常务委员会是本级人民代表大会闭会期间行使地方国家权力的机关，是本级国家权力机关的组成部分。它从属本级人民代表大会，对本级人民代表大会负责并报告工作。

县级以上地方各级人民代表大会常务委员会由主任、副主任若干人、委员若干人组成。其组成人员均由本级人民代表大会第一次会议从代表中选举产生。人民代表大会常务委员会的组成人员不得担任国家行政机关、监察机关、审判机关和检察机关的职务，以集中精力搞好人民代表大会常务委员会的工作。地方各级人民代表大会常务委员会的会议由主任召集，每两个月至少举行一次。地方各级人民代表大会常务委员会决议须全体组成人员的过半数通过。

县级以上地方各级人民代表大会常务委员会每届任期与本级人民代表大会的任期相同，它的行使职权到下一届本级人民代表大会选出新的常务委员会为止。

2. 县级以上地方各级人民代表大会常务委员会的职权

根据我国《宪法》和法律的规定，县级以上地方各级人民代表大会常务委员会享有以下职权：

（1）重大事项的决定权。讨论、决定本行政区域内政治、经济、科学、文化、卫生、民政、民族、计划生育工作等重大事项；根据本级人民政府的建议，对本行政区域内的国民经济和社会发展计划、预算作部分变更；决定授予地方荣誉称号。

（2）人事任免权。任免本级人民政府、人民法院、人民检察院的有关人员，决定撤销个别领导的职务；在本级人民代表大会闭会期间补选上一级人民代表大会出缺的代表和撤换个别代表。

（3）监督权。对本级一府一委两院的工作进行监督；受理人民群众对上述机关及其工作人员的申诉和意见；撤销下一级人民代表大会及其常务委员会不适当的决议、本级人民政府不适当的决定和命令。

（4）主持或领导本级人民代表大会代表的选举，召集本级人民代表大会。

（5）制定地方性法规。

（6）在本行政区域内保证宪法、法律、行政法规和上级人民代表大会及其常务委员会决议的遵守和执行。

3. 地方各级人民代表大会常务委员会的会议制度和工作程序

县级以上地方人民代表大会常务委员会的主要工作方式是召开会议，其会议包括常务委员会会议和主任会议。常务委员会会议由主任召集，至少两个月举行一次。

二、地方各级人民政府

（一）地方各级人民政府的性质和地位

我国的地方各级国家行政机关是指省、自治区、直辖市、自治州、市、县、自治县、市辖区、乡、民族乡、镇的人民政府。地方各级人民政府是地方各级人民代表大会的执行机关，是地方各级国家行政机关。它由同级人民代表大会产生，对本级人民代表大会及常务委员会负责并报告工作。对同级国家权力机关通过的地方性法规、决议必须贯彻和执行。同时，作为地方国家行政机关要对上级国家行政机关负责。地方各级人民政府都是国务院统一领导下的国家行政机关，都必须服从国务院的统一领导。这种体制有利于保证国家行政活动的统一性，调动地方国家行政机关的主动性，因地制宜地开展工作，也是我国单一制国家结构形式的具体表现。

（二）地方各级人民政府的组成、任期和体制

根据《宪法》和《地方各级人民代表大会和地方各级人民政府组织法》的规定，省、自治区、直辖市、自治州、设区的市的人民政府，分别由省长、副省长，自治区主席、副主席，市长、副市长，州长、副州长和秘书长、厅长、局长、委员会主任等组成，每届任期为 5 年。县、自治县、不设区的市、市辖区的人民政府分别由县长、副县长，市长、副市长，区长、副区长和局长、科长等组成，每届任期为 5 年。乡、民族乡的人民政府设乡长、副乡长；民族乡的乡长由建立民族乡的少数民族公民担任；镇人民政府设镇长、副镇长，每届任期为 5 年。省长、副省长，自治区主席、副主席，市长、副市长，州长、副州长，县长、副县长，区长、副区长，乡长、副乡长，镇长、副镇长，分别由本级人民代表大会选举产生。秘书长、厅长、局长、主任、科长分别由本级人民代表大会常务委员会根据省长、自治区主席、市长、州长、县长、区长的提名，决定任免。

地方各级人民政府每届任期与本级人民代表大会的任期相同，政府组成人员可以连选连任且无任职届数限制，但实践中只连任一届。地方各级人民政府每届任期为 5 年。

与国务院一致，地方各级人民政府也实行首长负责制。省、自治区、直辖市的人民政府设立厅、局、委员会。自治州、县、自治县、市、市辖区的人民政府设局、科，乡、民族乡、镇人民政府不设工作部门。在工作中，有关业务部门既受同级人民政府的领导，又受上一级主管部门的领导或业务指导。

（三）地方各级人民政府的职权

1. 执行权

地方各级人民政府要执行本级人民代表大会及其常务委员会的决议，执行上级人民政府的决定和命令。为此目的，县以上地方各级人民政府可以规定行政措施，发布决定和命令，省、自治区、直辖市和设区的市、自治州的人民政府，可以根据法律、行政法规和本省、自治区、直辖市的地方性法规，制定规章。地方政府规章可以规定为执行法律、行政法规、地方性法规的规定需要制定规章的事项和属于本行政区域的具体行政管理事项。设区的市、自治州的人民政府据此制定地方政府规章，限于城乡建设与管理、环境保护、历史文化保护等方面的事项。已经制定的地方政府规章，涉及上述事项范围以外的，继续有效。除省、自治区的人民政府所在地的市，经济特区所在地的市和国务院已经批准的较大的市以外，其他设区的市、自治州的人民政府开始制定规章的时间，与本省、自治区人民代表大会常务委员会确定的本市、自治州开始制定地方性法规的时间同步。应当制定地方

性法规但条件尚不成熟的，因行政管理迫切需要，可以先制定地方政府规章。规章实施满两年需要继续实施规章所规定的行政措施的，应当提请本级人民代表大会或者其常务委员会制定地方性法规。没有法律、行政法规、地方性法规的依据，地方政府规章不得设定减损公民、法人和其他组织权利或者增加其义务的规范。

2. 监督权

县以上地方各级人民政府领导所属各工作部门和下级人民政府的工作，有权改变或撤销所属工作部门和下级人民政府不适当的命令、指示、决定，有权任免、培训、考核和奖惩国家行政机关工作人员。

3. 社会管理权

县级以上地方各级人民政府执行国民经济和社会发展计划、预算，管理本行政区域内的经济、教育、科学、文化、卫生、体育事业、环境和资源保护、城乡建设事业和财政、民政、公安、民族事务、司法行政、计划生育等行政工作。

4. 权利保障职责

地方各级人民政府应保护社会主义的全民所有的财产和劳动群众集体所有的财产，保护公民私人所有的合法财产，维护社会秩序，保护公民的人身权利、民主权利和其他权利，保护各种经济组织的合法权益，保障少数民族的权利和尊重少数民族的风俗习惯，帮助本行政区域内各少数民族聚居的地方依照宪法和法律实行区域自治，帮助各少数民族发展政治、经济和文化的建设事业，保障宪法和法律赋予妇女的男女平等、同工同酬和婚姻自由等各项权利。

第八节 地方自治

一、民族区域自治

（一）民族自治地方的自治机关的性质、地位和民族构成

民族自治地方的自治机关是自治区、自治州、自治县的人民代表大会和人民政府，是国家的一级地方政权机关。民族自治地方的自治机关行使宪法规定的地方国家机关的职权，同时依照《宪法》《中华人民共和国民族区域自治法》（以下简称《民族区域自治法》）和其他法律的规定行使自治权，根据本地方的实际情况贯彻执行国家的法律、政策；此外，在不违背宪法和法律的原则下，有权采取特殊政策和灵活措施。

民族自治地方的自治机关与其他地方国家机关一样，实行民主集中制的人民代表大会制。民族自治地方的人民政府实行自治区主席、自治州州长、自治县县长负责制。自治区主席、自治州州长、自治县县长分别主持本级人民政府的工作。民族自治地方的人民政府对本级人民代表大会和上一级国家行政机关负责并报告工作，在本级人民代表大会闭会期间，对本级人民代表大会常务委员会负责并报告工作。各民族自治地方的人民政府都是国务院统一领导下的国家行政机关，都服从国务院。

依照宪法和法律的规定，民族自治地方的人民代表大会常务委员会应当由实行区域自治的民族的公民担任主任或副主任；自治区主席、自治州州长、自治县县长由实行区域自治的民族的公民担任；自治区、自治州、自治县的人民政府的其他组成人员，应当合理配

备实行区域自治的民族和其他少数民族的人员；民族自治地方的自治机关所属工作部门的干部中，应当合理配备实行区域自治的民族和其他少数民族的人员。民族自治地方的人民代表大会中，除实行区域自治的民族的代表外，其他居住在本行政区域内的民族也应当有适当名额的代表，他们之间的名额和比例，根据法律规定的原则，由省、自治区、直辖市人民代表大会常务委员会决定，并报全国人民代表大会常务委员会备案。

（二）民族区域自治权

根据《宪法》和《民族区域自治法》的规定，民族自治地方的自治机关，除了可以行使和它同级的一般国家机关的职权之外，还可以行使不同于一般地方政权机关的民族自治权。民族自治权的主要内容包括以下几方面。

1. 民族自治地方立法权

制定自治条例和单行条例是民族自治地方的自治机关的一项重要职权。民族自治地方的人民代表大会有权依照当地民族的政治、经济和文化的特点，制定自治条例和单行条例，对法律和行政法规的规定作出变通。但是，自治条例和单行条例不得对法律和行政法规的基本原则作出变通规定。例如《中华人民共和国婚姻法》（以下简称《婚姻法》）明确规定了民族自治地方可以根据该法的基本原则制定变通或者补充规定，但是在变通时不能违背婚姻自由、男女平等等原则。另外，自治条例和单行条例也不得对《宪法》和《民族区域自治法》以及其他有关法律、行政法规专门就民族自治地方所作的规定作出变通。

民族自治地方通过的自治条例和单行条例还需要依法经过报批程序和备案程序。自治区的自治条例和单行条例报全国人民代表大会常务委员会批准，自治州、自治县的自治条例和单行条例则由省、自治区的人民代表大会常务委员会批准。全国人民代表大会常务委员会或省级人民代表大会常务委员会对报请批准的自治条例和单行条例依法进行审查，认为有关的变通规定是适当的，则作出批准的决定，该自治条例和单行条例生效；否则，可以不予批准。另外，自治州和自治县制定的自治条例和单行条例，经省、自治区、直辖市人民代表大会常务委员会批准后，还需要由批准机关报全国人民代表大会常务委员会和国务院备案。

2. 民族自治地方的自治机关自主管理地方财政

民族自治地方的自治机关对于地方财政管理的自治权，是自主管理权的重要组成部分。民族自治地方是国家的一级地方行政区域，民族自治地方的财政也是我国地方财政的组成部分，虽然享有自治权，但仍然要接受中央财政的领导、指导和监督。在这一基础上，民族自治地方的财政管理自治权主要表现在四个方面：一是凡是依照国家财政体制属于民族自治地方的财政收入，都应当由民族自治地方的自治机关自主地安排使用。这就保证了自治机关可以从本地方的实际出发，根据经济和社会事业发展的轻重缓急，科学而自主地理财用财，将钱用在刀刃上，推动民族地区经济和社会的发展。二是民族自治地方在全国统一的财政体制下，通过国家实行的规范的财政转移支付制度，享受上级财政的照顾。这主要指国家通过一般性财产转移支付、专项财政转移支付、民族优惠政策财政转移以及其他方式，增加对民族自治地方的资金投入，用于加快民族自治地方经济发展和社会进步，逐步缩小与发达地区的差距。三是民族自治地方的财政预算支出，按照国家规定，设机动资金、预备费在预算中所占比例高于一般地区。四是民族自治地方的自治机关在执行财政预算过程中，自行安排使用收入的超收和支出的结余资金。

3. 民族自治地方的自治机关自主进行经济建设

我国许多少数民族自治地区在自然条件、经济结构、生产经营、风俗习惯等方面，与汉族地区有较大差别。为了从少数民族实际出发进行经济建设，民族自治地方的自治机关在经济建设方面享有自主权，而国家则对于民族自治地方适当给予照顾。一是民族自治地方在国家的统一计划和规划下，可以依据当地的自然条件、经济状况和民族特点，充分利用地理条件、自然资源等方面的优势，自主安排和管理地方性的经济建设事业，促进当地经济的发展。对可以由本地方开发的自然资源，可以优先合理开发利用。二是民族自治地方的自治机关在国家计划的指导下，根据本地方的财力、物力和其他具体条件，自主地安排地方基本建设项目。三是民族自治地方的自治机关自主地管理隶属于本地方的企业、事业单位。四是民族自治地方依照国家规定，可以开展对外经济贸易活动，经国务院批准，可以开辟对外贸易口岸。与外国接壤的民族自治地方经国家批准，开展边境贸易。民族自治地方的自治机关在对外经济贸易活动中，享受国家的优惠政策。

另外，虽然根据宪法的规定，民族自治地方的自然资源也属于国家所有，但国家在民族自治地方开发资源、进行建设的时候，要给予民族自治地方一定的照顾和倾斜，包括对民族自治地方给予补偿、将民族自治地方的生态项目纳入国家统筹规划、国有企事业单位优先招收当地少数民族人员等。

4. 民族自治地方的自治机关自主开展教科文卫体事业

民族自治地方的自治机关自主地管理本地方的教育、科学、文化、卫生、体育事业，保护和整理民族的文化遗产，发展和繁荣民族文化。

在教育方面，民族自治地方依照法律规定，决定本地方的教育规划、学校设置、学制、办学形式、教学内容、教学用语和招生办法等，根据民族自治地方的需要培养各类专业人才。有条件的地方在推广普通话以外，可以采用少数民族文字的课本，并用少数民族语言讲课。国家应该在财力、人力等方面给予少数民族地方支持。

在文化方面，少数民族的传统文化既反映了该民族长期的社会实践和发展创造，也是中华民族文化的组成部分，有一些还属于我国的非物质文化遗产。自治机关自主地发展具有民族形式和民族特点的文学、艺术、新闻、出版、广播、电影、电视等民族文化事业。同时，组织、支持有关单位和部门收集、整理、翻译和出版民族历史文化遗产，继承和发展优秀的民族传统文化。

在科学、卫生和体育方面，民族自治地方的自治机关自主地决定本地方的科学技术发展规划，普及科学技术知识；自主地决定本地方的医疗卫生事业的发展规划，发展现代医药和民族传统医药，加强对传染病、地方病的预防控制工作和妇幼卫生保健，改善医疗卫生条件；自主地发展体育事业，开展民族传统体育活动，增强各族人民的体质。

5. 民族自治地方的自治机关可以依法组织本地方维护社会治安的公安部队

民族自治地方的自治机关依照国家的军事制度和当地的实际需要，经国务院批准，可以组织本地方维护社会治安的公安部队。这里的公安部队，实践中的职能相当于人民武装警察部队，属于国家武装力量的重要组成部分。

民族自治地方建立公安部队应符合以下条件：一是组建公安部队的目的是维护地方的社会治安；二是民族自治地方公安部队的组建，必须符合国家的军事制度，以国家的军事制度为依据，特别是关于军事制度的一些基本法律原则；三是民族自治地方公安部队的组

建必须基于地方的实际需要；四是民族自治地方公安部队的组建必须经国务院批准。

6. 民族自治地方的自治机关可依法使用当地通用语言文字

国家通用的语言文字是普通话和规范文字，但是民族自治地方的自治机关在执行职务时，可以依照本民族自治地方自治条例的规定，使用当地通用的一种或几种语言文字。当地通用的语言既可以是少数民族语言文字，也可以是汉语文字。同时使用几种通用的语言文字执行职务的，可以以实行区域自治的民族的语言文字为主。

一般民族自治地方的人民代表大会及其常务委员会通过的决议、决定等，各类选举文件的印刷、公布，都应用当地通用的一种或者几种文字公布。自治地方的人民政府从事行政管理活动而制定的印章、发布的决定和命令等，也都应当使用当地通用的一种或者几种语言文字。民族自治地方的人民法院和人民检察院虽然不属于自治机关，但是也应当用当地通用的语言审理和检察案件，并合理配备通晓当地通用的少数民族语言文字的人员。对于不通晓当地通用的语言文字的诉讼参与人，应当为他们提供翻译。法律文书应当根据实际需要，使用当地通用的一种或者几种文字。保障各民族公民都有使用本民族语言文字进行诉讼的权利。

知识拓展

我国《婚姻法》第 6 条规定：结婚年龄，男不得早于 22 周岁，女不得早于 20 周岁。晚婚晚育应予鼓励。为尊重少数民族的风俗习惯，《婚姻法》规定，民族自治区可以根据本民族实际情况，对法定婚龄作变通规定。《婚姻法》规定的婚龄具有普遍的适用性，但在某些特殊情况下，法律也允许对婚龄作出例外规定。比如考虑我国多民族的特点，《婚姻法》第 50 条规定：民族自治地方的人民代表大会有权结合当地民族婚姻家庭的具体情况，制定变通规定。目前，我国一些民族自治地方的立法机关对《婚姻法》中的法定婚龄作了变通规定。比如新疆、内蒙古、西藏等自治区和一些自治州、自治县，均以男 20 周岁、女 18 周岁作为本地区的最低婚龄。但这些变通规定仅适用于少数民族，不适用于生活在该地区的汉族。

二、特别行政区高度自治

香港和澳门特别行政区的成立和两部基本法的实施，是中国国家结构形式的重大发展。中国仍然是单一制国家，但在这个国家之内自治和多元的成分比以前增加了，一个国家之内不仅有两种制度，即社会主义制度和资本主义制度，还有三个不同的法域，分属社会主义法系、大陆法系和英美法系三个不同的法系。

“一国两制”方针和特别行政区的概念是结合香港和澳门（乃至台湾）的特殊历史和现实情况设计的，在促进国家统一的同时，维持香港和澳门的繁荣和稳定。以这种方法解决历史遗留下来的香港和澳门问题，被誉为以和平方式解决国际争端的典范。

特别行政区是一种全新的地方行政区域，与我国原有的省、自治区、直辖市、经济特区皆不相同：首先，特别行政区的自治权远远超越其他一级地方政权和经济特区；其次，特别行政区不实行中国其他地区实行的人民民主专政、人民代表大会制度、社会主义经济制度等，而是保留原有的资本主义制度、社会制度、法律和生活方式，实行“港人治港”

“澳人治澳”。

知识拓展

《中英联合声明》第3条第12款规定：“关于中华人民共和国对香港的上述基本方针政策和本联合声明附件一对上述基本方针政策的具体说明，中华人民共和国全国人民代表大会将以中华人民共和国香港特别行政区基本法规定之，并在五十年内不变。”

（一）特别行政区的自治机关

依照《宪法》和《中华人民共和国香港特别行政区基本法》（以下简称《香港基本法》）、《中华人民共和国澳门特别行政区基本法》（以下简称《澳门基本法》）的规定，特别行政区的自治机关是行政长官、政府、立法会和各级司法机关。

1. 特别行政区行政长官

行政长官是特别行政区的首长，代表特别行政区，对中央人民政府和特别行政区负责。同时，行政长官也是特别行政区政府的首长，对特区立法会负责。行政长官由年满40周岁，在特别行政区通常居住连续满20年，并在外国无居留权（《澳门基本法》没有此项规定）的特别行政区永久性居民中的中国公民担任。行政长官任期为5年，可以连任一届。行政长官就职时，必须依法宣誓拥护基本法，效忠特别行政区。行政长官一般在国家主席或国务院总理的监誓下完成宣誓。行政长官通过选举或协商产生，由中央人民政府任命。

2. 行政机关

特别行政区政府是特别行政区的行政机关，必须遵守法律，对立法会负责。特区政府的首长是行政长官，香港特别行政区政府设政务司、财政司、律政司和各局、处、署，澳门特别行政区政府设司、局、厅、处。行政机关的主要官员由行政长官提名报请中央人民政府任命。《香港基本法》规定，主要官员由在特别行政区通常居住连续满15年并在外国无居留权（《澳门基本法》没有此项规定）的特别行政区永久性居民中的中国公民担任。

3. 立法机关

立法会是特别行政区的立法机关，根据基本法的规定，它享有广泛的权力：第一，立法权。根据基本法的规定并依照法定程序制定、修改和废除法律。第二，财政权。根据政府的提案，审核、通过财政预算；批准税收和公共开支。第三，监督权。听取行政长官的施政报告并进行辩论；对政府的工作进行质询，就任何有关公共利益的问题进行辩论。第四，任免权。同意终审法院和高等法院首席法官的任免；对有严重违法和渎职行为而不辞职的行政长官，可以提出弹劾案，报中央人民政府决定。

4. 司法机关

香港特别行政区设立终审法院、高等法院、区域法院、裁判署法庭和其他专门法庭。高等法院设上诉法庭和原讼法庭。原在香港实行的司法体制，除因设香港特别行政区终审法院而产生变化外，予以保留。澳门特别行政区设立初级法院（包括行政法院）、中级法院和终审法院，初级法院还可根据需要设立若干专门法庭。行政法院是管辖行政诉讼和税务诉讼的法院，不服行政复议裁决者，可向中级法院上诉。终审法院是澳门特别行政区的最高法院，行使澳门特别行政区终审权。

香港特别行政区没有单独的检察机关，其检察职能属于律政司，因为在普通法系地区，律政司不属于司法机关，属于行政机关。澳门属于大陆法系，设独立的检察机关，并属于司法机关的范畴。

（二）特别行政区的自治权

就自治权的本义来说，特别行政区所行使的自治权是管理本地区内部事务和地方事务的权利。我国《宪法》第 31 条和第 62 条第 13 项关于特别行政区的设立及其所实行的制度由全国人民代表大会决定的规定，表明了特别行政区对中央人民政府的隶属关系。基本法中关于特别行政区是中华人民共和国一个享有高度自治权的地方行政区域，直辖于中央人民政府的规定，是宪法规定的具体化。中央人民政府与特别行政区的关系是单一制下中央与地方之间的关系，特别行政区的自治权来源于中央的依法授予，而不是其本身固有的。特别行政区的高度自治权的唯一来源是中央授权。根据《宪法》和《香港基本法》《澳门基本法》的规定，特别行政区享有的高度自治权不是完全自治，也不是分权，而是中央授予的地方事务管理权。高度自治权的限度在于中央授予多少权力，香港特别行政区就享有多少权力，不存在“剩余权力”的问题。

特别行政区享有高度自治权，但它不享有国家主权，没有外交和国防方面的权力，也不是一个独立的政治实体，其法律地位相当于省、自治区和直辖市。根据基本法的规定，中央人民政府负责管理特别行政区涉及外交、国防等国家主权方面的事务。主要是：负责管理与特别行政区有关的外交事务；负责管理特别行政区的防务；任命行政长官和主要官员；决定特别行政区进入紧急状态；修改和解释特别行政区基本法等。

根据基本法的规定，特别行政区的高度自治权表现在以下几方面。

1. 行政管理权

行政管理权是指特别行政区有权依照基本法的有关规定自行处理有关行政事务，包括特别行政区的经济、财政、金融、贸易、工商业、土地、航运、民航、教育、科学、文化、体育、宗教、劳工、社会服务等事项。

2. 立法权

特别行政区的立法机关有权依据基本法的规定，制定适用于特别行政区的法律。

3. 独立的司法权和终审权

特别行政区法院独立进行审判，不受任何干涉；凡是在特别行政区内发生的案件，以特别行政区的终审法院为最高审级，该特别行政区终审法院的判决即是最终判决。但特别行政区法院对国防、外交等国家行为无管辖权。

4. 自行处理有关对外事务的权力

特别行政区代表可作为中华人民共和国政府代表团的成员参加由中央人民政府进行的与特别行政区直接有关的外交谈判；可以“中国香港”“中国澳门”的名义参加不以国家为单位参加的国际组织和国际会议；中华人民共和国尚未参加但已适用于特别行政区的国际协议仍可继续适用；报中央人民政府备案或经中央人民政府批准可与外国互设官方、半官方机构；签发特区护照和旅行证件，实行出入境管制。

5. 高度自治的其他方面

特别行政区境内的土地和自然资源在所有权属于国家的前提下，由特别行政区负责管理、使用、开发、出租，或者批出给个人、法人或者团体使用或者开发，其收入全部归特别行政区支配；特别行政区保持财政独立，财政收入不上缴中央人民政府，中央人民政府也不在特别行政区征税，特别行政区自行立法规定税种、税率、税收宽免和其他税务事项；特别行政区的货币体系独立，货币发行权属于特别行政区政府；特别行政区可以使用除中文以外的英文、葡文作为正式语言；特别行政区除悬挂中华人民共和国旗外，还有自己的区旗、区徽等。

三、基层群众自治

（一）中国基层群众自治的含义

中国的基层群众自治主要表现在城市的居民自治（社区自治）、农村的村民自治，居民委员会和村民委员会都属于基层群众自治组织。根据《宪法》和法律的规定，我国的人民代表大会制度是以间接代表制为主的，但我们也高度重视和发展基层直接民主。人民群众在城乡基层直接行使民主权利与代表制民主制度的有机结合，保障了人民代表大会制度这一根本政治制度在基层得到延伸。人民群众在基层群众自治实践中，学习和提高了民主协商、民主监督和参政议政能力，为在更高层面上、更广范围内开展政治协商、参政议政奠定了坚实基础。《宪法》第 2 条第 3 款规定："人民依照法律规定，通过各种途径和形式，管理国家事务，管理经济和文化事业，管理社会事务。"第 111 条规定：城市和农村按居民居住地区设立的居民委员会或者村民委员会是基层群众性自治组织。因此，所谓基层群众性自治就是农村或城市特定社区的全体村民或居民，根据宪法、法律、法规的授权，依照民主的方式建立基层自治组织，确立行为规范，办理本社区内的公共事务和公益事业的一种社会管理方式。宪法和法律规定的有关基层群众性自治组织的组织机构、管理方式、自治方法和程序等一系列规范的总和，就称为基层群众性自治制度。它是广大人民自我管理、自我教育、自我服务和民主选举、民主决策、民主管理、民主监督的重要形式，是基层直接民主的体现。基层群众性自治制度的核心问题是村民自治和居民自治。我国基层群众性自治主要有以下三个方面的基本特征。

1. 基层群众性自治具有基层性的特点

基层性这个特点在很大程度上也体现出了地域性。例如，村民自治是以农村居民的一定居住区域为地域范围的，这使得它与地方自治有相似之处，但这种居住区域不是行政区划意义的地方，而是"村"。另外，从基层群众性自治组织的自治内容上看，它所从事的工作，都是村（居）民居住范围内的公共事务和公益事业。

2. 基层群众性自治具有群众性的特点

基层群众性自治的成员是村民或居民，在某个居住区域内，不论性别、年龄、职业、宗教信仰等因素，只要是居住在这个区域的，就自然成为该组织的成员。基层群众性自治组织是基于一定居住范围内居民社会生活的共同需要而建立的，目的是解决居住地范围内的公共事务和公益事业方面的社会问题，如社会治安、公共卫生等。居民（村民）委员会不是一级政权组织，也不是国家机关。它既不以行政区划为基础设立，也不具有特殊的政治、经济目的。因此，它具有广泛的群众基础，是群众性的社会组织。

3. 基层群众性自治具有自治性的特点

这种自主性主要表现在基层群众性自治组织在法律规定的范围内拥有一定的自主权和自决权，即在法律、法规规定的范围内对本居住区的公共事务和公益事业拥有自治权，行使自己当家做主的民主权利，实行自我管理、自我教育和自我服务；基层群众性自治组织和基层人民政府之间是指导与协助的关系，两者不存在行政隶属关系。《中华人民共和国村民委员会组织法》第5条明确规定：“乡、民族乡、镇的人民政府对村民委员会的工作给予指导、支持和帮助，但不得干预依法属于村民自治范围的事项。村民委员会协助乡、民族乡、镇的人民政府开展工作。”

（二）居民委员会

居民委员会是按照城市居民居住区域设立的，由居民进行自我管理、自我教育、自我服务的基层群众性自治组织。

1. 居民委员会的产生与发展

城市居民委员会产生于中华人民共和国成立初期，为维护社会治安、推进土地改革，中国共产党领导城市居民建立了治安保卫委员会、人民调解委员会和居民委员会。1954年12月全国人民代表大会常务委员会颁布了《城市居民委员会组织条例》，用法律的形式对委员会给予肯定。之后，我国城市普遍建立起居民委员会，实行基层群众自治。中共十一届三中全会以后，居民委员会工作开始重新走上正轨，全国人民代表大会常务委员会重新颁布了《城市居民委员会组织条例》《人民调解委员会暂行组织通则》《治安保卫委员会暂行组织条例》，总结了中华人民共和国成立以来群众自治的经验教训。1982年《宪法》以根本大法的形式明确了居民委员会的性质、地位和任务。1989年第七届全国人民代表大会常务委员会又依据宪法的规定，在对《城市居民委员会组织条例》修订的基础上，通过了《中华人民共和国城市居民委员会组织法》（以下简称《城市居民委员会组织法》），标志着我国城市基层群众自治的建设进入到一个新的发展时期。20世纪90年代以前，由于中国城市化率较低，城市人口尚未极度扩张，居民委员会辖区的范围普遍较小。进入21世纪后，随着2000年鼓励居民委员会合并组建社区的政策的出台，原有的居民委员会经过合并重组，管理机构变为“居民委员会”或“社区居民委员会”，管辖范围扩大，职能也有所调整，增加了很多社会福利工作。

2. 居民委员会的职责

《宪法》第111条第2款规定：居民委员会“设人民调解、治安保卫、公共卫生等委员会，办理本居住地区的公共事务和公益事业，调解民间纠纷，协助维护社会治安，并且向人民政府反映群众的意见、要求和提出建议”。《城市居民委员会组织法》对居民委员会的职责作出了具体规定。

3. 居民委员会的组织体系

根据《城市居民委员会组织法》的规定，居民委员会根据居民的居住状况，按照便于居民自治的原则，一般在一百至七百户的范围内设立。居民委员会的设立、撤销、规模调整，由不设区的市、市辖区的人民政府决定。

（三）村民委员会

村民委员会是我国宪法规定的基层群众自治性组织之一，是村民实现自我管理、自我教育、自我服务的自治组织。村民委员会是在总结城市居民委员会经验的基础上把社会主义民主扩大到农村的一项重要措施，是我国农村经济体制改革的必然产物。

1. 村民委员会的产生与发展

1978年中国实行改革开放之后，农村开始实行家庭联产承包责任制。在坚持土地集体所有制的基础上，农民家庭取得了承包土地的经营自主权。绝大多数乡村不再实行土地的集体经营，原有的“人民公社”解体。发生这一变革后，农村的公共事务由谁管理、怎样管理，成为一个迫切需要解决的新问题。在这种情况下，一些地区的农村群众，就商量订立具有契约性质的村规民约，由各家各户出力，以群众自己组织起来进行自治的形式，负责管理农田灌溉、防火、防盗等本村的公共事务和公益事业。农民群众尝试的这种自我管理、自我服务的组织形式，经各级党和政府总结经验，并加以推广、提高，就逐步演变成了村民委员会这种基层农民自治组织。我国最早的村民委员会产生在广西壮族自治区罗城县和宜山市（现为宜州区）的一些村，是由农民自发组织起来的。

1982 年《宪法》对村民委员会的性质、地位和作用以及组织原则作出了具体的规定。1983 年，全国普遍开展了由生产大队改建村委会的活动。1987 年，全国人民代表大会常务委员会通过了《村民委员会组织法（试行）》，并于 1988 年 6 月开始施行。这是第一部确认和明确规范村民自治制度的全国性法律。1990 年全国各地农村开展了村民自治示范活动。1998 年全国人民代表大会常务委员会通过了《中华人民共和国村民委员会组织法》（以下简称《村民委员会组织法》），标志着我国农村基层民主政治建设的完善进入了新的历史时期，也标志着农村基层民主已经初步形成了一套制度化的运作模式。

2. 村民委员会的性质

《村民委员会组织法》第 2 条对村民委员会的性质作出了明确规定：“村民委员会是村民自我管理、自我教育、自我服务的基层群众性自治组织，实行民主选举、民主决策、民主管理、民主监督。”根据以上规定，村委会的性质是农村基层群众性自治组织。它不同于政权组织，不享有和行使国家权力；也不同于农村经济组织及其他群众团体，通常不能被视为民事法律关系的主体；它也不同于共青团、妇联等社会政治组织，它是由全体村民实行自治的组织实体。

村民委员会包含两层含义：一是指由广大村民组成的自治共同体；二是指由村民选举产生的村委会成员，即主任、副主任和委员。村委会成员是村民选举出来为村民服务的，是村民自治的具体组织者和执行者。村民自治的根本途径和形式是村民会议和村民代表会议。村民通过村民会议和村民代表会议行使当家做主的权利。涉及全村村民切身利益的事，都必须由村民会议或村民代表会议按照少数服从多数的原则讨论决定，而不是由村委会成员几个人决定。村民是自治权利的享有者。真正由村民当家做主，是发展农村基层直接民主的本质和核心。

3. 村民委员会的职责

《宪法》第 112 条第 2 款规定：村民委员会“设人民调解、治安保卫、公共卫生等委员会，办理本居住地区的公共事务和公益事业，调解民间纠纷，协助维护社会治安，并且向人民政府反映群众的意见、要求和提出建议”。《村民委员会组织法》对村民委员会的职责作出了具体规定。

4. 村民委员会的组织体系

根据《村民委员会组织法》的规定，村民委员会根据村民居住状况、人口多少，按照便于群众自治，有利于经济发展和社会管理的原则设立。根据我国绝大多数农村的现实状况，村民委员会一般设立在自然村一级；几个自然村可以联合设立一个村民委员会；大的自然村可以设立几个村民委员会。村民委员会的组织机构由村民委员会、村民委员会下属

各委员会、村民小组和村民会议组成。村民委员会的设立、撤销、范围调整，由乡、民族乡、镇的人民政府提出，经村民会议讨论同意，报县级人民政府批准。

【课后训练】

一、名词解释

国家机构　全国人民代表大会常务委员会　总理负责制　特别行政区的自治权　村民委员会

二、单项选择题

1. 下列关于人大代表辞职说法错误的是（　　）。

A. 全国人民代表大会代表若要辞职，应向全国人大常委会书面提出辞职请求

B. 省、自治区、直辖市人民代表大会代表若要辞职，应向选举他的人民代表大会的常委会书面提出辞职请求

C. 县级人民代表大会代表应向本级人民代表大会常务委员会书面提出辞职请求

D. 乡级的人民代表大会代表应向本级人民代表大会书面提出辞职请求

2. 根据《宪法》规定，关于全国人大的专门委员会，下列哪一选项是正确的？（　　）

A. 各专门委员会在其职权范围内所作决议，具有全国人大及其常委会所作决定的效力

B. 各专门委员会的主任委员、副主任委员由全国人大及其常委会任命

C. 关于特定问题的调查委员会的任期与全国人大及其常委会的任期相同

D. 全国人大及其常委会领导专门委员会的工作

3. 根据《全国人大组织法》规定，下列关于全国人大代表团的说法正确的是（　　）。

A. 代表团团长、副团长由各代表团全体成员选举产生

B. 两个代表团以上可以向全国人大提出属于全国人大职权范围内的议案

C. 三个以上的代表团可以提出对于全国人大常委会的组成人员，国家主席、副主席，国务院和中央军事委员会的组成人员，最高人民法院院长和最高人民检察院检察长的罢免案

D. 一个代表团和三十名以上的代表可以联合提出对国务院及其各部、各委员会的质询案

4. 根据现行宪法的规定，下列关于中央军事委员会的说法中，错误的是（　　）。

A. 中央军事委员会由主席、副主席若干人、委员若干人组成

B. 中央军事委员会主席由全国人大选举产生，全国人大根据中央军委主席的提名，决定其他组成人员的人选

C. 现行宪法没有明确规定中央军事委员会的职权

D. 中华人民共和国中央军事委员会统帅全国武装力量

5. 根据宪法和法律，全国人大有权罢免下列人员（　　）。

A. 最高人民法院副院长　　B. 国务院秘书长

C. 最高人民检察院副检察长　　D. 省人大常委会主任

6. 全国人大及其常委会和国务院行使不同的职权，其中有：①批准省、自治区和直

辖市的建置；②批准省、自治区和直辖市的区域划分，批准自治州、县、自治县、市的建置和区域划分；③决定全国和个别省、自治区、直辖市进入紧急状态；④决定省、自治区、直辖市的范围内部分地区进入紧急状态。其中，国务院行使的职权是（　　）。

A. ①②③④　　B. ②③

C. ①②④　　D. ②④

7. 根据现行宪法和法律的有关规定，下列关于全国人大及其常委会的说法中，错误的是（　　）。

A. 全国人民代表大会和全国人民代表大会常务委员会行使国家立法权

B. 全国人民代表大会由各省、自治区、直辖市人民代表大会、军队、香港和澳门特别行政区及台湾同胞选出的代表组成

C. 全国人民代表大会任期届满的两个月以前，全国人民代表大会常务委员会必须完成下届全国人民代表大会代表的选举。如果遇到不能进行选举的非常情况，由全国人民代表大会常务委员会以全体组成人员的 2/3 以上的多数通过，可以推迟选举，延长本届全国人民代表大会的任期。在非常情况结束后 6 个月内，必须完成下届全国人民代表大会代表的选举

D. 全国人民代表大会常务委员会每届任期同全国人民代表大会每届任期相同，它行使职权到下届全国人民代表大会选出新的常务委员会为止

8. 根据《村民委员会组织法》的规定，下列选项正确的是（　　）。

A. 村民委员会每届任期 3 年，村民委员会成员连续任职不得超过 2 届

B. 罢免村民委员会成员，须经投票的村民过半数通过

C. 村民委员会选举由乡镇政府主持

D. 村民委员会成员丧失行为能力的，其职务自行终止

9. 根据我国宪法和港、澳基本法规定，关于港、澳基本法的修改，下列选项不正确的是（　　）。

A. 在不同港、澳基本法基本原则相抵触的前提下，全国人大常委会在全国人大闭会期间有权修改港、澳基本法

B. 港、澳基本法的修改提案权属于全国人大常委会、国务院和港、澳特别行政区

C. 港、澳特别行政区对基本法的修改议案，由港、澳特别行政区出席全国人大会议的代表团向全国人大会议提出

D. 港、澳基本法的任何修改，不得同我国对港、澳既定的基本方针政策相抵触

10. 关于专门人民法院，下列选项正确的是（　　）。

A. 专门人民法院是设在特定部门或针对特定案件而设立，受理与设立部门相关的专业性案件的法院

B. 军事法院负责审判军事人员犯罪的刑事案件，军事法院的基层法院设在师级

C. 海事法院判决和裁定的上诉案件，由最高法院管辖

D. 铁路运输法院、森林法院只设基层法院

三、多项选择题

1. 根据 2018 年宪法修正案的规定，新设立的地方各级监察委员会向（　　）负责。

A. 本级人大及其常务委员会负责　　B. 上一级监察委员会负责

C. 中共中央　　　　　　　　　　　　D. 国家监察委员会

2. 根据《宪法》和法律的规定，关于自治和自治权，下列选项正确的是（　　）。

A. 特别行政区依照法律规定实行高度自治，享有行政管理权、立法权、独立的司法权和终审权

B. 民族区域自治地方的法院依法行使自治权

C. 民族乡依法享有一定的自治权

D. 村民委员会是基层群众性自治组织

3. 根据《宪法》和《立法法》的规定，关于全国人民代表大会常务委员会委员长会议，下列选项正确的是（　　）。

A. 委员长会议可以向常务委员会提出法律案

B. 列入常务委员会会议议程的法律案，一般应当经三次委员长会议审议后再交付常务委员会表决

C. 经委员长会议决定，可以将列入常务委员会会议议程的法律案草案公布，征求意见

D. 专门委员会之间对法律草案的重要问题意见不一致时，应当向委员长会议报告

4. 根据《宪法》和《村民委员会组织法》的规定，下列选项正确的是（　　）。

A. 村民会议由本村 18 周岁以上，没有被剥夺政治权利的村民组成

B. 乡、民族乡、镇的人民政府不得干预依法属于村民自治范围内的事项

C. 罢免村民委员会成员，须经参加投票的村民过半数通过

D. 村民委员会成员实行任期和离任经济责任审计

5. 根据《宪法》的规定，关于国务院的说法，下列选项正确的是（　　）。

A. 国务院由总理、副总理、国务委员、秘书长组成

B. 国务院常务会议由总理、副总理、国务委员、秘书长组成

C. 国务院有权改变或者撤销地方各级国家行政机关的不适当的决定和命令

D. 国务院依法决定省、自治区、直辖市的范围内部分地区进入紧急状态

6. 关于民族自治地方的自治权，下列说法正确的是（　　）。

A. 民族自治地方有权自主管理地方财政

B. 自治州人民代表大会有权制定自治条例和单行条例

C. 自治县政府有权自主安排本县经济建设事业

D. 自治区政府有权保护和整理民族的文化遗产

7. 关于全国人民代表大会职权，下列说法正确的是（　　）。

A. 选举国家主席、副主席

B. 选举国务院总理、副总理

C. 选举最高人民法院院长、最高人民检察院检察长

D. 决定特别行政区的设立与建置

8. 关于特别行政区制度，下列说法不正确的是（　　）。

A. 香港特别行政区行政长官任职须年满 45 周岁

B. 香港特别行政区司法机关由其法院和检察院组成

C. 香港和澳门特别行政区的各级法院都有权解释本特别行政区基本法

D. 国务院有权对香港和澳门特别行政区的部分地区宣布进入紧急状态

9. 关于民族自治地方财政的说法，下列选项符合《民族区域自治法》规定的是（　　）。

A. 国家财政体制下属于民族自治地方的财政收入，由自治机关自主地安排使用

B. 民族自治地方的财政预算支出，按国家规定设机动资金，但预备费在预算中不得高于一般地区

C. 自治机关对本地方的各项开支标准、定员、定额，按照国家规定的原则，结合本地方的实际情况，可以制定补充规定和具体办法，并须分别报国务院、省、自治区、直辖市批准

D. 民族自治地方在全国统一的财政体制下，通过国家实行的规范的财政转移支付制度，享受上级财政的照顾

10. 根据《宪法》和法律的规定，下列选项正确的是（　　）。

A. 中华人民共和国主席对全国人民代表大会及其常务委员会负责

B. 国务院对全国人民代表大会负责并报告工作，在全国人民代表大会闭会期间对全国人民代表大会常务委员会负责并报告工作

C. 最高人民法院、最高人民检察院对全国人民代表大会及其常务委员会负责

D. 中央军事委员会对全国人民代表大会负责并报告工作，在全国人民代表大会闭会期间对全国人民代表大会常务委员会负责并报告工作

11. 根据《宪法》和法律的规定，关于立法权权限和立法程序，下列选项正确的是（　　）。

A. 全国人大常委会在人大闭会期间，可以对全国人大制定的法律进行部分补充和修改，但不得同该法律的基本原则相抵触

B. 全国人大通过的法律由全国人民代表大会主席团予以公布

C. 全国人大法律委员会审议法律案时，应邀请有关专门委员会的成员列席会议，发表意见

D. 列入全国人大常委会会议议程的法律案，除特殊情况外，应当在举行会议七日前将草案发给常委会组成人员

12. 根据《宪法》和法律的规定，关于国家机关组织和职权，下列选项正确的是（　　）。

A. 全国人民代表大会修改宪法、解释宪法、监督宪法的实施

B. 国务院依照法律规定决定省、自治区、直辖市的范围内部分地区进入紧急状态

C. 省、自治区、直辖市政府在必要的时候，经国务院批准，可以设立若干派出机构

D. 地方各级检察院对产生它的国家权力机关和上级检察院负责

13. 根据《宪法》和《民族区域自治法》的规定，下列选项不正确的是（　　）。

A. 民族区域自治以少数民族聚居区为基础，是民族自治与区域自治的结合

B. 民族自治地方的国家机关既是地方国家机关，又是自治机关

C. 上级国家机关应该在收到自治机关变通执行或者停止有关决议、决定执行的报告之日起 60 日内给予答复

D. 自治地方的自治机关依照国家规定，可以和外国进行教育、科技、文化等方面的交流

14. 根据《宪法》和法律的规定，关于国家机构，下列选项正确的是（　　）。

A. 全国人民代表大会代表受原选举单位的监督

B. 中央军事委员会实行主席负责制

C. 地方各级审计机关依法独立行使审计监督权，对上一级审计机关负责

D. 市辖区的政府经本级人大批准可设立若干街道办事处，作为派出机关

15. 依据宪法下列领导人或机关或组织必须向全国人民代表大会负责的是（　　）。

A. 中华人民共和国主席　　B. 中央军委主席

C. 国务院　　D. 中国人民政治协商会议

16. 下列属于中央国家机关的是（　　）。

A. 国家主席　　B. 全国政协

C. 国家监察委员会　　D. 最高人民法院

17. 连任不得超过两届的国家领导人有（　　）。

A. 国家主席　　B. 国务院总理

C. 国家军委主席　　D. 国家监察委员会主任

18. 全国人大常委会有权监督（　　）。

A. 国务院　　B. 国家监察委员会

C. 国家主席　　D. 最高人民法院

四、思考题

1. 全国人民代表大会的职权有哪些?

2. 根据我国《宪法》的规定，国家主席行使哪些职权?

3. 国务院的行政机构主要有哪些?

4. 根据我国法律的规定，地方各级人民代表大会及其常务委员会行使哪些职权?

5. 人民法院的审级制度是什么?

6. 人民检察院的组织体系与领导体系是什么?

7. 县级以上各级人民政府工作部门与本级政府和上一级政府相应工作部门之间的关系是怎样的?

8. 民族自治地方的立法权与一般的地方立法权有何不同?

9. 中央军事委员会的性质与职权是什么?

10. 特别行政区的高度自治权表现在哪几个方面?

五、案例辨析

1. 2010 年 7 月，国务院正式批复了“北京市政府关于调整首都功能核心区行政区划的请示”，同意撤销北京市东城区、崇文区，设立新的北京市东城区，以原东城区、崇文区的行政区域为东城区的行政区域；撤销北京市西城区、宣武区，设立新的西城区，以原西城区、宣武区的行政区域为西城区的行政区域。请结合宪法理论分析，此次行政区域调整体现的宪法制度、原则和行政职能。

2. 2010 年 6 月，四川省罗江县人民代表大会代表李国喜在全国率先成立了专职人民代表大会代表工作室，并受到广泛关注。事实上，近年来，全国不少基层人民代表大会进行着类似的实验。在浙江省温岭市，人民代表大会代表工作站已发展到 40 多个。然而 2010 年 10 月 28 日第十一届全国人民代表大会常务委员会第十七次会议对《全国人民代表大会和地方各级人民代表大会代表法》作出了修正，该修正案明确规定：“代表不脱离各自生产和工作岗位。”这也使得罗江县此前的试验不得不戛然而止。

试分析：

（1）人民代表大会代表工作室的设立是否符合法律规定？

（2）人民代表大会代表是否可以专职化？

（3）人民代表大会代表应当采取何种方式履行职责？

3. 2010年7月17日，陕西榆林横山区波罗镇山东煤矿和波罗镇樊河村发生了群体性械斗。这一事件起因于矿权纠纷导致的民告官案，榆林市中级人民法院判决判定陕西省国土资源厅违法行政，但陕西省国土资源厅召开“判决”性质的协调会，以会议决定否定生效的法院判决。请分析：以行政会议否决生效的法院判决是一种什么现象？这种现象是否合法？为什么？

4. 2001年2月14日，在沈阳市召开的第十二届人民代表大会第四次会议上，沈阳市中级人民法院工作报告未获通过。之所以出现法院工作报告被否决，是因为沈阳发生的一系列腐败案件，案件涉及沈阳市原副市长、政协副主席、检察院检察长、法院副院长等。因此，代表们认为法院领导班子对于法院系统的腐败负有领导责任。因此，这次否决直接导致辽宁省第九届人民代表大会常务委员会批准撤销沈阳市中级人民法院院长的职务。法院工作报告没有被人民代表大会审议通过，这在中国各级人民代表大会会议的历史上尚属首次，由此成为中国民主发展的标志性事件。结合宪法相关理论，试分析人民代表大会否决权以及人民代表大会与法院的关系。

附录　中华人民共和国宪法及修正案

中华人民共和国宪法

（1982 年 12 月 4 日第五届全国人民代表大会第五次会议通过，1982 年 12 月 4 日全国人民代表大会公告公布施行；根据 1988 年 4 月 12 日第七届全国人民代表大会第一次会议通过的《中华人民共和国宪法修正案》、1993 年 3 月 29 日第八届全国人民代表大会第一次会议通过的《中华人民共和国宪法修正案》、1999 年 3 月 15 日第九届全国人民代表大会第二次会议通过的《中华人民共和国宪法修正案》、2004 年 3 月 14 日第十届全国人民代表大会第二次会议通过的《中华人民共和国宪法修正案》和 2018 年 3 月 11 日第十三届全国人民代表大会第一次会议通过的《中华人民共和国宪法修正案》修正。）

目录

序　言

中国是世界上历史最悠久的国家之一。中国各族人民共同创造了光辉灿烂的文化，具有光荣的革命传统。

一八四〇年以后，封建的中国逐渐变成半殖民地、半封建的国家。中国人民为国家独立、民族解放和民主自由进行了前仆后继的英勇奋斗。

二十世纪，中国发生了翻天覆地的伟大历史变革。

一九一一年孙中山先生领导的辛亥革命，废除了封建帝制，创立了中华民国。但是，中国人民反对帝国主义和封建主义的历史任务还没有完成。

一九四九年，以毛泽东主席为领袖的中国共产党领导中国各族人民，在经历了长期的艰难曲折的武装斗争和其他形式的斗争以后，终于推翻了帝国主义、封建主义和官僚资本主义的统治，取得了新民主主义革命的伟大胜利，建立了中华人民共和国。从此，中国人民掌握了国家的权力，成为国家的主人。

中华人民共和国成立以后，我国社会逐步实现了由新民主主义到社会主义的过渡。生产资料私有制的社会主义改造已经完成，人剥削人的制度已经消灭，社会主义制度已经确立。工人阶级领导的、以工农联盟为基础的人民民主专政，实质上即无产阶级专政，得到巩固和发展。中国人民和中国人民解放军战胜了帝国主义、霸权主义的侵略、破坏和武装挑衅，维护了国家的独立和安全，增强了国防。经济建设取得了重大的成就，独立的、比较完整的社会主义工业体系已经基本形成，农业生产显著提高。教育、科学、文化等事业有了很大的发展，社会主义思想教育取得了明显的成效。广大人民的生活有了较大的改善。

中国新民主主义革命的胜利和社会主义事业的成就，是中国共产党领导中国各族人民，在马克思列宁主义、毛泽东思想的指引下，坚持真理，修正错误，战胜许多艰难险阻而取得的。我国将长期处于社会主义初级阶段。国家的根本任务是，沿着中国特色社会主义道路，集中力量进行社会主义现代化建设。中国各族人民将继续在中国共产党领导下，在马克思列宁主义、毛泽东思想、邓小平理论、“三个代表”重要思想、科学发展观、习近平新时代中国特色社会主义思想指引下，坚持人民民主专政，坚持社会主义道路，坚持改革开放，不断完善社会主义的各项制度，发展社会主义市场经济，发展社会主义民主，健全社会主义法治，贯彻新发展理念，自力更生，艰苦奋斗，逐步实现工业、农业、国防和科学技术的现代化，推动物质文明、政治文明、精神文明、社会文明、生态文明协调发展，把我国建设成为富强民主文明和谐美丽的社会主义现代化强国，实现中华民族伟大复兴。

在我国，剥削阶级作为阶级已经消灭，但是阶级斗争还将在一定范围内长期存在。中国人民对敌视和破坏我国社会主义制度的国内外的敌对势力和敌对分子，必须进行斗争。

台湾是中华人民共和国的神圣领土的一部分。完成统一祖国的大业是包括台湾同胞在内的全中国人民的神圣职责。

社会主义的建设事业必须依靠工人、农民和知识分子，团结一切可以团结的力量。在长期的革命、建设、改革过程中，已经结成由中国共产党领导的，有各民主党派和各人民团体参加的，包括全体社会主义劳动者、社会主义事业的建设者、拥护社会主义的爱国者、拥护祖国统一和致力于中华民族伟大复兴的爱国者的广泛的爱国统一战线，这个统一战线将继续巩固和发展。中国人民政治协商会议是有广泛代表性的统一战线组织，过去发挥了重要的历史作用，今后在国家政治生活、社会生活和对外友好活动中，在进行社会主

义现代化建设、维护国家的统一和团结的斗争中，将进一步发挥它的重要作用。中国共产党领导的多党合作和政治协商制度将长期存在和发展。

中华人民共和国是全国各族人民共同缔造的统一的多民族国家。平等团结互助和谐的社会主义民族关系已经确立，并将继续加强。在维护民族团结的斗争中，要反对大民族主义，主要是大汉族主义，也要反对地方民族主义。国家尽一切努力，促进全国各民族的共同繁荣。

中国革命、建设、改革的成就是同世界人民的支持分不开的。中国的前途是同世界的前途紧密地联系在一起的。中国坚持独立自主的对外政策，坚持互相尊重主权和领土完整、互不侵犯、互不干涉内政、平等互利、和平共处的五项原则，坚持和平发展道路，坚持互利共赢开放战略，发展同各国的外交关系和经济、文化交流，推动构建人类命运共同体；坚持反对帝国主义、霸权主义、殖民主义，加强同世界各国人民的团结，支持被压迫民族和发展中国家争取和维护民族独立、发展民族经济的正义斗争，为维护世界和平和促进人类进步事业而努力。

本宪法以法律的形式确认了中国各族人民奋斗的成果，规定了国家的根本制度和根本任务，是国家的根本法，具有最高的法律效力。全国各族人民、一切国家机关和武装力量、各政党和各社会团体、各企业事业组织，都必须以宪法为根本的活动准则，并且负有维护宪法尊严、保证宪法实施的职责。

第一章　总　纲

第一条　中华人民共和国是工人阶级领导的、以工农联盟为基础的人民民主专政的社会主义国家。

社会主义制度是中华人民共和国的根本制度。中国共产党领导是中国特色社会主义最本质的特征。禁止任何组织或者个人破坏社会主义制度。

第二条　中华人民共和国的一切权力属于人民。

人民行使国家权力的机关是全国人民代表大会和地方各级人民代表大会。

人民依照法律规定，通过各种途径和形式，管理国家事务，管理经济和文化事业，管理社会事务。

第三条　中华人民共和国的国家机构实行民主集中制的原则。

全国人民代表大会和地方各级人民代表大会都由民主选举产生，对人民负责，受人民监督。

国家行政机关、监察机关、审判机关、检察机关都由人民代表大会产生，对它负责，受它监督。

中央和地方的国家机构职权的划分，遵循在中央的统一领导下，充分发挥地方的主动性、积极性的原则。

第四条　中华人民共和国各民族一律平等。国家保障各少数民族的合法的权利和利益，维护和发展各民族的平等团结互助和谐关系。禁止对任何民族的歧视和压迫，禁止破坏民族团结和制造民族分裂的行为。

国家根据各少数民族的特点和需要，帮助各少数民族地区加速经济和文化的发展。

各少数民族聚居的地方实行区域自治，设立自治机关，行使自治权。各民族自治地方都是中华人民共和国不可分离的部分。

各民族都有使用和发展自己的语言文字的自由，都有保持或者改革自己的风俗习惯的自由。

第五条 中华人民共和国实行依法治国，建设社会主义法治国家。

国家维护社会主义法制的统一和尊严。

一切法律、行政法规和地方性法规都不得同宪法相抵触。

一切国家机关和武装力量、各政党和各社会团体、各企业事业组织都必须遵守宪法和法律。一切违反宪法和法律的行为，必须予以追究。

任何组织或者个人都不得有超越宪法和法律的特权。

第六条 中华人民共和国的社会主义经济制度的基础是生产资料的社会主义公有制，即全民所有制和劳动群众集体所有制。社会主义公有制消灭人剥削人的制度，实行各尽所能、按劳分配的原则。

国家在社会主义初级阶段，坚持公有制为主体、多种所有制经济共同发展的基本经济制度，坚持按劳分配为主体、多种分配方式并存的分配制度。

第七条 国有经济，即社会主义全民所有制经济，是国民经济中的主导力量。国家保障国有经济的巩固和发展。

第八条 农村集体经济组织实行家庭承包经营为基础、统分结合的双层经营体制。农村中的生产、供销、信用、消费等各种形式的合作经济，是社会主义劳动群众集体所有制经济。参加农村集体经济组织的劳动者，有权在法律规定的范围内经营自留地、自留山、家庭副业和饲养自留畜。

城镇中的手工业、工业、建筑业、运输业、商业、服务业等行业的各种形式的合作经济，都是社会主义劳动群众集体所有制经济。

国家保护城乡集体经济组织的合法的权利和利益，鼓励、指导和帮助集体经济的发展。

第九条 矿藏、水流、森林、山岭、草原、荒地、滩涂等自然资源，都属于国家所有，即全民所有；由法律规定属于集体所有的森林和山岭、草原、荒地、滩涂除外。

国家保障自然资源的合理利用，保护珍贵的动物和植物。禁止任何组织或者个人用任何手段侵占或者破坏自然资源。

第十条 城市的土地属于国家所有。

农村和城市郊区的土地，除由法律规定属于国家所有的以外，属于集体所有；宅基地和自留地、自留山，也属于集体所有。

国家为了公共利益的需要，可以依照法律规定对土地实行征收或者征用并给予补偿。

任何组织或者个人不得侵占、买卖或者以其他形式非法转让土地。土地的使用权可以依照法律的规定转让。

一切使用土地的组织和个人必须合理地利用土地。

第十一条 在法律规定范围内的个体经济、私营经济等非公有制经济，是社会主义市场经济的重要组成部分。

国家保护个体经济、私营经济等非公有制经济的合法的权利和利益。国家鼓励、支持和引导非公有制经济的发展，并对非公有制经济依法实行监督和管理。

第十二条　社会主义的公共财产神圣不可侵犯。

国家保护社会主义的公共财产。禁止任何组织或者个人用任何手段侵占或者破坏国家的和集体的财产。

第十三条　公民的合法的私有财产不受侵犯。

国家依照法律规定保护公民的私有财产权和继承权。

国家为了公共利益的需要，可以依照法律规定对公民的私有财产实行征收或者征用并给予补偿。

第十四条　国家通过提高劳动者的积极性和技术水平，推广先进的科学技术，完善经济管理体制和企业经营管理制度，实行各种形式的社会主义责任制，改进劳动组织，以不断提高劳动生产率和经济效益，发展社会生产力。

国家厉行节约，反对浪费。

国家合理安排积累和消费，兼顾国家、集体和个人的利益，在发展生产的基础上，逐步改善人民的物质生活和文化生活。

国家建立健全同经济发展水平相适应的社会保障制度。

第十五条　国家实行社会主义市场经济。

国家加强经济立法，完善宏观调控。

国家依法禁止任何组织或者个人扰乱社会经济秩序。

第十六条　国有企业在法律规定的范围内有权自主经营。

国有企业依照法律规定，通过职工代表大会和其他形式，实行民主管理。

第十七条　集体经济组织在遵守有关法律的前提下，有独立进行经济活动的自主权。

集体经济组织实行民主管理，依照法律规定选举和罢免管理人员，决定经营管理的重大问题。

第十八条　中华人民共和国允许外国的企业和其他经济组织或者个人依照中华人民共和国法律的规定在中国投资，同中国的企业或者其他经济组织进行各种形式的经济合作。

在中国境内的外国企业和其他外国经济组织以及中外合资经营的企业，都必须遵守中华人民共和国的法律。它们的合法的权利和利益受中华人民共和国法律的保护。

第十九条　国家发展社会主义的教育事业，提高全国人民的科学文化水平。

国家举办各种学校，普及初等义务教育，发展中等教育、职业教育和高等教育，并且发展学前教育。

国家发展各种教育设施，扫除文盲，对工人、农民、国家工作人员和其他劳动者进行政治、文化、科学、技术、业务的教育，鼓励自学成才。

国家鼓励集体经济组织、国家企业事业组织和其他社会力量依照法律规定举办各种教育事业。

国家推广全国通用的普通话。

第二十条　国家发展自然科学和社会科学事业，普及科学和技术知识，奖励科学研究成果和技术发明创造。

第二十一条　国家发展医疗卫生事业，发展现代医药和我国传统医药，鼓励和支持农村集体经济组织、国家企业事业组织和街道组织举办各种医疗卫生设施，开展群众性的卫生活动，保护人民健康。

国家发展体育事业，开展群众性的体育活动，增强人民体质。

第二十二条　国家发展为人民服务、为社会主义服务的文学艺术事业、新闻广播电视事业、出版发行事业、图书馆博物馆文化馆和其他文化事业，开展群众性的文化活动。

国家保护名胜古迹、珍贵文物和其他重要历史文化遗产。

第二十三条　国家培养为社会主义服务的各种专业人才，扩大知识分子的队伍，创造条件，充分发挥他们在社会主义现代化建设中的作用。

第二十四条　国家通过普及理想教育、道德教育、文化教育、纪律和法制教育，通过在城乡不同范围的群众中制定和执行各种守则、公约，加强社会主义精神文明的建设。

国家倡导社会主义核心价值观，提倡爱祖国、爱人民、爱劳动、爱科学、爱社会主义的公德，在人民中进行爱国主义、集体主义和国际主义、共产主义的教育，进行辩证唯物主义和历史唯物主义的教育，反对资本主义的、封建主义的和其他的腐朽思想。

第二十五条　国家推行计划生育，使人口的增长同经济和社会发展计划相适应。

第二十六条　国家保护和改善生活环境和生态环境，防治污染和其他公害。

国家组织和鼓励植树造林，保护林木。

第二十七条　一切国家机关实行精简的原则，实行工作责任制，实行工作人员的培训和考核制度，不断提高工作质量和工作效率，反对官僚主义。

一切国家机关和国家工作人员必须依靠人民的支持，经常保持同人民的密切联系，倾听人民的意见和建议，接受人民的监督，努力为人民服务。

国家工作人员就职时应当依照法律规定公开进行宪法宣誓。

第二十八条　国家维护社会秩序，镇压叛国和其他危害国家安全的犯罪活动，制裁危害社会治安、破坏社会主义经济和其他犯罪的活动，惩办和改造犯罪分子。

第二十九条　中华人民共和国的武装力量属于人民。它的任务是巩固国防，抵抗侵略，保卫祖国，保卫人民的和平劳动，参加国家建设事业，努力为人民服务。

国家加强武装力量的革命化、现代化、正规化的建设，增强国防力量。

第三十条　中华人民共和国的行政区域划分如下：

（一）全国分为省、自治区、直辖市；

（二）省、自治区分为自治州、县、自治县、市；

（三）县、自治县分为乡、民族乡、镇。

直辖市和较大的市分为区、县。自治州分为县、自治县、市。

自治区、自治州、自治县都是民族自治地方。

第三十一条　国家在必要时得设立特别行政区。在特别行政区内实行的制度按照具体情况由全国人民代表大会以法律规定。

第三十二条　中华人民共和国保护在中国境内的外国人的合法权利和利益，在中国境内的外国人必须遵守中华人民共和国的法律。

中华人民共和国对于因为政治原因要求避难的外国人，可以给予受庇护的权利。

第二章　公民的基本权利和义务

第三十三条　凡具有中华人民共和国国籍的人都是中华人民共和国公民。

中华人民共和国公民在法律面前一律平等。

国家尊重和保障人权。

任何公民享有宪法和法律规定的权利，同时必须履行宪法和法律规定的义务。

第三十四条　中华人民共和国年满十八周岁的公民，不分民族、种族、性别、职业、家庭出身、宗教信仰、教育程度、财产状况、居住期限，都有选举权和被选举权；但是依照法律被剥夺政治权利的人除外。

第三十五条　中华人民共和国公民有言论、出版、集会、结社、游行、示威的自由。

第三十六条　中华人民共和国公民有宗教信仰自由。

任何国家机关、社会团体和个人不得强制公民信仰宗教或者不信仰宗教，不得歧视信仰宗教的公民和不信仰宗教的公民。

国家保护正常的宗教活动。任何人不得利用宗教进行破坏社会秩序、损害公民身体健康、妨碍国家教育制度的活动。

宗教团体和宗教事务不受外国势力的支配。

第三十七条　中华人民共和国公民的人身自由不受侵犯。

任何公民，非经人民检察院批准或者决定或者人民法院决定，并由公安机关执行，不受逮捕。

禁止非法拘禁和以其他方法非法剥夺或者限制公民的人身自由，禁止非法搜查公民的身体。

第三十八条　中华人民共和国公民的人格尊严不受侵犯。禁止用任何方法对公民进行侮辱、诽谤和诬告陷害。

第三十九条　中华人民共和国公民的住宅不受侵犯。禁止非法搜查或者非法侵入公民的住宅。

第四十条　中华人民共和国公民的通信自由和通信秘密受法律的保护。除因国家安全或者追查刑事犯罪的需要，由公安机关或者检察机关依照法律规定的程序对通信进行检查外，任何组织或者个人不得以任何理由侵犯公民的通信自由和通信秘密。

第四十一条　中华人民共和国公民对于任何国家机关和国家工作人员，有提出批评和建议的权利；对于任何国家机关和国家工作人员的违法失职行为，有向有关国家机关提出申诉、控告或者检举的权利，但是不得捏造或者歪曲事实进行诬告陷害。

对于公民的申诉、控告或者检举，有关国家机关必须查清事实，负责处理。任何人不得压制和打击报复。

由于国家机关和国家工作人员侵犯公民权利而受到损失的人，有依照法律规定取得赔偿的权利。

第四十二条　中华人民共和国公民有劳动的权利和义务。

国家通过各种途径，创造劳动就业条件，加强劳动保护，改善劳动条件，并在发展生产的基础上，提高劳动报酬和福利待遇。

劳动是一切有劳动能力的公民的光荣职责。国有企业和城乡集体经济组织的劳动者都应当以国家主人翁的态度对待自己的劳动。国家提倡社会主义劳动竞赛，奖励劳动模范和先进工作者。国家提倡公民从事义务劳动。

国家对就业前的公民进行必要的劳动就业训练。

第四十三条　中华人民共和国劳动者有休息的权利。

国家发展劳动者休息和休养的设施，规定职工的工作时间和休假制度。

第四十四条 国家依照法律规定实行企业事业组织的职工和国家机关工作人员的退休制度。退休人员的生活受到国家和社会的保障。

第四十五条 中华人民共和国公民在年老、疾病或者丧失劳动能力的情况下，有从国家和社会获得物质帮助的权利。国家发展为公民享受这些权利所需要的社会保险、社会救济和医疗卫生事业。

国家和社会保障残废军人的生活，抚恤烈士家属，优待军人家属。

国家和社会帮助安排盲、聋、哑和其他有残疾的公民的劳动、生活和教育。

第四十六条 中华人民共和国公民有受教育的权利和义务。

国家培养青年、少年、儿童在品德、智力、体质等方面全面发展。

第四十七条 中华人民共和国公民有进行科学研究、文学艺术创作和其他文化活动的自由。国家对于从事教育、科学、技术、文学、艺术和其他文化事业的公民的有益于人民的创造性工作，给以鼓励和帮助。

第四十八条 中华人民共和国妇女在政治的、经济的、文化的、社会的和家庭的生活等各方面享有同男子平等的权利。

国家保护妇女的权利和利益，实行男女同工同酬，培养和选拔妇女干部。

第四十九条 婚姻、家庭、母亲和儿童受国家的保护。

夫妻双方有实行计划生育的义务。

父母有抚养教育未成年子女的义务，成年子女有赡养扶助父母的义务。

禁止破坏婚姻自由，禁止虐待老人、妇女和儿童。

第五十条 中华人民共和国保护华侨的正当的权利和利益，保护归侨和侨眷的合法的权利和利益。

第五十一条 中华人民共和国公民在行使自由和权利的时候，不得损害国家的、社会的、集体的利益和其他公民的合法的自由和权利。

第五十二条 中华人民共和国公民有维护国家统一和全国各民族团结的义务。

第五十三条 中华人民共和国公民必须遵守宪法和法律，保守国家秘密，爱护公共财产，遵守劳动纪律，遵守公共秩序，尊重社会公德。

第五十四条 中华人民共和国公民有维护祖国的安全、荣誉和利益的义务，不得有危害祖国的安全、荣誉和利益的行为。

第五十五条 保卫祖国、抵抗侵略是中华人民共和国每一个公民的神圣职责。

依照法律服兵役和参加民兵组织是中华人民共和国公民的光荣义务。

第五十六条 中华人民共和国公民有依照法律纳税的义务。

第三章　国家机构

第一节　全国人民代表大会

第五十七条 中华人民共和国全国人民代表大会是最高国家权力机关。它的常设机关是全国人民代表大会常务委员会。

第五十八条 全国人民代表大会和全国人民代表大会常务委员会行使国家立法权。

第五十九条 全国人民代表大会由省、自治区、直辖市、特别行政区和军队选出的代

表组成。各少数民族都应当有适当名额的代表。

全国人民代表大会代表的选举由全国人民代表大会常务委员会主持。

全国人民代表大会代表名额和代表产生办法由法律规定。

第六十条　全国人民代表大会每届任期五年。

全国人民代表大会任期届满的两个月以前，全国人民代表大会常务委员会必须完成下届全国人民代表大会代表的选举。如果遇到不能进行选举的非常情况，由全国人民代表大会常务委员会以全体组成人员的三分之二以上的多数通过，可以推迟选举，延长本届全国人民代表大会的任期。在非常情况结束后一年内，必须完成下届全国人民代表大会代表的选举。

第六十一条　全国人民代表大会会议每年举行一次，由全国人民代表大会常务委员会召集。如果全国人民代表大会常务委员会认为必要，或者有五分之一以上的全国人民代表大会代表提议，可以临时召集全国人民代表大会会议。

全国人民代表大会举行会议的时候，选举主席团主持会议。

第六十二条　全国人民代表大会行使下列职权：

（一）修改宪法；

（二）监督宪法的实施；

（三）制定和修改刑事、民事、国家机构的和其他的基本法律；

（四）选举中华人民共和国主席、副主席；

（五）根据中华人民共和国主席的提名，决定国务院总理的人选；根据国务院总理的提名，决定国务院副总理、国务委员、各部部长、各委员会主任、审计长、秘书长的人选；

（六）选举中央军事委员会主席；根据中央军事委员会主席的提名，决定中央军事委员会其他组成人员的人选；

（七）选举国家监察委员会主任；

（八）选举最高人民法院院长；

（九）选举最高人民检察院检察长；

（十）审查和批准国民经济和社会发展计划和计划执行情况的报告；

（十一）审查和批准国家的预算和预算执行情况的报告；

（十二）改变或者撤销全国人民代表大会常务委员会不适当的决定；

（十三）批准省、自治区和直辖市的建置；

（十四）决定特别行政区的设立及其制度；

（十五）决定战争和和平的问题；

（十六）应当由最高国家权力机关行使的其他职权。

第六十三条　全国人民代表大会有权罢免下列人员：

（一）中华人民共和国主席、副主席；

（二）国务院总理、副总理、国务委员、各部部长、各委员会主任、审计长、秘书长；

（三）中央军事委员会主席和中央军事委员会其他组成人员；

（四）国家监察委员会主任；

（五）最高人民法院院长；

（六）最高人民检察院检察长。

第六十四条 宪法的修改，由全国人民代表大会常务委员会或者五分之一以上的全国人民代表大会代表提议，并由全国人民代表大会以全体代表的三分之二以上的多数通过。

法律和其他议案由全国人民代表大会以全体代表的过半数通过。

第六十五条 全国人民代表大会常务委员会由下列人员组成：

委员长，

副委员长若干人，

秘书长，

委员若干人。

全国人民代表大会常务委员会组成人员中，应当有适当名额的少数民族代表。

全国人民代表大会选举并有权罢免全国人民代表大会常务委员会的组成人员。

全国人民代表大会常务委员会的组成人员不得担任国家行政机关、监察机关、审判机关和检察机关的职务。

第六十六条 全国人民代表大会常务委员会每届任期同全国人民代表大会每届任期相同，它行使职权到下届全国人民代表大会选出新的常务委员会为止。

委员长、副委员长连续任职不得超过两届。

第六十七条 全国人民代表大会常务委员会行使下列职权：

（一）解释宪法，监督宪法的实施；

（二）制定和修改除应当由全国人民代表大会制定的法律以外的其他法律；

（三）在全国人民代表大会闭会期间，对全国人民代表大会制定的法律进行部分补充和修改，但是不得同该法律的基本原则相抵触；

（四）解释法律；

（五）在全国人民代表大会闭会期间，审查和批准国民经济和社会发展计划、国家预算在执行过程中所必须作的部分调整方案；

（六）监督国务院、中央军事委员会、国家监察委员会、最高人民法院和最高人民检察院的工作；

（七）撤销国务院制定的同宪法、法律相抵触的行政法规、决定和命令；

（八）撤销省、自治区、直辖市国家权力机关制定的同宪法、法律和行政法规相抵触的地方性法规和决议；

（九）在全国人民代表大会闭会期间，根据国务院总理的提名，决定部长、委员会主任、审计长、秘书长的人选；

（十）在全国人民代表大会闭会期间，根据中央军事委员会主席的提名，决定中央军事委员会其他组成人员的人选；

（十一）根据国家监察委员会主任的提请，任免国家监察委员会副主任、委员；

（十二）根据最高人民法院院长的提请，任免最高人民法院副院长、审判员、审判委员会委员和军事法院院长；

（十三）根据最高人民检察院检察长的提请，任免最高人民检察院副检察长、检察员、检察委员会委员和军事检察院检察长，并且批准省、自治区、直辖市的人民检察院检察长的任免；

（十四）决定驻外全权代表的任免；

（十五）决定同外国缔结的条约和重要协定的批准和废除；

（十六）规定军人和外交人员的衔级制度和其他专门衔级制度；

（十七）规定和决定授予国家的勋章和荣誉称号；

（十八）决定特赦；

（十九）在全国人民代表大会闭会期间，如果遇到国家遭受武装侵犯或者必须履行国际间共同防止侵略的条约的情况，决定战争状态的宣布；

（二十）决定全国总动员或者局部动员；

（二十一）决定全国或者个别省、自治区、直辖市进入紧急状态；

（二十二）全国人民代表大会授予的其他职权。

第六十八条　全国人民代表大会常务委员会委员长主持全国人民代表大会常务委员会的工作，召集全国人民代表大会常务委员会会议。副委员长、秘书长协助委员长工作。

委员长、副委员长、秘书长组成委员长会议，处理全国人民代表大会常务委员会的重要日常工作。

第六十九条　全国人民代表大会常务委员会对全国人民代表大会负责并报告工作。

第七十条　全国人民代表大会设立民族委员会、宪法和法律委员会、财政经济委员会、教育科学文化卫生委员会、外事委员会、华侨委员会和其他需要设立的专门委员会。在全国人民代表大会闭会期间，各专门委员会受全国人民代表大会常务委员会的领导。

各专门委员会在全国人民代表大会和全国人民代表大会常务委员会领导下，研究、审议和拟订有关议案。

第七十一条　全国人民代表大会和全国人民代表大会常务委员会认为必要的时候，可以组织关于特定问题的调查委员会，并且根据调查委员会的报告，作出相应的决议。

调查委员会进行调查的时候，一切有关的国家机关、社会团体和公民都有义务向它提供必要的材料。

第七十二条　全国人民代表大会代表和全国人民代表大会常务委员会组成人员，有权依照法律规定的程序分别提出属于全国人民代表大会和全国人民代表大会常务委员会职权范围内的议案。

第七十三条　全国人民代表大会代表在全国人民代表大会开会期间，全国人民代表大会常务委员会组成人员在常务委员会开会期间，有权依照法律规定的程序提出对国务院或者国务院各部、各委员会的质询案。受质询的机关必须负责答复。

第七十四条　全国人民代表大会代表，非经全国人民代表大会会议主席团许可，在全国人民代表大会闭会期间非经全国人民代表大会常务委员会许可，不受逮捕或者刑事审判。

第七十五条　全国人民代表大会代表在全国人民代表大会各种会议上的发言和表决，不受法律追究。

第七十六条　全国人民代表大会代表必须模范地遵守宪法和法律，保守国家秘密，并且在自己参加的生产、工作和社会活动中，协助宪法和法律的实施。

全国人民代表大会代表应当同原选举单位和人民保持密切的联系，听取和反映人民的意见和要求，努力为人民服务。

第七十七条 全国人民代表大会代表受原选举单位的监督。原选举单位有权依照法律规定的程序罢免本单位选出的代表。

第七十八条 全国人民代表大会和全国人民代表大会常务委员会的组织和工作程序由法律规定。

第二节 中华人民共和国主席

第七十九条 中华人民共和国主席、副主席由全国人民代表大会选举。

有选举权和被选举权的年满四十五周岁的中华人民共和国公民可以被选为中华人民共和国主席、副主席。

中华人民共和国主席、副主席每届任期同全国人民代表大会每届任期相同。

第八十条 中华人民共和国主席根据全国人民代表大会的决定和全国人民代表大会常务委员会的决定，公布法律，任免国务院总理、副总理、国务委员、各部部长、各委员会主任、审计长、秘书长，授予国家的勋章和荣誉称号，发布特赦令，宣布进入紧急状态，宣布战争状态，发布动员令。

第八十一条 中华人民共和国主席代表中华人民共和国，进行国事活动，接受外国使节；根据全国人民代表大会常务委员会的决定，派遣和召回驻外全权代表，批准和废除同外国缔结的条约和重要协定。

第八十二条 中华人民共和国副主席协助主席工作。

中华人民共和国副主席受主席的委托，可以代行主席的部分职权。

第八十三条 中华人民共和国主席、副主席行使职权到下届全国人民代表大会选出的主席、副主席就职为止。

第八十四条 中华人民共和国主席缺位的时候，由副主席继任主席的职位。

中华人民共和国副主席缺位的时候，由全国人民代表大会补选。

中华人民共和国主席、副主席都缺位的时候，由全国人民代表大会补选；在补选以前，由全国人民代表大会常务委员会委员长暂时代理主席职位。

第三节 国务院

第八十五条 中华人民共和国国务院，即中央人民政府，是最高国家权力机关的执行机关，是最高国家行政机关。

第八十六条 国务院由下列人员组成：

总理，

副总理若干人，

国务委员若干人，

各部部长，

各委员会主任，

审计长，

秘书长。

国务院实行总理负责制。各部、各委员会实行部长、主任负责制。

国务院的组织由法律规定。

第八十七条　国务院每届任期同全国人民代表大会每届任期相同。

总理、副总理、国务委员连续任职不得超过两届。

第八十八条　总理领导国务院的工作。副总理、国务委员协助总理工作。

总理、副总理、国务委员、秘书长组成国务院常务会议。

总理召集和主持国务院常务会议和国务院全体会议。

第八十九条　国务院行使下列职权：

（一）根据宪法和法律，规定行政措施，制定行政法规，发布决定和命令；

（二）向全国人民代表大会或者全国人民代表大会常务委员会提出议案；

（三）规定各部和各委员会的任务和职责，统一领导各部和各委员会的工作，并且领导不属于各部和各委员会的全国性的行政工作；

（四）统一领导全国地方各级国家行政机关的工作，规定中央和省、自治区、直辖市的国家行政机关的职权的具体划分；

（五）编制和执行国民经济和社会发展计划和国家预算；

（六）领导和管理经济工作和城乡建设、生态文明建设；

（七）领导和管理教育、科学、文化、卫生、体育和计划生育工作；

（八）领导和管理民政、公安、司法行政等工作；

（九）管理对外事务，同外国缔结条约和协定；

（十）领导和管理国防建设事业；

（十一）领导和管理民族事务，保障少数民族的平等权利和民族自治地方的自治权利；

（十二）保护华侨的正当的权利和利益，保护归侨和侨眷的合法的权利和利益；

（十三）改变或者撤销各部、各委员会发布的不适当的命令、指示和规章；

（十四）改变或者撤销地方各级国家行政机关的不适当的决定和命令；

（十五）批准省、自治区、直辖市的区域划分，批准自治州、县、自治县、市的建置和区域划分；

（十六）依照法律规定决定省、自治区、直辖市的范围内部分地区进入紧急状态；

（十七）审定行政机构的编制，依照法律规定任免、培训、考核和奖惩行政人员；

（十八）全国人民代表大会和全国人民代表大会常务委员会授予的其他职权。

第九十条　国务院各部部长、各委员会主任负责本部门的工作；召集和主持部务会议或者委员会会议、委务会议，讨论决定本部门工作的重大问题。

各部、各委员会根据法律和国务院的行政法规、决定、命令，在本部门的权限内，发布命令、指示和规章。

第九十一条　国务院设立审计机关，对国务院各部门和地方各级政府的财政收支，对国家的财政金融机构和企业事业组织的财务收支，进行审计监督。

审计机关在国务院总理领导下，依照法律规定独立行使审计监督权，不受其他行政机关、社会团体和个人的干涉。

第九十二条　国务院对全国人民代表大会负责并报告工作；在全国人民代表大会闭会期间，对全国人民代表大会常务委员会负责并报告工作。

第四节　中央军事委员会

第九十三条　中华人民共和国中央军事委员会领导全国武装力量。

中央军事委员会由下列人员组成：

主席，

副主席若干人，

委员若干人。

中央军事委员会实行主席负责制。

中央军事委员会每届任期同全国人民代表大会每届任期相同。

第九十四条　中央军事委员会主席对全国人民代表大会和全国人民代表大会常务委员会负责。

第五节　地方各级人民代表大会和地方各级人民政府

第九十五条　省、直辖市、县、市、市辖区、乡、民族乡、镇设立人民代表大会和人民政府。

地方各级人民代表大会和地方各级人民政府的组织由法律规定。

自治区、自治州、自治县设立自治机关。自治机关的组织和工作根据宪法第三章第五节、第六节规定的基本原则由法律规定。

第九十六条　地方各级人民代表大会是地方国家权力机关。

县级以上的地方各级人民代表大会设立常务委员会。

第九十七条　省、直辖市、设区的市的人民代表大会代表由下一级的人民代表大会选举；县、不设区的市、市辖区、乡、民族乡、镇的人民代表大会代表由选民直接选举。

地方各级人民代表大会代表名额和代表产生办法由法律规定。

第九十八条　地方各级人民代表大会每届任期五年。

第九十九条　地方各级人民代表大会在本行政区域内，保证宪法、法律、行政法规的遵守和执行；依照法律规定的权限，通过和发布决议，审查和决定地方的经济建设、文化建设和公共事业建设的计划。

县级以上的地方各级人民代表大会审查和批准本行政区域内的国民经济和社会发展计划、预算以及它们的执行情况的报告；有权改变或者撤销本级人民代表大会常务委员会不适当的决定。

民族乡的人民代表大会可以依照法律规定的权限采取适合民族特点的具体措施。

第一百条　省、直辖市的人民代表大会和它们的常务委员会，在不同宪法、法律、行政法规相抵触的前提下，可以制定地方性法规，报全国人民代表大会常务委员会备案。

设区的市的人民代表大会和它们的常务委员会，在不同宪法、法律、行政法规和本省、自治区的地方性法规相抵触的前提下，可以依照法律规定制定地方性法规，报本省、自治区人民代表大会常务委员会批准后施行。

第一百零一条　地方各级人民代表大会分别选举并且有权罢免本级人民政府的省长和副省长、市长和副市长、县长和副县长、区长和副区长、乡长和副乡长、镇长和副镇长。

县级以上的地方各级人民代表大会选举并且有权罢免本级监察委员会主任、本级人民

法院院长和本级人民检察院检察长。选出或者罢免人民检察院检察长，须报上级人民检察院检察长提请该级人民代表大会常务委员会批准。

第一百零二条　省、直辖市、设区的市的人民代表大会代表受原选举单位的监督；县、不设区的市、市辖区、乡、民族乡、镇的人民代表大会代表受选民的监督。

地方各级人民代表大会代表的选举单位和选民有权依照法律规定的程序罢免由他们选出的代表。

第一百零三条　县级以上的地方各级人民代表大会常务委员会由主任、副主任若干人和委员若干人组成，对本级人民代表大会负责并报告工作。

县级以上的地方各级人民代表大会选举并有权罢免本级人民代表大会常务委员会的组成人员。

县级以上的地方各级人民代表大会常务委员会的组成人员不得担任国家行政机关、监察机关、审判机关和检察机关的职务。

第一百零四条　县级以上的地方各级人民代表大会常务委员会讨论、决定本行政区域内各方面工作的重大事项；监督本级人民政府、监察委员会、人民法院和人民检察院的工作；撤销本级人民政府的不适当的决定和命令；撤销下一级人民代表大会的不适当的决议；依照法律规定的权限决定国家机关工作人员的任免；在本级人民代表大会闭会期间，罢免和补选上一级人民代表大会的个别代表。

第一百零五条　地方各级人民政府是地方各级国家权力机关的执行机关，是地方各级国家行政机关。

地方各级人民政府实行省长、市长、县长、区长、乡长、镇长负责制。

第一百零六条　地方各级人民政府每届任期同本级人民代表大会每届任期相同。

第一百零七条　县级以上地方各级人民政府依照法律规定的权限，管理本行政区域内的经济、教育、科学、文化、卫生、体育事业、城乡建设事业和财政、民政、公安、民族事务、司法行政、计划生育等行政工作，发布决定和命令，任免、培训、考核和奖惩行政工作人员。

乡、民族乡、镇的人民政府执行本级人民代表大会的决议和上级国家行政机关的决定和命令，管理本行政区域内的行政工作。

省、直辖市的人民政府决定乡、民族乡、镇的建置和区域划分。

第一百零八条　县级以上的地方各级人民政府领导所属各工作部门和下级人民政府的工作，有权改变或者撤销所属各工作部门和下级人民政府的不适当的决定。

第一百零九条　县级以上的地方各级人民政府设立审计机关。地方各级审计机关依照法律规定独立行使审计监督权，对本级人民政府和上一级审计机关负责。

第一百一十条　地方各级人民政府对本级人民代表大会负责并报告工作。县级以上的地方各级人民政府在本级人民代表大会闭会期间，对本级人民代表大会常务委员会负责并报告工作。

地方各级人民政府对上一级国家行政机关负责并报告工作。全国地方各级人民政府都是国务院统一领导下的国家行政机关，都服从国务院。

第一百一十一条　城市和农村按居民居住地区设立的居民委员会或者村民委员会是基层群众性自治组织。居民委员会、村民委员会的主任、副主任和委员由居民选举。居民委员会、村民委员会同基层政权的相互关系由法律规定。

居民委员会、村民委员会设人民调解、治安保卫、公共卫生等委员会，办理本居住地区的公共事务和公益事业，调解民间纠纷，协助维护社会治安，并且向人民政府反映群众的意见、要求和提出建议。

第六节　民族自治地方的自治机关

第一百一十二条　民族自治地方的自治机关是自治区、自治州、自治县的人民代表大会和人民政府。

第一百一十三条　自治区、自治州、自治县的人民代表大会中，除实行区域自治的民族的代表外，其他居住在本行政区域内的民族也应当有适当名额的代表。

自治区、自治州、自治县的人民代表大会常务委员会中应当有实行区域自治的民族的公民担任主任或者副主任。

第一百一十四条　自治区主席、自治州州长、自治县县长由实行区域自治的民族的公民担任。

第一百一十五条　自治区、自治州、自治县的自治机关行使宪法第三章第五节规定的地方国家机关的职权，同时依照宪法、民族区域自治法和其他法律规定的权限行使自治权，根据本地方实际情况贯彻执行国家的法律、政策。

第一百一十六条　民族自治地方的人民代表大会有权依照当地民族的政治、经济和文化的特点，制定自治条例和单行条例。自治区的自治条例和单行条例，报全国人民代表大会常务委员会批准后生效。自治州、自治县的自治条例和单行条例，报省或者自治区的人民代表大会常务委员会批准后生效，并报全国人民代表大会常务委员会备案。

第一百一十七条　民族自治地方的自治机关有管理地方财政的自治权。凡是依照国家财政体制属于民族自治地方的财政收入，都应当由民族自治地方的自治机关自主地安排使用。

第一百一十八条　民族自治地方的自治机关在国家计划的指导下，自主地安排和管理地方性的经济建设事业。

国家在民族自治地方开发资源、建设企业的时候，应当照顾民族自治地方的利益。

第一百一十九条　民族自治地方的自治机关自主地管理本地方的教育、科学、文化、卫生、体育事业，保护和整理民族的文化遗产，发展和繁荣民族文化。

第一百二十条　民族自治地方的自治机关依照国家的军事制度和当地的实际需要，经国务院批准，可以组织本地方维护社会治安的公安部队。

第一百二十一条　民族自治地方的自治机关在执行职务的时候，依照本民族自治地方自治条例的规定，使用当地通用的一种或者几种语言文字。

第一百二十二条　国家从财政、物资、技术等方面帮助各少数民族加速发展经济建设和文化建设事业。

国家帮助民族自治地方从当地民族中大量培养各级干部、各种专业人才和技术工人。

第七节　监察委员会

第一百二十三条　中华人民共和国各级监察委员会是国家的监察机关。

第一百二十四条　中华人民共和国设立国家监察委员会和地方各级监察委员会。

监察委员会由下列人员组成：

主任，

副主任若干人，

委员若干人。

监察委员会主任每届任期同本级人民代表大会每届任期相同。国家监察委员会主任连续任职不得超过两届。

监察委员会的组织和职权由法律规定。

第一百二十五条　中华人民共和国国家监察委员会是最高监察机关。

国家监察委员会领导地方各级监察委员会的工作，上级监察委员会领导下级监察委员会的工作。

第一百二十六条　国家监察委员会对全国人民代表大会和全国人民代表大会常务委员会负责。地方各级监察委员会对产生它的国家权力机关和上一级监察委员会负责。

第一百二十七条　监察委员会依照法律规定独立行使监察权，不受行政机关、社会团体和个人的干涉。

监察机关办理职务违法和职务犯罪案件，应当与审判机关、检察机关、执法部门互相配合，互相制约。

第八节　人民法院和人民检察院

第一百二十八条　中华人民共和国人民法院是国家的审判机关。

第一百二十九条　中华人民共和国设立最高人民法院、地方各级人民法院和军事法院等专门人民法院。

最高人民法院院长每届任期同全国人民代表大会每届任期相同，连续任职不得超过两届。

人民法院的组织由法律规定。

第一百三十条　人民法院审理案件，除法律规定的特别情况外，一律公开进行。被告人有权获得辩护。

第一百三十一条　人民法院依照法律规定独立行使审判权，不受行政机关、社会团体和个人的干涉。

第一百三十二条　最高人民法院是最高审判机关。

最高人民法院监督地方各级人民法院和专门人民法院的审判工作，上级人民法院监督下级人民法院的审判工作。

第一百三十三条　最高人民法院对全国人民代表大会和全国人民代表大会常务委员会负责。地方各级人民法院对产生它的国家权力机关负责。

第一百三十四条　中华人民共和国人民检察院是国家的法律监督机关。

第一百三十五条　中华人民共和国设立最高人民检察院、地方各级人民检察院和军事检察院等专门人民检察院。

最高人民检察院检察长每届任期同全国人民代表大会每届任期相同，连续任职不得超过两届。

人民检察院的组织由法律规定。

第一百三十六条 人民检察院依照法律规定独立行使检察权，不受行政机关、社会团体和个人的干涉。

第一百三十七条 最高人民检察院是最高检察机关。

最高人民检察院领导地方各级人民检察院和专门人民检察院的工作，上级人民检察院领导下级人民检察院的工作。

第一百三十八条 最高人民检察院对全国人民代表大会和全国人民代表大会常务委员会负责。地方各级人民检察院对产生它的国家权力机关和上级人民检察院负责。

第一百三十九条 各民族公民都有用本民族语言文字进行诉讼的权利。人民法院和人民检察院对于不通晓当地通用的语言文字的诉讼参与人，应当为他们翻译。

在少数民族聚居或者多民族共同居住的地区，应当用当地通用的语言进行审理；起诉书、判决书、布告和其他文书应当根据实际需要使用当地通用的一种或者几种文字。

第一百四十条 人民法院、人民检察院和公安机关办理刑事案件，应当分工负责，互相配合，互相制约，以保证准确有效地执行法律。

第四章 国旗、国歌、国徽、首都

第一百四十一条 中华人民共和国国旗是五星红旗。

中华人民共和国国歌是《义勇军进行曲》。

第一百四十二条 中华人民共和国国徽，中间是五星照耀下的天安门，周围是谷穗和齿轮。

第一百四十三条 中华人民共和国首都是北京。

中华人民共和国宪法修正案

（1988 年 4 月 12 日第七届全国人民代表大会第一次会议通过）

第一条 宪法第十一条增加规定："国家允许私营经济在法律规定的范围内存在和发展。私营经济是社会主义公有制经济的补充。国家保护私营经济的合法的权利和利益，对私营经济实行引导、监督和管理。"

第二条 宪法第十条第四款："任何组织或者个人不得侵占、买卖、出租或者以其他形式非法转让土地。"修改为："任何组织或者个人不得侵占、买卖或者以其他形式非法转让土地。土地的使用权可以依照法律的规定转让。"

中华人民共和国宪法修正案

（1993 年 3 月 29 日第八届全国人民代表大会第一次会议通过）

第三条 宪法序言第七自然段后两句："今后国家的根本任务是集中力量进行社会主

义现代化建设。中国各族人民将继续在中国共产党领导下，在马克思列宁主义、毛泽东思想指引下，坚持人民民主专政，坚持社会主义道路，不断完善社会主义的各项制度，发展社会主义民主，健全社会主义法制，自力更生，艰苦奋斗，逐步实现工业、农业、国防和科学技术的现代化，把我国建设成为高度文明、高度民主的社会主义国家。”修改为：“我国正处于社会主义初级阶段。国家的根本任务是，根据建设有中国特色社会主义的理论，集中力量进行社会主义现代化建设。中国各族人民将继续在中国共产党领导下，在马克思列宁主义、毛泽东思想指引下，坚持人民民主专政，坚持社会主义道路，坚持改革开放，不断完善社会主义的各项制度，发展社会主义民主，健全社会主义法制，自力更生，艰苦奋斗，逐步实现工业、农业、国防和科学技术的现代化，把我国建设成为富强、民主、文明的社会主义国家。”

第四条　宪法序言第十自然段末尾增加：“中国共产党领导的多党合作和政治协商制度将长期存在和发展。”

第五条　宪法第七条：“国营经济是社会主义全民所有制经济，是国民经济中的主导力量。国家保障国营经济的巩固和发展。”修改为：“国有经济，即社会主义全民所有制经济，是国民经济中的主导力量。国家保障国有经济的巩固和发展。”

第六条　宪法第八条第一款：“农村人民公社、农业生产合作社和其他生产、供销、信用、消费等各种形式的合作经济，是社会主义劳动群众集体所有制经济。参加农村集体经济组织的劳动者，有权在法律规定的范围内经营自留地、自留山、家庭副业和饲养自留畜。”修改为：“农村中的家庭联产承包为主的责任制和生产、供销、信用、消费等各种形式的合作经济，是社会主义劳动群众集体所有制经济。参加农村集体经济组织的劳动者，有权在法律规定的范围内经营自留地、自留山、家庭副业和饲养自留畜。”

第七条　宪法第十五条：“国家在社会主义公有制基础上实行计划经济。国家通过经济计划的综合平衡和市场调节的辅助作用，保证国民经济按比例地协调发展。”“禁止任何组织或者个人扰乱社会经济秩序，破坏国家经济计划。”修改为：“国家实行社会主义市场经济。”“国家加强经济立法，完善宏观调控。”“国家依法禁止任何组织或者个人扰乱社会经济秩序。”

第八条　宪法第十六条：“国营企业在服从国家的统一领导和全面完成国家计划的前提下，在法律规定的范围内，有经营管理的自主权。”“国营企业依照法律规定，通过职工代表大会和其他形式，实行民主管理。”修改为：“国有企业在法律规定的范围内有权自主经营。”“国有企业依照法律规定，通过职工代表大会和其他形式，实行民主管理。”

第九条　宪法第十七条：“集体经济组织在接受国家计划指导和遵守有关法律的前提下，有独立进行经济活动的自主权。”“集体经济组织依照法律规定实行民主管理，由它的全体劳动者选举和罢免管理人员，决定经营管理的重大问题。”修改为：“集体经济组织在遵守有关法律的前提下，有独立进行经济活动的自主权。”“集体经济组织实行民主管理，依照法律规定选举和罢免管理人员，决定经营管理的重大问题。”

第十条　宪法第四十二条第三款：“劳动是一切有劳动能力的公民的光荣职责。国营企业和城乡集体经济组织的劳动者都应当以国家主人翁的态度对待自己的劳动。国家提倡社会主义劳动竞赛，奖励劳动模范和先进工作者。国家提倡公民从事义务劳动。”修改为：“劳动是一切有劳动能力的公民的光荣职责。国有企业和城乡集体经济组织的劳动者都应当以国家主人翁的态度对待自己的劳动。国家提倡社会主义劳动竞赛，奖励劳动模范和先进工作者。国家提倡公民从事义务劳动。”

第十一条 宪法第九十八条：“省、直辖市、设区的市的人民代表大会每届任期五年。县、不设区的市、市辖区、乡、民族乡、镇的人民代表大会每届任期三年。”修改为：“省、直辖市、县、市、市辖区的人民代表大会每届任期五年。乡、民族乡、镇的人民代表大会每届任期三年。”

中华人民共和国宪法修正案

（1999 年 3 月 15 日第九届全国人民代表大会第二次会议通过）

第十二条 宪法序言第七自然段：“中国新民主主义革命的胜利和社会主义事业的成就，都是中国共产党领导中国各族人民，在马克思列宁主义、毛泽东思想的指引下，坚持真理，修正错误，战胜许多艰难险阻而取得的。我国正处于社会主义初级阶段。国家的根本任务是，根据建设有中国特色社会主义的理论，集中力量进行社会主义现代化建设。中国各族人民将继续在中国共产党领导下，在马克思列宁主义、毛泽东思想指引下，坚持人民民主专政，坚持社会主义道路，坚持改革开放，不断完善社会主义的各项制度，发展社会主义民主，健全社会主义法制，自力更生，艰苦奋斗，逐步实现工业、农业、国防和科学技术的现代化，把我国建设成为富强、民主、文明的社会主义国家。”修改为：“中国新民主主义革命的胜利和社会主义事业的成就，是中国共产党领导中国各族人民，在马克思列宁主义、毛泽东思想的指引下，坚持真理，修正错误，战胜许多艰难险阻而取得的。我国将长期处于社会主义初级阶段。国家的根本任务是，沿着建设有中国特色社会主义的道路，集中力量进行社会主义现代化建设。中国各族人民将继续在中国共产党领导下，在马克思列宁主义、毛泽东思想、邓小平理论指引下，坚持人民民主专政，坚持社会主义道路，坚持改革开放，不断完善社会主义的各项制度，发展社会主义市场经济，发展社会主义民主，健全社会主义法制，自力更生，艰苦奋斗，逐步实现工业、农业、国防和科学技术的现代化，把我国建设成为富强、民主、文明的社会主义国家。”

第十三条 宪法第五条增加一款，作为第一款，规定：“中华人民共和国实行依法治国，建设社会主义法治国家。”

第十四条 宪法第六条：“中华人民共和国的社会主义经济制度的基础是生产资料的社会主义公有制，即全民所有制和劳动群众集体所有制。”“社会主义公有制消灭人剥削人的制度，实行各尽所能，按劳分配的原则。”修改为：“中华人民共和国的社会主义经济制度的基础是生产资料的社会主义公有制，即全民所有制和劳动群众集体所有制。社会主义公有制消灭人剥削人的制度，实行各尽所能、按劳分配的原则。”“国家在社会主义初级阶段，坚持公有制为主体、多种所有制经济共同发展的基本经济制度，坚持按劳分配为主体、多种分配方式并存的分配制度。”

第十五条 宪法第八条第一款：“农村中的家庭联产承包为主的责任制和生产、供销、信用、消费等各种形式的合作经济，是社会主义劳动群众集体所有制经济。参加农村集体经济组织的劳动者，有权在法律规定的范围内经营自留地、自留山、家庭副业和饲养自留

畜。”修改为：“农村集体经济组织实行家庭承包经营为基础、统分结合的双层经营体制。农村中的生产、供销、信用、消费等各种形式的合作经济，是社会主义劳动群众集体所有制经济。参加农村集体经济组织的劳动者，有权在法律规定的范围内经营自留地、自留山、家庭副业和饲养自留畜。”

第十六条　宪法第十一条：“在法律规定范围内的城乡劳动者个体经济，是社会主义公有制经济的补充。国家保护个体经济的合法的权利和利益。”“国家通过行政管理，指导、帮助和监督个体经济。”“国家允许私营经济在法律规定的范围内存在和发展。私营经济是社会主义公有制经济的补充。国家保护私营经济的合法的权利和利益，对私营经济实行引导、监督和管理。”修改为：“在法律规定范围内的个体经济、私营经济等非公有制经济，是社会主义市场经济的重要组成部分。”“国家保护个体经济、私营经济的合法的权利和利益。国家对个体经济、私营经济实行引导、监督和管理。”

第十七条　宪法第二十八条：“国家维护社会秩序，镇压叛国和其他反革命的活动，制裁危害社会治安、破坏社会主义经济和其他犯罪的活动，惩办和改造犯罪分子。”修改为：“国家维护社会秩序，镇压叛国和其他危害国家安全的犯罪活动，制裁危害社会治安、破坏社会主义经济和其他犯罪的活动，惩办和改造犯罪分子。”

中华人民共和国宪法修正案

（2004 年 3 月 14 日第十届全国人民代表大会第二次会议通过）

第十八条　宪法序言第七自然段中“在马克思列宁主义、毛泽东思想、邓小平理论指引下”修改为“在马克思列宁主义、毛泽东思想、邓小平理论和‘三个代表’重要思想指引下”，“沿着建设有中国特色社会主义的道路”修改为“沿着中国特色社会主义道路”，“逐步实现工业、农业、国防和科学技术的现代化”之后增加“推动物质文明、政治文明和精神文明协调发展”。这一自然段相应地修改为：“中国新民主主义革命的胜利和社会主义事业的成就，是中国共产党领导中国各族人民，在马克思列宁主义、毛泽东思想的指引下，坚持真理，修正错误，战胜许多艰难险阻而取得的。我国将长期处于社会主义初级阶段。国家的根本任务是，沿着中国特色社会主义道路，集中力量进行社会主义现代化建设。中国各族人民将继续在中国共产党领导下，在马克思列宁主义、毛泽东思想、邓小平理论和‘三个代表’重要思想指引下，坚持人民民主专政，坚持社会主义道路，坚持改革开放，不断完善社会主义的各项制度，发展社会主义市场经济，发展社会主义民主，健全社会主义法制，自力更生，艰苦奋斗，逐步实现工业、农业、国防和科学技术的现代化，推动物质文明、政治文明和精神文明协调发展，把我国建设成为富强、民主、文明的社会主义国家。”

第十九条　宪法序言第十自然段第二句“在长期的革命和建设过程中，已经结成由中国共产党领导的，有各民主党派和各人民团体参加的，包括全体社会主义劳动者、拥护社会主义的爱国者和拥护祖国统一的爱国者的广泛的爱国统一战线，这个统一战线将继续巩固和发展。”修改为：“在长期的革命和建设过程中，已经结成由中国共产党领导的，有各民主党派和各人民团体参加的，包括全体社会主义劳动者、社会主义事业的建设者、拥护社会主义的爱国者和拥护祖国统一的爱国者的广泛的爱国统一战线，这个统一战线将继续巩固和发展。”

第二十条 宪法第十条第三款“国家为了公共利益的需要，可以依照法律规定对土地实行征用。”修改为：“国家为了公共利益的需要，可以依照法律规定对土地实行征收或者征用并给予补偿。”

第二十一条 宪法第十一条第二款“国家保护个体经济、私营经济的合法的权利和利益。国家对个体经济、私营经济实行引导、监督和管理。”修改为：“国家保护个体经济、私营经济等非公有制经济的合法的权利和利益。国家鼓励、支持和引导非公有制经济的发展，并对非公有制经济依法实行监督和管理。”

第二十二条 宪法第十三条“国家保护公民的合法的收入、储蓄、房屋和其他合法财产的所有权。”“国家依照法律规定保护公民的私有财产的继承权。”修改为：“公民的合法的私有财产不受侵犯。”“国家依照法律规定保护公民的私有财产权和继承权。”“国家为了公共利益的需要，可以依照法律规定对公民的私有财产实行征收或者征用并给予补偿。”

第二十三条 宪法第十四条增加一款，作为第四款：“国家建立健全同经济发展水平相适应的社会保障制度。”

第二十四条 宪法第三十三条增加一款，作为第三款：“国家尊重和保障人权。”第三款相应地改为第四款。

第二十五条 宪法第五十九条第一款“全国人民代表大会由省、自治区、直辖市和军队选出的代表组成。各少数民族都应当有适当名额的代表。”修改为：“全国人民代表大会由省、自治区、直辖市、特别行政区和军队选出的代表组成。各少数民族都应当有适当名额的代表。”

第二十六条 宪法第六十七条全国人民代表大会常务委员会职权第二十项“（二十）决定全国或者个别省、自治区、直辖市的戒严”修改为“（二十）决定全国或者个别省、自治区、直辖市进入紧急状态”。

第二十七条 宪法第八十条“中华人民共和国主席根据全国人民代表大会的决定和全国人民代表大会常务委员会的决定，公布法律，任免国务院总理、副总理、国务委员、各部部长、各委员会主任、审计长、秘书长，授予国家的勋章和荣誉称号，发布特赦令，发布戒严令，宣布战争状态，发布动员令。”修改为：“中华人民共和国主席根据全国人民代表大会的决定和全国人民代表大会常务委员会的决定，公布法律，任免国务院总理、副总理、国务委员、各部部长、各委员会主任、审计长、秘书长，授予国家的勋章和荣誉称号，发布特赦令，宣布进入紧急状态，宣布战争状态，发布动员令。”

第二十八条 宪法第八十一条“中华人民共和国主席代表中华人民共和国，接受外国使节；根据全国人民代表大会常务委员会的决定，派遣和召回驻外全权代表，批准和废除同外国缔结的条约和重要协定。”修改为：“中华人民共和国主席代表中华人民共和国，进行国事活动，接受外国使节；根据全国人民代表大会常务委员会的决定，派遣和召回驻外全权代表，批准和废除同外国缔结的条约和重要协定。”

第二十九条 宪法第八十九条国务院职权第十六项“（十六）决定省、自治区、直辖市的范围内部分地区的戒严”修改为“（十六）依照法律规定决定省、自治区、直辖市的范围内部分地区进入紧急状态”。

第三十条 宪法第九十八条“省、直辖市、县、市、市辖区的人民代表大会每届任期五年。乡、民族乡、镇的人民代表大会每届任期三年。”修改为：“地方各级人民代表大会每届任期五年。”

第三十一条 宪法第四章章名“国旗、国徽、首都”修改为“国旗、国歌、国徽、首都”。宪法第一百三十六条增加一款，作为第二款：“中华人民共和国国歌是《义勇军进行曲》。”

中华人民共和国宪法修正案

（2018 年 3 月 11 日第十三届全国人民代表大会第一次会议通过）

第三十二条 宪法序言第七自然段中“在马克思列宁主义、毛泽东思想、邓小平理论和‘三个代表’重要思想指引下”修改为“在马克思列宁主义、毛泽东思想、邓小平理论和‘三个代表’重要思想、科学发展观、习近平新时代中国特色社会主义思想指引下”；“健全社会主义法制”修改为“健全社会主义法治”；在“自力更生，艰苦奋斗”前增写“贯彻新发展理念”；“推动物质文明、政治文明和精神文明协调发展，把我国建设成为富强、民主、文明的社会主义国家”修改为“推动物质文明、政治文明、精神文明、社会文明、生态文明协调发展，把我国建设成为富强民主文明和谐美丽的社会主义现代化强国，实现中华民族伟大复兴”。这一自然段相应修改为：“中国新民主主义革命的胜利和社会主义事业的成就，是中国共产党领导中国各族人民，在马克思列宁主义、毛泽东思想的指引下，坚持真理，修正错误，战胜许多艰难险阻而取得的。我国将长期处于社会主义初级阶段。国家的根本任务是，沿着中国特色社会主义道路，集中力量进行社会主义现代化建设。中国各族人民将继续在中国共产党领导下，在马克思列宁主义、毛泽东思想、邓小平理论、‘三个代表’重要思想、科学发展观、习近平新时代中国特色社会主义思想指引下，坚持人民民主专政，坚持社会主义道路，坚持改革开放，不断完善社会主义的各项制度，发展社会主义市场经济，发展社会主义民主，健全社会主义法治，贯彻新发展理念，自力更生，艰苦奋斗，逐步实现工业、农业、国防和科学技术的现代化，推动物质文明、政治文明、精神文明、社会文明、生态文明协调发展，把我国建设成为富强民主文明和谐美丽的社会主义现代化强国，实现中华民族伟大复兴。”

第三十三条 宪法序言第十自然段中“在长期的革命和建设过程中”修改为“在长期的革命、建设、改革过程中”；“包括全体社会主义劳动者、社会主义事业的建设者、拥护社会主义的爱国者和拥护祖国统一的爱国者的广泛的爱国统一战线”修改为“包括全体社会主义劳动者、社会主义事业的建设者、拥护社会主义的爱国者、拥护祖国统一和致力于中华民族伟大复兴的爱国者的广泛的爱国统一战线”。这一自然段相应修改为：“社会主义的建设事业必须依靠工人、农民和知识分子，团结一切可以团结的力量。在长期的革命、建设、改革过程中，已经结成由中国共产党领导的，有各民主党派和各人民团体参加的，包括全体社会主义劳动者、社会主义事业的建设者、拥护社会主义的爱国者、拥护祖国统一和致力于中华民族伟大复兴的爱国者的广泛的爱国统一战线，这个统一战线将继续巩固和发展。中国人民政治协商会议是有广泛代表性的统一战线组织，过去发挥了重要的历史作用，今后在国家政治生活、社会生活和对外友好活动中，在进行社会主义现代化建设、维护国家的统一和团结的斗争中，将进一步发挥它的重要作用。中国共产党领导的多党合作和政治协商制度将长期存在和发展。”

第三十四条 宪法序言第十一自然段中“平等、团结、互助的社会主义民族关系已经确立，并将继续加强。”修改为：“平等团结互助和谐的社会主义民族关系已经确立，并将继续加强。”

第三十五条 宪法序言第十二自然段中“中国革命和建设的成就是同世界人民的支持分不开的”修改为“中国革命、建设、改革的成就是同世界人民的支持分不开的”；“中国坚持独立自主的对外政策，坚持互相尊重主权和领土完整、互不侵犯、互不干涉内政、平等互利、和平共处的五项原则”后增加“坚持和平发展道路，坚持互利共赢开放战略”；“发展同各国的外交关系和经济、文化的交流”修改为“发展同各国的外交关系和经济、文化交流，推动构建人类命运共同体”。这一自然段相应修改为：“中国革命、建设、改革的成就是同世界人民的支持分不开的。中国的前途是同世界的前途紧密地联系在一起的。中国坚持独立自主的对外政策，坚持互相尊重主权和领土完整、互不侵犯、互不干涉内政、平等互利、和平共处的五项原则，坚持和平发展道路，坚持互利共赢开放战略，发展同各国的外交关系和经济、文化交流，推动构建人类命运共同体；坚持反对帝国主义、霸权主义、殖民主义，加强同世界各国人民的团结，支持被压迫民族和发展中国家争取和维护民族独立、发展民族经济的正义斗争，为维护世界和平和促进人类进步事业而努力。”

第三十六条 宪法第一条第二款“社会主义制度是中华人民共和国的根本制度。”后增写一句，内容为：“中国共产党领导是中国特色社会主义最本质的特征。”

第三十七条 宪法第三条第三款“国家行政机关、审判机关、检察机关都由人民代表大会产生，对它负责，受它监督。”修改为：“国家行政机关、监察机关、审判机关、检察机关都由人民代表大会产生，对它负责，受它监督。”

第三十八条 宪法第四条第一款中“国家保障各少数民族的合法的权利和利益，维护和发展各民族的平等、团结、互助关系。”修改为：“国家保障各少数民族的合法的权利和利益，维护和发展各民族的平等团结互助和谐关系。”

第三十九条 宪法第二十四条第二款中“国家提倡爱祖国、爱人民、爱劳动、爱科学、爱社会主义的公德”修改为“国家倡导社会主义核心价值观，提倡爱祖国、爱人民、爱劳动、爱科学、爱社会主义的公德”。这一款相应修改为：“国家倡导社会主义核心价值观，提倡爱祖国、爱人民、爱劳动、爱科学、爱社会主义的公德，在人民中进行爱国主义、集体主义和国际主义、共产主义的教育，进行辩证唯物主义和历史唯物主义的教育，反对资本主义的、封建主义的和其他的腐朽思想。”

第四十条 宪法第二十七条增加一款，作为第三款：“国家工作人员就职时应当依照法律规定公开进行宪法宣誓。”

第四十一条 宪法第六十二条“全国人民代表大会行使下列职权”中增加一项，作为第七项“（七）选举国家监察委员会主任”，第七项至第十五项相应改为第八项至第十六项。

第四十二条 宪法第六十三条“全国人民代表大会有权罢免下列人员”中增加一项，作为第四项“（四）国家监察委员会主任”，第四项、第五项相应改为第五项、第六项。

第四十三条 宪法第六十五条第四款“全国人民代表大会常务委员会的组成人员不得担任国家行政机关、审判机关和检察机关的职务。”修改为：“全国人民代表大会常务委员会的组成人员不得担任国家行政机关、监察机关、审判机关和检察机关的职务。”

第四十四条 宪法第六十七条“全国人民代表大会常务委员会行使下列职权”中第六项“（六）监督国务院、中央军事委员会、最高人民法院和最高人民检察院的工作”修改为“（六）监督国务院、中央军事委员会、国家监察委员会、最高人民法院和最高人民检察院的工作”；增加一项，作为第十一项“（十一）根据国家监察委员会主任的提请，任免国家监察委员会副主任、委员”，第十一项至第二十一项相应改为第十二项至第二十二项。

宪法第七十条第一款中“全国人民代表大会设立民族委员会、法律委员会、财政经济委员会、教育科学文化卫生委员会、外事委员会、华侨委员会和其他需要设立的专门委员会。”修改为：“全国人民代表大会设立民族委员会、宪法和法律委员会、财政经济委员会、教育科学文化卫生委员会、外事委员会、华侨委员会和其他需要设立的专门委员会。”

第四十五条 宪法第七十九条第三款“中华人民共和国主席、副主席每届任期同全国人民代表大会每届任期相同，连续任职不得超过两届。”修改为：“中华人民共和国主席、副主席每届任期同全国人民代表大会每届任期相同。”

第四十六条 宪法第八十九条“国务院行使下列职权”中第六项“（六）领导和管理经济工作和城乡建设”修改为“（六）领导和管理经济工作和城乡建设、生态文明建设”；第八项“（八）领导和管理民政、公安、司法行政和监察等工作”修改为“（八）领导和管理民政、公安、司法行政等工作”。

第四十七条 宪法第一百条增加一款，作为第二款：“设区的市的人民代表大会和它们的常务委员会，在不同宪法、法律、行政法规和本省、自治区的地方性法规相抵触的前提下，可以依照法律规定制定地方性法规，报本省、自治区人民代表大会常务委员会批准后施行。”

第四十八条 宪法第一百零一条第二款中“县级以上的地方各级人民代表大会选举并且有权罢免本级人民法院院长和本级人民检察院检察长。”修改为：“县级以上的地方各级人民代表大会选举并且有权罢免本级监察委员会主任、本级人民法院院长和本级人民检察院检察长。”

第四十九条 宪法第一百零三条第三款“县级以上的地方各级人民代表大会常务委员会的组成人员不得担任国家行政机关、审判机关和检察机关的职务。”修改为：“县级以上的地方各级人民代表大会常务委员会的组成人员不得担任国家行政机关、监察机关、审判机关和检察机关的职务。”

第五十条 宪法第一百零四条中“监督本级人民政府、人民法院和人民检察院的工作”修改为“监督本级人民政府、监察委员会、人民法院和人民检察院的工作”。这一条相应修改为：“县级以上的地方各级人民代表大会常务委员会讨论、决定本行政区域内各方面工作的重大事项；监督本级人民政府、监察委员会、人民法院和人民检察院的工作；撤销本级人民政府的不适当的决定和命令；撤销下一级人民代表大会的不适当的决议；依照法律规定的权限决定国家机关工作人员的任免；在本级人民代表大会闭会期间，罢免和补选上一级人民代表大会的个别代表。”

第五十一条 宪法第一百零七条第一款“县级以上地方各级人民政府依照法律规定的

权限，管理本行政区域内的经济、教育、科学、文化、卫生、体育事业、城乡建设事业和财政、民政、公安、民族事务、司法行政、监察、计划生育等行政工作，发布决定和命令，任免、培训、考核和奖惩行政工作人员。”修改为：“县级以上地方各级人民政府依照法律规定的权限，管理本行政区域内的经济、教育、科学、文化、卫生、体育事业、城乡建设事业和财政、民政、公安、民族事务、司法行政、计划生育等行政工作，发布决定和命令，任免、培训、考核和奖惩行政工作人员。”

第五十二条 宪法第三章“国家机构”中增加一节，作为第七节“监察委员会”；增加五条，分别作为第一百二十三条至第一百二十七条。内容如下：

第七节 监察委员会

第一百二十三条 中华人民共和国各级监察委员会是国家的监察机关。

第一百二十四条 中华人民共和国设立国家监察委员会和地方各级监察委员会。

监察委员会由下列人员组成：

主任，

副主任若干人，

委员若干人。

监察委员会主任每届任期同本级人民代表大会每届任期相同。国家监察委员会主任连续任职不得超过两届。

监察委员会的组织和职权由法律规定。

第一百二十五条 中华人民共和国国家监察委员会是最高监察机关。

国家监察委员会领导地方各级监察委员会的工作，上级监察委员会领导下级监察委员会的工作。

第一百二十六条 国家监察委员会对全国人民代表大会和全国人民代表大会常务委员会负责。地方各级监察委员会对产生它的国家权力机关和上一级监察委员会负责。

第一百二十七条 监察委员会依照法律规定独立行使监察权，不受行政机关、社会团体和个人的干涉。

监察机关办理职务违法和职务犯罪案件，应当与审判机关、检察机关、执法部门互相配合，互相制约。

第七节相应改为第八节，第一百二十三条至第一百三十八条相应改为第一百二十八条至第一百四十三条。